AF546838

György Dalos

Der letzte Zar

György Dalos

Der letzte Zar

Der Untergang des Hauses Romanow

Deutsche Bearbeitung von Elsbeth Zylla

C.H.Beck

Mit 23 Abbildungen

Die erste Auflage dieses Buches erschien 2017.

2., durchgesehene Auflage. 2018

Gesetzt aus der Walbaum bei Fotosatz Amann GmbH & Co. KG
Druck und Bindung: CPI – Ebner & Spiegel, Ulm
Umschlaggestaltung: Kunst oder Reklame, München
Umschlagabbildung: Nikolaus II. Zar von Russland mit Zarin Alexandra und ihren Kindern (Ausschnitt). Originalaufnahme im Archiv von ullstein bild (nachträglich digital koloriert); © ullstein-bild
Gedruckt auf säurefreiem, alterungsbeständigem Papier
(hergestellt aus chlorfrei gebleichtem Zellstoff)
Printed in Germany
ISBN 978 3 406 71367 5

www.chbeck.de

Für Christoph Hoff
in Berlin

Inhalt

Kapitel 1

Einleitung

Die Dynastie Romanow, wichtige Protagonisten ihrer mehr als dreihundert Jahre währenden Herrschaft, einzelne Zarinnen und Zaren sowie schließlich das Ende ihrer Ära sind in schier endlos vielen Büchern beschrieben worden – von klassischen historischen Arbeiten bis hin zu primitiven Kolportagen. Seit der Erfindung der Filmkunst kamen zahlreiche Stumm- und Tonfilme hinzu, deren Spektrum ebenfalls von höchstem Niveau bis hin zu kitschigen Schinken reichte. Insbesondere das Schicksal der letzten Vertreter des Hauses, vor allem von Zar Nikolaj II. und seiner Frau, der hessisch-darmstädtischen Großherzogin Alexandra, beschäftigt bis heute die literarische, künstlerische und handwerkliche Phantasie von Autorinnen und Autoren. Dabei ging es nicht allein um die bestialische Ermordung der engeren Familie mitsamt den Teilen der Dienerschaft, die ihnen die Treue gehalten hatten. Letztendlich wurden von den 65 Mitgliedern des Herrscherhauses 18 von den bolschewistischen Machthabern umgebracht und 46 ins Exil gezwungen. Wir kennen nur einen Großfürsten, dem es möglich war, dem Gefängnis zu entkommen und das Land zu verlassen: Dank eines lebensrettenden Briefs von Maxim Gorkij an Lenin kam Gavriil Konstantinowitsch frei, wobei er bis zu seiner Ausreise nach Finnland sogar die Gastfreundschaft des weltberühmten Schriftstellers genießen durfte.

Das, was mit dem Zarenpaar und seinen Kindern in der Nacht vom 16. auf den 17. Juli 1918 in Jekaterinburg geschah, lässt bis heute dem russischen historischen Gedächtnis keine Ruhe. Auf der einen Seite suchte die sowjetische Publizistik, um die Untat zu rechtfertigen, ein diabolisches Bild von «Nikolaj dem Blutigen», der Quelle allen Übels, zu zeichnen und dabei wichtige Nebenumstände des Massakers zu verschweigen bzw. zu tabuisieren.[1] Auf der anderen Seite dominierte in der Exilliteratur die Tendenz, das tragische Ende der Familie Romanow rückwirkend als Nachweis ihrer beinahe heiligen Tugenden herauszustellen. Eher westlich orientierte Autoren waren bemüht, eine ausgewogene Analyse der Laufbahn von Russlands letztem Herrscher «aus Gottes Gnaden» zu leisten. Was ihre Arbeit erschwerte, war die mangelhafte Quellenlage. Obwohl die dicken Bände des von dem weißen Admiral Koltschak nach Jekaterinburgs Eroberung ernannten Untersuchungsrichter Sokolow sowie die Erinnerungen von Zeitzeugen manche Lücke füllten, konnten aufgrund der Einseitigkeit etlicher Aussagen viele kardinale Fragen nicht beantwortet werden, darunter etwa solche nach den Entscheidungsmechanismen der bolschewistischen Zentrale. Diese wurden auch nach 1991, dem Jahr der Öffnung sowjetischer Archive, nicht hinreichend aufgeklärt.

Die in Putins Russland mit starker kirchlicher Deckung betriebene Kanonisierung des ermordeten Zaren als «Märtyrer» stößt nicht nur auf meine Skepsis als Agnostiker, sondern lässt in mir auch andere dunkle Zweifel aufkommen. Zunächst einmal ist es aus meiner Sicht nicht zulässig, das Ehepaar Romanow, praktizierende Antisemiten, die ihre geistige Nahrung sogar noch in Jekaterinburg in den «Protokollen der Weisen von Zion» suchten und fanden, in einer Reihe mit dem Juden Jesus Christus zu nennen. Zweitens: Was heißt in diesem Falle «Märtyrer»? Märtyrer zu sein bedeutet für mich etwas Überzeugenderes, als die eigene Herrschaft «aus Gottes Gnaden» zu vertreten, eine Herrschaft, an deren Untergang das Zarenpaar zudem nicht ganz unschuldig war. Wenn schon unbedingt Märtyrer genannt werden sollen, dann müssen die politisch Unschuldigen wie Hofdamen, Köche, Leibärzte und andere aufgezählt werden, die freiwillig das Los ihrer Herrschaften geteilt haben. Auch die Hauslehrer Gilliard oder Gibbs, der Küchenjunge Ljonja Lednew oder die Hofdame Wyrubowa wären Märtyrer ihrer eigenen Treue geworden, wenn die Täter sie aus verschiedenen Gründen nicht daran gehindert hätten. Unschuldige Opfer waren die fünf Kinder der Zarenfamilie. Opfer waren alle Toten von Jekaterinburg, und was den Zaren und die Zarin betraf, seit ihrer Verhaftung sogar in doppeltem

Sinne: als Personen der Öffentlichkeit, die keine Rolle mehr spielten und die zu keiner Zeit von irgendeiner Instanz einer juristischen Schuld bezichtigt wurden.

Wird eine Epoche beerdigt,
Tönt kein Psalm übers Grab,
Brennnesseln, Disteln
Werden den Hügel verziern.
Den Totengräbern im Zwielicht
Geht's von der Hand. Und es eilt.
Mein Gott, wie die Stille wächst –
Man hört die Zeit vergehn.

Anna Achmatowa

Seinen Zenit als Großmacht hatte das Zarenreich mit dem Sieg über Napoleon und der Schaffung der Heiligen Allianz während des Wiener Kongresses erreicht. Im Jahre 1815 galt Zar Alexander I. als Retter Europas vor der «französischen Gefahr», die alle Monarchen «aus Gottes Gnaden» seit 1789 in Panik hielt. Unter anderem war jede Rückkehr eines Herrschers aus dem Haus des Parvenüs Bonaparte nun streng untersagt. Obwohl Fürst Metternich, Österreichs Außenminister, der Spiritus Rector der als «ewiger Frieden» konzipierten feudalen Restauration war, war es die militärische Stärke Russlands, welche dieser Rückwärtsbewegung die erforderliche physische Energie verlieh. Allerdings erwies sich die Struktur der Allianz als unvollkommen. Einerseits blieb das nichtchristliche Osmanische Reich ausgegrenzt, andererseits sah Großbritannien keinen Grund, sich an eine kontinentale Koalition zu binden.

Außerdem konnte das Bündnis der Ewiggestrigen weder die bürgerliche Entwicklung noch die nationalen Unabhängigkeitsbestrebungen wirksam aufhalten. 1830 fegte eine Revolution in dem inzwischen der Heiligen Allianz beigetretenen Frankreich die Bourbonen hinweg und setzte auf Ludwigs Thron den «Bürgerkönig» Louis Philippe, der ausgerechnet auf die französische Verfassung seinen Eid ablegte. In den 1830er Jahren erlangte Belgien die nationale Unabhängigkeit, und Griechenland kämpfte, gestützt von der ungeteilten Solidarität Europas, gegen die Osmanenherrschaft. Russisch-Polen startete einen Aufstand gegen St. Petersburg, der nur mit Mühe niedergeworfen werden konnte. In Preußen herrschten Ideen des Vormärz, gefordert wurden ein bürgerliches Parlament und die nationale Einheit, und in Ungarn, wo der Landtag ursprünglich loyal gewesen war, ging er zu offenem Widerstand gegen die Habsburger über. Die aufgeklärte Elite forderte «französische» Reformen wie die Aufhebung der Leibeigenschaft und die Abschaffung der Zensur. Radikale Strömungen deutscher Exilarbeiter in Frankreich baten die schreibkundigen Bürgersöhne Karl Marx und Friedrich Engels, für sie ein leicht lesbares Programm der «sozialen Revolution» zu erarbeiten. Die schmale Broschüre mit dem legendären Titel «Manifest der kommunistischen Partei» erschien im Februar 1848 bei einem namenlosen Londoner Verlag.

Durch seine diplomatischen und geheimdienstlichen Quellen war Zar Nikolaj I. natürlich bestens aufgeklärt über die aus dem Westen drohenden Gefahren. Er wusste, dass viele seiner Offiziere, die sich im Krieg gegen Napoleon heldenhaft ausgezeichnet hatten, vom Virus einer freieren und zivilisierteren Ordnung infiziert waren. Um eine liberale Monarchie in Russland einzurichten, versuchte ihre kleine, nach dem Vorbild der Freimaurer strukturierte Organisation sogar, mit einem Aufstand seine Inthronisierung im Dezember 1825 zu verhindern. Dieser Vorstoß der Adeligen, die nach dem Zeitpunkt des Aufruhrs «Dekabristen» (Dezemberleute) genannt wurden, scheiterte jedoch und zog mehrere Hinrichtungen und Hunderte von Verbannungen nach sich – die Verhöre führte der Zar höchstpersönlich. Wichtiger als sein Rachegefühl war die Angst vor Nachahmern dieser ersten Wagemutigen.[2] Deshalb stoppte er sogar Reformen, die sein Vater Alexander I. noch hatte einführen wollen, darunter einige Erleichterungen für die Leibeigenen, die immerhin 80 Prozent der bäuerlichen Bevölkerung ausmachten. Er verstärkte landesweit die Bespitzelung durch die Geheimpolizei und verhärtete die Zensur. In Ausnahmefällen wie dem von Alexander Puschkin, dessen Genialität ihn beeindruckte, übte er nach dessen zeitweiliger Verbannung in den Kaukasus persönlich die Rolle des ersten Zensors aus.[3]

Im Unterschied zu anderen europäischen Staaten, in denen die nachhaltige Wirkung der Französischen Revolution nie mehr ganz rückgängig gemacht werden konnte, gab es im Russischen Reich mit seinen staatlich-militärisch-kirchlichen Strukturen nicht viel zu restaurieren. Die intellektuelle Schicht konnte nur ein zahlenmäßig ganz geringes Publikum erreichen in einem Imperium, das zu mehr als 99 Prozent aus Analphabeten bestand – ein Phänomen, das die privilegierten Schichten mit einschloss. So war Nikolai Gogols Roman «Die toten Seelen» von 1842 mit 2400 Exemplaren bereits ein Bestseller. Keine Analphabeten hingegen waren die militärischen und zivilen Beamten, die das vitale Element des Staatslebens bildeten. In der Armee herrschten Hunger, Drill und physische Brutalität, im zivilen Dienst vorauseilender Gehorsam und eine beispiellose Korruption. Das letztgenannte Phänomen erreichte auch die höchsten Stufen der Hierarchie und war dem Zaren wohlbekannt. Zu den herausragenden Affären zählten der Diebstahl des Geldes für den Neubau des 1837 abgebrannten Winterpalais und das «Verschwinden» des gesamten Invalidenfonds. Beide Täter gehörten zum direkten Umfeld des Herrschers und veranlassten den Zaren zu der Äußerung: «So etwas hätten selbst die Dekabristen mir nicht angetan.»

Als einziges Trostpflaster blieb ihm der internationale Glanz als Retter Europas vor der Revolution. Während des «Völkerfrühlings» versuchte er sich noch einmal in dieser Rolle: Als im Mai 1849 Österreich um Russlands Hilfe gegen die rebellierenden Ungarn bat, stellte der Zar den Habsburgern eine Armee von 200 000 Mann. Dieses Entgegenkommen verstand er als Beitrag zur Niederschlagung aller europäischen Revolutionen – auch die unruhigen Polen waren nun entsprechend vorgewarnt. Selbstverständlich war Nikolaj I. auch davon überzeugt, dass die Habsburger-Monarchie im Gegenzug sich ihm gegenüber zu Dankbarkeit verpflichtet sehen würde. Aber diese Kalkulation erwies sich als grundfalsch.

Die stürmischen Revolutionswellen in Frankreich brachten Bonapartes gleichnamigen Neffen durch einen Staatsstreich an die Macht, zunächst als Präsidenten. Am 2. Dezember 1852 ließ er sich mit Hilfe eines Referendums zum Kaiser mit dem Namen Napoleon III. krönen. Obwohl Nikolaj I. nichts gegen einen starken reaktionären Herrscher mitten im postrevolutionären Abendland haben konnte, hatte er aus seiner Sicht berechtigte Bedenken, bedeutete doch die Anerkennung eines Bonapartes als Kaiser auch einen Verstoß gegen die Grundsätze der Heiligen Allianz. Ihn störte sogar die römische Ziffer «III.», die indirekt anzeigte, dass die Kontinuität der Dynastie «Napoleon» akzeptiert wurde, obwohl der armselige, früh gestorbene «Fürst von Reichstadt» niemals als «II.» auch nur in die Nähe eines Throns gelangt war und seinen Ruhm einzig und allein Edmond Rostands sentimentalem Versdrama «Der junge Adler» zu verdanken hatte. Der Zar konsultierte deshalb mit Hilfe seiner Diplomaten andere Monarchen in dieser Frage, und sowohl Österreich als auch Preußen teilten seine Auffassung, dass der neue französische Imperator in keinem Fall als Herrscher von Gottes Gnaden zu betrachten sei. Entsprechend bediente sich Nikolaj in seiner Grußbotschaft an den französischen Staatschef statt der unter Blaublütigen gewohnten Ansprache «Mein Bruder» des ordinär-bürgerlichen «Mein Freund». Doch weder Franz-Joseph noch Friedrich Wilhelm folgten seinem Beispiel – und der von Victor Hugo als «petit Napoleon» verhöhnte Kaiser der Franzosen war ausgesprochen rachsüchtig.

Der Anlass zur Vergeltung steckte in einem gesamteuropäischen Missverständnis – in der Annahme, dass das Osmanische Reich im Sterben lag. Selbst vorsichtigere Analytiker bezeichneten das Sultanat als den «kranken Mann am Bosporus». Heute wissen wir, dass das Osmanische Reich zumindest formal drei von den damals existierenden kontinentalen Imperien – das Russische und Deutsche Reich sowie die österreichisch-ungarische Monarchie – um einige Jahre überlebte. Dabei befand es sich in keinem beneidenswerten Zustand: Sowohl die innere Rückständigkeit als auch die damit zusammenhängende schwindende Integrationskraft hinsichtlich der außeranatolischen Besitztümer zeigten dies deutlich.

Die Napoleonischen Kriege lockerten Konstantinopels Kontakte zu den nahöstlichen Provinzen, und die Freiheitsidee der Achtundvierziger weckte die nationalen Ambitionen der Völker: der Griechen, Albaner, Rumänen, Slowaken, Kroaten, Tschechen, Serben und Bulgaren. Vor allem die Südslawen sahen in Russland ihren natürlichen Verbündeten, was wiederum der starken panslawischen Strömung im Zarenreich entsprach. So brauchte es nicht viel Ermunterung, um den ewigen Traum von den Dardanellen und von Christi Kreuz an der Spitze der Hagia Sophia lebendig werden zu lassen. Während St. Petersburgs nicht eben taktvolle Diplomaten der Hohen Pforte das direkte Protektorat aufzwingen wollten, indem sie mit einem Balkankrieg drohten, versprachen die Botschafter aus London und Paris dem Sultan direkte Hilfe, ohne dies dem Zaren und seinen Diplomaten auf die Nase zu binden. So ließ sich das Zarenreich in ein dummes Abenteuer locken, in dem es zum ersten Mal in seiner Geschichte völlig isoliert zu einem militärischen und politischen Desaster verurteilt war. Die größte Enttäuschung waren aber nicht die Kriegsgegner, die mit ihrer Flotte in den Dardanellen erschienen und Sewastopol einnahmen, sondern die vermeintlichen Freunde. Während sich Preußen aus dem Konflikt heraushielt, drohte Österreich zur Wahrung seiner Interessen auf dem Balkan sogar mit einer Mobilmachung an der russischen Grenze. Die Enttäuschung über Österreich zeigt ein anekdotisch wirkendes, aber glaubhaftes Gespräch zwischen Zar Nikolaj und seinem polnischen Generaladjutanten Graf Rzewuski:

NIKOLAJ I. *Wer war deiner Meinung nach der dümmste polnische König?*
RZEWUSKI *Wer denn?*
NIKOLAJ I. *Der dümmste polnische König war Jan Sobieski, denn er hat Wien von den Türken befreit. Und der dümmste aller russischen Herrscher bin ich, weil ich den Österreichern geholfen habe, die ungarische Rebellion zu unterdrücken.*

So kam es – bereits unter dem nächsten Zaren – zu dem für Russland demütigenden Pariser Frieden. Nikolaj I. weilte am Ende seines verlorenen Krieges nicht mehr unter den Lebenden, und wenn wir behaupten, dass er an dem Zusammenbruch seiner Träume, hauptsächlich der Heiligen Allianz, gestorben ist, dann sind wir nicht sehr weit entfernt von der Wahrheit. Sein Sohn Alexander II., der bereits als Thronfolger die Politik seines Vaters kritisch gesehen hatte, verstand, dass hinter der Niederlage ungelöste Probleme des russischen Rie-

Abb. 1: Zar Alexander verkündet die Bauernbefreiung

senreiches steckten. Vor allem konnte das Heldentum einzelner Soldaten oder Generäle niemals ohne exakte Organisation und transportable Kriegstechnik auskommen. Das war nicht mehr die russische Armee, die einstmals Napoleon bezwungen hatte. Eine Reform der Streitkräfte wiederum war nur in einem Land möglich, das über eine zeitgemäße Industrie und eine effektivere, nicht auf halbsklavischer Arbeit beruhende Landwirtschaft verfügte. Und wenn schon Kriege geführt werden sollten, dann von einer Gesellschaft, die auch verstand, warum gekämpft wurde und in der die Bürger zumindest in lokalen Angelegenheiten über gewisse, vor Gericht einklagbare Rechte verfügten. Deshalb ordnete der Zar die Aufhebung der Leibeigenschaft und die Schaffung gewählter Selbstverwaltungen (semstwo), einer embryonalen Form des Parlamentarismus, an. Die Reformen, denen Alexander II. den Beinamen «Befreier-Zar» verdankte, lösten eine unglaubliche Mobilität aus. Millionen von frei gewordenen Bauern füllten die Großstädte und bildeten nach und nach das Proletariat.

Abb. 2: Die Ermordung von Alexander II. (März 1881)

Auf längere Sicht sollte dieser Durchbruch der Moderne auch die internationale Wettbewerbsfähigkeit des Zarenreichs erhöhen.

Doch hier darf Alexis de Tocquevilles berühmte These nicht vergessen werden: «Die Erfahrung lehrt, dass der gefährlichste Augenblick für eine schlechte Regierung gewöhnlich der ist, in dem sie sich zu reformieren beginnt.» Die Veränderung eines solch versteinerten Regimes, wie es das zaristische war, nahm notwendigerweise Formen einer unaufhaltbaren Erosion an. Die plötzliche Umwertung aller Werte erschütterte althergebrachte Autoritäten und ließ hauptsächlich in der Vorstellungswelt intellektueller Eliten die Illusion entstehen, das Tempo des Fortschritts durch individuelle Aktionen beschleunigen, seine Ziele in Richtung des Utopischen verändern zu können. So verwandelte sich der Marxismus, der im Westen eine wahlweise revolutionär oder reformistisch interpretierbare Lehre darstellte, in Russland in einen Leitfaden zielgerichteter Aktion, eine Art Gebrauchsanweisung für Akteure der Geschichte. 1879 entstand die Partei «Narodnaja Wolja» (= Volkswille), deren erste historisch relevante Tat die brutale Ermordung des Befreier-Zaren am 1. März 1881 war – ein Ereignis, das der damals 13-jährige Großfürst Nikolaj Alexandrowitsch miterlebte.

Für Alexander III., den direkten Nachfolger des Ermordeten und Nikolajs Vater, suggerierte dieser Mord die Einsicht, dass liberale Politik à la Alexander II. den Terror begünstige, ergo fehl am Platz sei. Vielmehr müsse zaristische Autokratie, Staatsmacht und offene wie geheime Polizeigewalt demonstriert sowie die Intelligenzija gezügelt werden, um endlich Ruhe zu schaffen. Allerdings konnte durch solche Bemühungen weder die bürgerliche Entwicklung noch der Terror revolutionärer Geheimbünde gehemmt werden. Die Lösung dieser Quadratur des Kreises blieb nach dem Tod von Alexander III. seinem Sohn überlassen, dem damals 26-jährigen Thronfolger Nikolaj II.*

* Die russischen Titel und Namen schreibe ich gemäß der russischen Form. Beispielsweise wird der Zar nicht als «Kaiser» und «Nikolaj» nicht als «Nikolaus» bezeichnet.

Kapitel 2

Chodynka – eine gescheiterte Reifeprüfung

Der junge Zar Nikolaj, das wollen wir ihm zugute halten, war sich anfangs seiner begrenzten Fähigkeiten durchaus bewusst. Der Leichnam seines Vaters Alexander war noch nicht kalt, als er seinen Schwager und guten Freund, den Großfürsten Alexander Michajlowitsch, Ehemann seiner Schwester Xenia, im Salon des Livadia-Palais auf der Krim mit Tränen in den Augen befragte: «Sandro, was soll ich tun? Was wird aus mir, aus dir, aus Xenia, aus Alix, aus Mutter, aus Russland? Ich bin nicht darauf vorbereitet, Zar zu sein. Ich wollte nie einer werden, und ich verstehe überhaupt nichts von Regierungsgeschäften. Ich weiß nicht einmal, wie man mit Ministern spricht.»

Nicht von ungefähr lastete die Macht auf dem Sechsundzwanzigjährigen. Nikolaj II. erklomm nun den Thron einer Dynastie, die im Zeitraum ihrer Herrschaft seit 1613 dem Russischen Reich die unterschiedlichsten Zaren beschert hatte: den westlich orientierten Reformer Peter I., die aufgeklärte, mit Voltaire korrespondierende Monarchin Katharina II., dann Alexander I., den Bezwinger Napoleons, der durch die Heilige Allianz die europäische Politik mitbestimmte. Schließlich folgte der Erzreaktionär Nikolaj I. Erwähnenswert sind noch die kurzlebigen Herrscher Peter II. (1728–1730) und Paul I. (1796–1801), die von großfürstlichen Rivalen entmachtet bzw. ermordet wurden. Neben diesen historischen Gestalten hatte es der junge Imperator mit zwei Schatten zu tun, die seinen eigenen Lebzeiten entstammten: mit dem Großvater Alexander II., an dessen von einer Terroristenbombe zerfetztem Leichnam er als Halbwüchsiger Totenwache gehalten hatte, und der gestrenge Vater Alexander III., der dem Zarewitsch die ihm angemessen erscheinende zivile und militärische Erziehung zukommen ließ, ihn nach Abschluss seiner Studien auf eine Weltreise schickte und seine Eheschließung mit der jungen deutschen Fürstin Alexandra, genannt Alix, arrangierte.

Kurz und gut: Im Dezember 1894 zog ein netter junger Mann in das Winterpalais ein, den sein späterer Ministerpräsident Graf Sergej Witte als «unerfahren, aber nicht dumm» bezeichnete und über den er in seinen Memoiren sogar zweimal bemerkte: «Ich habe nie einen dermaßen wohlerzogenen Menschen kennen gelernt.» Allerdings beklagte er manche Schwächen Nikolajs, von denen ihm die leichte Beeinflussbarkeit besonders schwerwiegend erschien. Diese betonte auch sein Lehrer im Fach Geschichte und Politik, Graf Pobedonostsew, der ebenfalls einen Zusammenhang mit Nikolajs jungem Alter und seiner fehlenden Erfahrung sah. Wer aber hatte je die Erfahrung, «Zar aller Reußen» zu sein, vor der Thronbesteigung gemacht? Sogar die große Katharina war zu Anfang naiv und musste sich auf Rat und Tat ihrer berühmten Favoriten stützen. Nikolaj wollte unbedingt ein guter Herrscher sein, arbeitete unentwegt, las selbst alle Akten, die auf seinen Tisch gelangten und versah sie reichlich mit Randnotizen. Als staatsmännisches Vorbild galt ihm sein Vater mit seinem Konservatismus. In Nikolajs erster, mit großem Lampenfieber vom Blatt abgelesenen öffentlichen Ansprache warnte er die Vertreter der lokalen Selbstverwaltungen vor allzu mutigen Reformträumereien. Das war aber zunächst nur Rhetorik, noch keine Politik. Peinlicheres ergab sich, als der neue Zar im Verlauf einer Audienz des zuständigen Ministers den Bau eines Militärhafens in Murmansk – eines Lieblingsprojekts seines Vaters Alexander III. – absegnete, um die Genehmigung nach einem Gespräch mit einem seiner zahlreichen Onkel, dem Großfürsten und Admiral Alexej Alexandrowitsch, noch am selben Tag zurückzuziehen und per Ukas das lettische Libau als Militärhafen zu bestimmen, was der Minister erst aus dem Mitteilungsblatt der Regierung erfuhr. Doch selbst solche Fauxpas sah man ihm anfangs noch nach. Um diesen Fehler wenigstens ein bisschen wieder gutzumachen, ließ er den Hafen nach seinem Vater benennen.

Eigentlich galt er in den ersten anderthalb Jahren seiner Herrschaft noch nicht als vollwertiger Monarch: Es fehlte am Krönungsakt, der gemäß der russischen Tradition nur in der alten Hauptstadt

Moskau vollzogen werden durfte. Dabei handelte es sich um eine doppelte Krönung, die des Zaren und der Zarin. Das kirchliche, militärische und weltliche Zeremoniell wurde langfristig mit gebührendem Pomp geplant. Am 8. März 1895 gründete man zu diesem Zweck eine dreiköpfige Kommission mit Nikolajs Onkel, dem Großfürsten Sergej Alexandrowitsch, an der Spitze, der neben seinem hohen Rang auch den Posten des Moskauer Generalgouverneurs bekleidete, ein Amt, das hierarchisch weit höher rangierte als das des Moskauer Bürgermeisters. Mit der Organisation der vom 6. bis 26. Mai 1896 anberaumten Feierlichkeiten beauftragten die drei Verantwortungsträger das Petersburger Hofministerium und die diesem untergeordnete Moskauer Krönungskommission.

Massenspektakel dieser Art folgten im ausgehenden 19. Jahrhundert mitunter dicht aufeinander. Sie mehrten einerseits das internationale Ansehen des jeweiligen Landes und wirkten gleichzeitig im Sinne der sprichwörtlichen «panem et circenses» wohltuend auf die Stimmung der eigenen Bevölkerung. So feierte 1887 Großbritannien als damals mächtigstes Imperium der Welt das goldene Thronjubiläum von Königin Victoria in der Westminster Abbey mit 50 Monarchen und Fürsten, die als Gäste geladen worden waren, und begeisterte das Volk auf dem Trafalgar Square. Zwei Jahre später wurde in Paris die Weltausstellung mit Sensationen wie dem Eiffelturm und Edisons Phonographen eröffnet. Allerdings vermied man, zu diesem Ereignis die blaublütige Elite des Kontinents einzuladen, denn die Weltausstellung fand aus Anlass des hundertjährigen Jubiläums der Großen Revolution statt, in der zu viele Köpfe der Aristokratie gerollt waren. Fast zeitgleich mit der Krönung des russischen Herrscherpaares kam es in Europa zu zwei weiteren grandiosen Selbstdarstellungen: Die Ungarn feierten 1896 die tausendste Jahreswende seit ihrer «Landnahme» zwischen Donau und Theiß. Neben der von Kaiser Franz-Joseph eröffneten Jubiläumsausstellung und Hunderten von Veranstaltungen von Frühjahr bis Herbst erhielt so die Hauptstadt Budapest die erste Untergrundbahn des Kontinents, die noch heute als «millennarisch» bezeichnet wird. Und sogar das bettelarme Griechenland inszenierte 1896, Coubertins Idee folgend, die ersten Olympischen Sommerspiele der Neuzeit in Athen. Die Eröffnungsrede hielt

König Georg I., Cousin sowohl von Nikolaj als auch von seiner Gattin Alix.

Was die Prominenz der Gäste betraf, so ließ sich auch der Zarenhof nicht lumpen: Erzherzöge und Großfürsten aus Siam, Dänemark, Japan, Baden-Württemberg, Montenegro, Bayern und Neapel waren geladen. Als besonders herausragende Gäste kamen aus Großbritannien Alfred, Duke of Edinburgh, sowie aus Österreich der Thronfolger Franz Ferdinand. Aus China reiste Li Hongzhang an, Sonderbeauftragter des Kaisers, sowie das gesamte diplomatische Corps, aus dem Russischen Reich selbst standen der Emir von Buchara, der Khan von Chiva, sämtliche Kirchenfürsten, Kammerherren und Hofdamen, alle hohen Militärs, Amtsträger und Repräsentanten des Adelsstandes und sogar eine Delegation von Bauern auf der Gästeliste. Über den Ablauf der Festlichkeiten berichteten rund zweihundert ausländische und russische Journalisten, für die eigens ein Presseklub eingerichtet wurde. Alles in allem gönnte man sich, wie es in heutiger Diktion heißen könnte, ein Medienereignis vom Weltrang.

Die vorgesehenen Höhepunkte sahen folgendermaßen aus: am 9. Mai Einzug der Kaiserfamilie, die aus Nikolaj, Alix und der verwitweten Zarenmutter Maria Fjodorowna bestand, in den Moskauer Kreml. Für den Vormittag des 14. Mai war die «Heilige Krönung» in der Mariä-Himmelfahrts-Kathedrale vorgesehen, und um neun Uhr abends sollte der Kreml durch die frisch gekrönte Zarin feierlich elektrisch illuminiert werden, was in dem bis dahin von Kerzen und Petroleumlampen beleuchteten Imperium eine wahre Offenbarung bedeutete. Traditionsgemäß gehörte zum Programm das für den 18. Mai angesetzte Volksfest auf dem stadtauswärts liegenden Chodynka-Feld. Der Abend dieses Tages war dem vom französischen Botschafter Montebello zu Ehren des jungen Herrscherpaars ausgerichteten prunkvollen Ball vorbehalten. Ansonsten wimmelte es in jenen Tagen nur so von Empfängen, Banketten, Gottesdiensten, Paraden und Flaggenweihungen, alles begleitet von Feuerwerken, Kanonenschüssen und Glockentönen. Auch an lukullischen Freuden wurde nicht gespart. Auf der Speisekarte eines der zahlreichen Festbanketts, die mit einem Aquarell des berühmten Künstlers Alexander Benoit dekoriert worden war, schlug man folgende Gänge vor: Krebssuppe mit

Abb. 3: Speisekarte von Alexander Benoit zum Bankett während der Krönungsfeier (1896)

Piroschki, gesalzener Fisch mit Krabbensauce, Rinderfilet mit Gemüse, kaltes Rebhuhn und Gänseleber, Salat aus Perlhuhn, Blumenkohl und Erbsenschoten. Zum Dessert servierte man neben anderen Früchten auch Ananas, des Weiteren Kuchen und Eis. Das Hoforchester spielte den Balltanz aus Pjotr Tschaikowskis «Jewgenij Onegin» sowie die Polowetzer Tänze aus Alexander Borodins Oper «Fürst Igor».

Den protokollarischen musikalischen Rahmen der Krönungszeremonie lieferte hingegen die Oper «Ein Leben für den Zaren» des längst nicht mehr unter den Lebenden weilenden Komponisten Michail Glinka,[4] eine bewusst ideologisch motivierte Entscheidung.

Denn es ging um eine Geschichte vom Beginn des 17. Jahrhunderts, als die polnisch-litauische Armee in der Nähe von Kostroma nach Michail jagte, dem ersten Romanow. Die Soldaten verlangten von Iwan Sussanin, einem russischen Bauern, ihnen auf die Spur zu helfen. Dieser willigte scheinbar ein, ließ jedoch den Herrscher vor der drohenden Gefahr warnen und führte die Gegner in einen dichten, dunklen Wald. Dort gab er die Täuschung zu und wurde aus Rache getötet. Doch der Zar war vor dem sicheren Tod gerettet. Der Schlusschor der Oper heißt «Sei gepriesen!» und erlangte später in Russland geradezu den Rang einer Nationalhymne. So geschah es auch an dem Galaabend im Bolschoj-Theater am Freitag, dem 17. Mai. Glinkas Oper wurde als Suite gegeben, dazu ein Ballett, das die Apotheose symbolisieren sollte. Die Euphorie schien keine Grenzen zu kennen, alle erhoben sich von den Plätzen und blickten zu der mit Gobelins geschmückten kaiserlichen Loge, man rief «Hurra», «Sei gepriesen», «Ein Leben für den Zaren» und verlangte wiederholt nach der staatlichen Hymne «Gott erhalte den Zaren». Der auf diese Weise Gefeierte war überwältigt. Zum ersten Mal empfand er das reine Glück seines neuen Herrscher-Daseins. Angesichts der späteren Wende seines Schicksals sollte es wohl auch das letzte Mal gewesen sein.

An jenem Freitag, als man um 19 Uhr im Bolschoi den Vorhang aufzog, hatten sich bereits, neunzehn Stunden vor dem zu erwartenden Auftritt des Herrscherpaares, Zehntausende vor dem Chodynka-Feld versammelt, und die Menge wuchs mit jeder Minute. Zwischen dem Stadtgebiet und dem ehemaligen militärischen Übungsplatz, später auch Gelände für die inzwischen abgerissene Erste Russische Industrieausstellung, waren in einer Reihe etwa hundert Buden errichtet worden, allesamt überdacht, in denen die Geschenke des Zaren für seine Untertanen anlässlich der Krönung bereitgestellt worden waren. Es handelte sich dabei um eine Papiertüte, die ein mit einem figürlichen Muster bemaltes Tuch sowie einen Emaillebecher mit dem Monogramm des Zarenpaares enthielt. Nüsse, Mandeln, eine Packung Pumpernickel mit dem Aufdruck «Krönung 1896», ein Stück Wurst sowie ein bunt eingeschlagenes Büchlein, das die Bedeutung des historischen Ereignisses erklärte, sollten die Volksbeglückung vervollständigen. Die Verteilung der Präsente sollte genau um zehn

Uhr am nächsten Vormittag beginnen. Es war geplant, dass die Menschen, nachdem sie ihre Tüten erhalten hatten und zwischen den Buden hindurch auf das Riesenfeld gelangt waren, dort geduldig den Anfang des Volksfestes um zwei Uhr nachmittags abwarteten. Sodann würden Zar und Zarin auf dem Balkon des eigens für das Fest erbauten Petrowskaja-Pavillons erscheinen und eine kurze Rede halten, bevor die Hofkapelle eine Kantate des Komponisten Wassilij Safonow spielte. Danach sollte an die Menschen auf dem Feld kostenlos Brot verteilt und Bier mit Honig ausgeschenkt werden. Vor den kleinen Bühnen konnte das Volk dann Puppenspiel, Zauberer, Gauklerdarbietungen, Glücksspiele, Tombola und Musik genießen.

Die Buden wurden zunächst von 250 Wachleuten vor Plünderungen geschützt; die Bierfässer auf der Wiese wurden von 200 Kosaken bewacht, außerdem standen 100 Feuerwehrleute bereit. Die «natürliche» Barriere zwischen der Stadtgrenze und den Buden bildete ein 500 Meter langer, einige Meter breiter, schlecht und recht mit Sand zugeschütteter ehemaliger Schützengraben, der an einigen Stellen mannshoch war. Über diesen Graben führten einige wenige enge Stege zum Festplatz. Schneller konnte man dorthin gelangen, indem man in den alten Schützengraben hinein- und auf der anderen Seite wieder herauskletterte. Von da aus waren es nur noch zwanzig oder dreißig Schritte bis zum begehrten Geschenk, und danach konnte man die freie Wiese betreten. Daher besetzten jene, die zuerst kamen, den Vorplatz zwischen den Buden und dem Graben, der ebenfalls ein schlecht gesicherter Teil des ehemaligen Truppenübungsplatzes war. Seiner ursprünglichen Bestimmung entsprechend gab es dort Sandkuhlen, Schießscharten, verschiedene Deckungen und provisorisch abgedeckte Löcher, darunter auch ein mit Brettern verschlossener tiefer Brunnen. Bald füllten den Graben Zehntausende von nachrückenden Menschen. Weitaus mehr aber – Hunderttausende kamen noch hinzu – bevölkerten die ganze Petrowskij-, in späteren Zeiten Leningrader Chaussee, und Kutschen hatten bereits am späteren Abend keine Chance mehr, sich dem Schauplatz zu nähern. Dennoch blieb zunächst alles ruhig, und die Stimmung war sogar heiter. Familien aus Moskau und Umgebung, Bauern und Arbeiter – Letztere von ihren Fabrikdirektoren beurlaubt – waren mit Proviant und Getränken eingetroffen, entfachten kleine Feuer und sangen frohe Lieder.

Erst in den frühen Morgenstunden begann die Menge zu spüren, dass sie in eine Falle geraten war. Wer einmal seinen Platz eingenommen hatte, darunter Alte, Frauen sowie Mütter mit Kindern, konnte weder vorwärts noch zurück, geschweige denn den Ort verlassen. Der deutsche Journalist Friedrich Schütz beschrieb die Szene für die Wiener «Neue Freie Presse»: «Tausende zu einer großen Kugel zusammengeballt – Dampf und Dumpf stiegen wie aus einem erhitzten Samowar zum Himmel. Der Schweißgeruch wurde unerträglich. Man roch ihn noch viele Stunden später.» Wem übel wurde, der konnte nicht einmal in Ohnmacht fallen – man blieb bewusstlos stehen. Selbst die ersten Toten, Opfer eines Herzanfalls oder der Atemnot, konnte man aus der Masse nicht herausbringen. Nur einige Kinder gelangten ins Freie, indem sie über die Köpfe der Menschen hinweggereicht wurden.

Kurz vor sechs Uhr morgens verbreitete sich das Gerücht, die Geschenke seien bereits an einige Bevorzugte ausgegeben worden. Da die Leute in den hinteren Reihen ohnehin befürchteten, die märchenhaften Tüten könnten bereits verteilt sein, bevor sie selbst die Buden erreicht hatten, begann ein immer hysterischer werdendes Getümmel, und zwar in Richtung des Grabens, aus dem die darin Stehenden, auch weil sie nicht genug Platz auf der anderen Seite hatten, nicht rasch genug herausklettern konnten. Angesichts des Gedränges gerieten die Bewacher in Panik und begannen die Geschenke in die Menge zu werfen, was das Geschiebe der Menschenmassen noch verstärkte. Nun bekam plötzlich ein Problem akute Brisanz, das bisher als unbedeutend erschienen war und nun vielen zum Verhängnis wurde – nämlich die vielen Provisorien und Tücken des ehemaligen Truppenübungsplatzes. Allein der nur oberflächlich abgedeckte tiefe Brunnen wurde zur Todesfalle für achtundzwanzig Menschen, die teilweise kopfüber dort hineinstürzten. Insgesamt wurden binnen einer halben Stunde mehr als 1300 Menschen zu Tode getrampelt und etwa 400 schwer, teilweise lebensgefährlich verletzt.
Erst dann trafen die Ordnungskräfte in Gestalt der Moskauer Polizei ein, denen die traurige Aufgabe verblieb, die Toten von den Lebenden

Abb. 4: Massenkatastrophe auf dem Chodynka-Feld

zu trennen – die meisten Leichen lieferten sie gleich auf dem nahegelegenen Waganjkowo-Friedhof ab. Alles musste schnell geschehen: zum einen wegen der Seuchengefahr und zum anderen, um die Spuren der Katastrophe schleunigst zu beseitigen, damit die Begegnung des Zaren mit seinem Volk am frühen Nachmittag ungetrübt verlaufen konnte. Die Verletzten brachte man in Krankenhäuser, die von den unerwartet zahlreichen Patienten förmlich überrannt wurden. Moskau lag noch arglos im Schlummer, und als die Stadt erwachte, sahen die Einwohner zunächst nur die Glückseligen, die unversehrt mit ihrer Geschenktüte auf den Hauptstraßen spazieren gingen. Gegen Mittag erblickte man jedoch mit Decken, Teppichen und Tüchern abgedeckte Fuhrwerke, über deren Seitenwände Gliedmaßen baumelten – improvisierte Leichenwagen.

Nikolaj II. erhielt die böse Nachricht um halb elf am Vormittag. «Bisher lief, Gott sei Dank, alles wie geschmiert», vertraute er seinem gewissenhaft bis zum Tode geführten Tagebuch an, «aber heute ist eine große Sünde geschehen. (...) Schrecklich auszusprechen: etwa 1300 Menschen sind zu Tode getrampelt worden. (...) Wir aßen um 12.30 zu Mittag, um bei dem unseligen ‹Volksfest› anwesend zu sein.

Und dann fuhren Alix und ich zur Chodynka.» Besonders aufschlussreich an dieser Eintragung erscheint die Wortwahl für das Geschehene: Der Zar spricht nicht von einer Katastrophe oder einem schweren Unfall, sondern von einer Sünde. Das bedeutet, dass er an dem Tag, als ihn die Nachricht von dem Massensterben erreichte, dieses noch als moralisch messbares Phänomen wahrnahm. Offensichtlich hatte er aber in diesem Augenblick ein anderes, viel konkreteres Problem: Welche Haltung konnte er in dieser außergewöhnlichen Situation einnehmen, die ihn wie ein Blitz aus heiterem Himmel traf? Alles abblasen, die Krönungsfeier in eine Trauerfeier verwandeln?[5] Oder war es besser, so zu tun, als sei nichts politisch Relevantes geschehen, selbst wenn er gefühlsmäßig die «Dawka», das tödliche Gedränge, als tragische Erschütterung erlebte? Der spontane, beinahe selbstverständlich erscheinende Beschluss, Chodynka zu besuchen, und zwar programmgemäß gemeinsam mit der Eskorte, spricht dafür, dass der Zar innerlich zu der zweiten Lösung neigte oder glaubte neigen zu müssen.

Für ein bisschen Beruhigung sorgte der Eifer der Behörden, die innerhalb weniger Stunden alles taten, damit zum Zeitpunkt der Ankunft der Majestäten und Regierungsmitglieder nichts mehr an die Schrecklichkeiten des Morgengrauens erinnerte. Nikolajs Aufzeichnungen hierzu: «Es war nichts Besonderes zu sehen. Wir blickten von dem Pavillon aus auf die riesige Menschenmenge, die die Plattform umringte, wo das Orchester immer wieder die Nationalhymne und ‹Sei gepriesen› spielte.» Dieses Potemkinsche Dorf beeindruckte selbst die eigentlich aufgrund der Hiobsbotschaft verzweifelte Großfürstin Xenia, Sandros Frau, die ebenfalls vom Pavillon aus die Szene beobachtete: «Unten wogte eine einzige riesige Menschenmenge, das Orchester und der Chor spielten unzählige Male die Nationalhymne und ‹Sei gepriesen›. (...) Das ‹Hurra!› war atemberaubend.» Dennoch spürte die Großfürstin die Schizophrenie dieser Feierlichkeiten: «Es war peinlich und traurig. Während wir da waren, wurden immer noch Leichen weggetragen.» Der Großfürst Konstantin Konstantinowitsch, ein Schöngeist, der unter dem Pseudonym K.R. lyrische Gedichte schrieb und Shakespeares «Hamlet» ins Russische übersetzt hatte, bezeugte ebenfalls: «Als Ihre Majestäten sich auf dem Balkon des Pavillons zeigten, brach ein gewaltiger Jubel los. Es war ein feierlicher, aufwühlender Moment.»

Aber auch Großfürst Konstantin war sich der ganzen Wahrheit bewusst: «Es war schrecklich, zum Fest gehen zu müssen und dabei zu wissen, dass es vor dem eigentlichen Beginn ein solches Unglück gegeben hatte.» Trotzdem hielt man sich an das vorgesehene Protokoll. Es folgte ein Empfang der Amtsbezirksältesten mit einem Festessen. Alix, die sich ohnehin wegen ihrer mangelnden Russischkenntnisse am Gespräch nicht beteiligen konnte und unter der bedrückenden Allgegenwart der verwitweten Zarenmutter Maria Fjodorowna litt, konnte ihre Verzweiflung kaum verbergen. Sie weinte lautlos und wischte sich die Tränen mit der Serviette ab.

Die Familiensolidarität zerbrach erst am späteren Nachmittag, als die drei älteren Onkel des Zaren, die gemäß ihrem Vatersnamen «Alexandrowitschi» hießen, mit den vier jüngeren, den «Michajlowitschi»[6], aneinandergerieten. Der Familienrat diskutierte stürmisch die Frage, ob man angesichts der Todesfälle den von der französischen Gesandtschaft gegebenen Ball oder zumindest die Beteiligung des Herrscherpaars absagen sollte. Das Problem war von höchster diplomatischer Brisanz. Marquis Gustave de Montebello, der französische Botschafter, hatte recht tief in die Staatskasse und auch in die Geldbörse seiner reichen Gattin gegriffen, um die russische Krönung unter würdevollen Umständen im eigenen Moskauer Palais zu feiern. Es ging dabei um mehr als nur einen wichtigen Staatsakt – es ging um die Festigung der neuen europäischen Konstellation.

Mit Bismarcks Entlassung 1890 fühlte sich der junge Kaiser Wilhelm II. nicht mehr an das vorsichtige Manövrieren des Eisernen Kanzlers gebunden, dessen Ziel darin bestanden hatte, das Deutsche Reich in keinem Fall zwischen die Fronten geraten zu lassen. Die diesbezüglichen Verträge, so 1881 der «Dreikaiserbund» zwischen Deutschland, Russland und der Österreich-Ungarischen Monarchie sowie der Rückversicherungsvertrag von 1887 zwischen Berlin und St. Petersburg, waren von dem ehrgeizigen Hohenzollern danach als Altpapier behandelt und – obwohl Russland darauf insistierte – nicht ratifiziert worden. Daraufhin setzte Alexander III. auf die französische Karte, schloss 1892 mit der Republik kurzerhand ein militärisches Abkommen und 1894, unmittelbar vor seinem Tod, einen Bündnisvertrag. Obwohl all diese Kungeleien unter dem Begriff «Geheimdiplomatie» firmierten, wussten sogar neugierige Journalisten, wohin der Hase lief.

Der Gesandte Montebello wusste noch mehr: Paris erwartete zum Herbst 1896 sehnlichst die Visite des Zarenpaars, welche die bis dahin offiziell geheime Allianz legitimieren und Frankreich aus seiner seit dem Deutsch-Französischen Krieg 1871 andauernden Isolation und verblichenen «Gloire» herauslösen sollte, während sich umgekehrt das als Tyrannis verschriene Zarenreich einer gleichrangigen Partnerschaft mit einer westeuropäischen Demokratie rühmen konnte. Dass auf diese Weise der erste Schritt zur Gründung der Entente auf der einen Seite sowie der Zentralmächte auf der anderen Seite und damit zum Ersten Weltkrieg getan wurde, ahnten die Diplomaten nicht, die keine Propheten, sondern eher Kosmetiker der Schicksale ihrer Völker waren. Jedenfalls ließ Montebello hunderttausend Rosen aus der Provence, Tonnen von silbernem Geschirr, bis zu den Saaldecken reichende Palmen, jede Menge Champagner sowie Berge von Köstlichkeiten, nicht zuletzt Gänseleber aus Frankreich, für 7000 geladene Gäste seines Palastes und Gartens einführen. Der Ball sollte am Samstag, dem 18. Mai, abends um zehn beginnen. Der Eröffnungstanz, eine französische Quadrille, gehörte Nikolaj und Alix mit dem Ehepaar Montebello. Dies war der erste Ball der Zarin, seit sie von ihrer Erstgeborenen Olga im November 1895 entbunden worden war.

Nun entbrannte der Familienstreit vordergründig um das Spätabendprogramm. Der Großfürst Nikolaj Michajlowitsch, so erfahren wir aus «Sandros», aus Alexander Mihajlowitschs Erinnerungen, plädierte für den Abbruch aller Festlichkeiten. Er beschwor die Schatten der französischen Aristokraten herauf, die im Park von Versailles getanzt und die Zeichen des herannahenden Sturms nicht wahrgenommen hatten: den Massentumult in Paris während der Hochzeit von Ludwig XVI. mit der österreichischen Erzherzogin Marie-Antoinette im Jahre 1770.

«Vergiss eines nicht, Niki», wandte er sich zum Zaren, «das Blut dieser Männer, Frauen und Kinder wird für immer einen Fleck auf deiner Herrschaft hinterlassen. Die Toten kannst du nicht mehr zum

Leben erwecken, aber du musst wenigstens Mitgefühl mit ihren Familien zeigen. Die Gegner des Regimes sollen nicht sagen dürfen, der junge Zar habe getanzt, während seine ermordeten Untertanen zum Blutacker getragen wurden.» Ein weiterer Onkel, der Großfürst Alexej Alexandrowitsch, appellierte ebenfalls an den Herrscher, aber im gegenteiligen Sinne: «Siehst du nicht, Niki, dass die Michajlowitschi sich nur bei der radikalen Crème beliebt machen wollen? Sie ergreifen ganz offen Partei für die Revolution und versuchen das Amt des Moskauer Gouverneurs für einen der Ihren zu ergattern.» Und er nannte die vier Brüder spöttisch «die kaiserlichen Parteigänger Robespierres».

Der Schlagabtausch der beiden Hofparteien beschränkte sich keineswegs auf Montebellos Einladung. Die Michajlowitschi machten den Großfürsten Sergej Alexandrowitsch für das Unglück direkt verantwortlich und forderten seine sofortige Entlassung vom Posten des Moskauer Generalgouverneurs. Sergej reagierte heftig, indem er seinen Rücktritt anbot, was der Zar wiederum ablehnte. Schließlich einigten sich alle darauf, an dem Ball teilzunehmen, um wenigstens dem diplomatischen Minimum (acte de presence) Genüge zu tun – man sprach von einer Stunde Anwesenheit. Nach dem Eröffnungstanz – Nikolaj mit der Frau des Botschafters und die aschfahle, sich in ihrem Entsetzen nur mechanisch bewegende Alix mit Montebello – blieben sie dann doch noch für das Souper und verließen das Palais um zwei Uhr nachts. Sergej Alexandrowitschs großfürstliche Opposition verabschiedete sich, was einen groben Verstoß gegen die Etikette darstellte, bereits zu Beginn des allgemeinen Tanzes, und General Boisdeffre, der französische Generalstabschef, weigerte sich, an der frühmorgendlichen Taubenjagd teilzunehmen, weil er befürchtete, die zum Abschuss vorgesehenen Vögel könnten vom Leichengeruch angelockt worden sein.

Die Verantwortung des Großfürsten Sergej Alexandrowitsch für die «Dawka» stand politisch außer Zweifel. Auch ohne direkten Ukas wäre es seine Aufgabe gewesen, den Ort des Volksfestes vorbeugend inspizieren und sichern zu lassen und den Strom der Massen zumindest im Stadtgebiet mit Hilfe der letztendlich ihm unterstehenden Moskauer Polizei zu kontrollieren. Moralisch wäre es seine Pflicht gewesen, nicht erst in der Eskorte der Zarenfamilie um zwei Uhr nachmittags auf dem von Leichen bereits weitgehend geräumten Chodynka-Feld zu erscheinen, sondern sich nach dem ersten Bericht, der ihn kurz nach neun Uhr erreicht hatte, im Eiltempo zum Schauplatz zu begeben. Stattdessen, so lesen wir im Tagebuch des Großfürsten Konstantin, der kein «Michajlowitsch» war, ließ er im Hof seines Palais ein Gruppenfoto mit seinen Leibwächtern aus dem Preobrashenskij-Regiment machen und traf Vorbereitungen für den von ihm selbst ausgerichteten, am Sonntagabend geplanten Krönungsball.

Rechtlich war die Lage komplizierter. Obwohl mehr als zweitausend Menschen durch Fahrlässigkeit zu Tode oder zu Schaden gekommen waren – ein unwiderlegbares Faktum –, verteilte sich die Verantwortung auf mehrere Personen bzw. Institutionen. Für die Krönungsfeierlichkeiten war das Hofministerium von St. Petersburg mit dem Grafen Worontzow-Daschkow an der Spitze zuständig, dessen Moskauer Krönungskommission der Russlanddeutsche Nikolaj von der Beer leitete. Von Moskauer Seite aus waren der ranghohe, aber mit wenig Macht ausgestattete Bürgermeister Sergej Rukawischnikow und der in der Hierarchie noch niedriger angesiedelte Polizeimeister, Oberst Alexander Wlassowskij, an den Vorbereitungen der Festlichkeiten beteiligt. Zwischen den beiden galt die sprichwörtlich gewordene russische Subordination: «Ja natschalnik, ty durak – ty natschalnik, ja durak.» (Wenn ich der Chef bin, bist du dumm – wenn du der Chef bist, bin ich dumm.) Für die Sicherheit der Zarenfamilie und deren Begleitung sorgten 3050 Leibwächter und Soldaten aus St. Petersburg, während Großfürst Sergej Alexandrowitsch von seinem Adjutanten Wladimir Dschunkowskij und dessen Leuten geschützt wurde. Alle diese Sicherheitskräfte erfüllten ihre Aufgabe einwandfrei. Vor Nikolajs feierlichem Einzug in Moskau besuchte die Abordnung sogar die Häuser entlang der geplanten Route, und die Anwohner durften an dem betreffenden Tag keine Gäste bei sich empfangen.

Die polizeilichen Maßnahmen erstreckten sich auch auf das Volksfest. Da die Verteilung der Geschenke für zehn Uhr morgens vorgesehen war, sollten Polizeimeister Wlassowskijs Ordnungshüter um neun Uhr dort erscheinen, um die Menge zwischen den Buden hindurch auf die breite Wiese zu leiten. Allerdings unterliefen den Behörden zwei schwerwiegende Versäumnisse. Das erste war ein Rechnungs- bzw. Schätzungsfehler. Als Nikolaj von der Beer, Leiter der Krönungskommission, vom Moskauer Bürgermeister Rukawischnikow wegen der zu erwartenden Menge befragt wurde, antwortete er: «Bei schlechtem Wetter hunderttausend, bei schönem Wetter eine Million.» Allerdings deutete die Zahl der vorbereiteten Geschenktüten (400 000 Stück) darauf hin, dass es auch noch andere Prognosen gab. Hinzu kam, dass es zwischen dem Leiter der Krönungskommission und dem Bürgermeister zu Reibereien gekommen war, weshalb von der Beer seinen Kollegen nicht auf die Tribüne des Chodynka-Festes eingeladen hatte. Von diesem Moment an fühlte sich Rukawischnikow nicht mehr verpflichtet, sich um Einzelheiten des Volksfestes zu kümmern. Die andere, die *eigentlich* fatale Fehlleistung lag jedoch in der Zeitplanung der Polizeibereitschaft. Niemand hatte vorausgesehen, dass sich in Erwartung der Geschenke bereits am frühen Abend des vorausgehenden Tages vor dem Chodynka-Feld so viele Menschen versammeln würden. Spätestens gegen Mitternacht waren die Vorzeichen des Tumults unverkennbar. Beleidigt gab sich auch der Generalgouverneur, Großfürst Sergej Alexandrowitsch, vor allem deshalb, weil ihm, wie sein Adjutant Dschunkowskij mitteilte, die Regie des Volksfestes durch das Hofministerium aus der Hand genommen worden war, obwohl die aus St. Petersburg delegierten Herrschaften keine Ahnung von den Moskauer Bedingungen und den Menschen dort hatten. Polizeichef Oberst Wlassowskij wiederum gehörte nicht zur höheren Gesellschaft und wurde von den Petersburger Adeligen nicht ernst genommen. So trieb er sich ziemlich verloren in der Begleitung des Zaren herum, mied den Schauplatz des Unglücks und entschuldigte sich mit den Worten: «Ich konnte nicht überall sein». Den Kontakt mit seinem Stellvertreter auf Chodynka hielt er telefonisch.

Auch von der Beer versuchte später, die Verantwortung von sich zu weisen: «Unsere Kommission als Ganzes hatte eigentlich mit dem Feste nichts zu tun. Die Ergreifung der Sicherheitsmaßregeln war nicht ihre Sache.» Trotzdem war er der einzige hochrangige Beamte, der sich bereits am Vorabend vor Ort befand: «Ich sah die Gefahr kommen, ich telefonierte mit der Polizei nicht einmal, sondern zehn-, zwanzigmal.» Seine Aufgabe bestand ursprünglich darin, um zehn Uhr morgens mit dem Winken seiner Kappe das Zeichen für den Beginn der Geschenkeverteilung zu geben. Angesichts der hysterischen Stimmung und des beginnenden Massenansturms auf die Buden verlor er aber die Nerven. «Sieh hier», will er gehört haben, «du bist nicht nur des Kaisers, sondern auch Gottes Diener. Hilf uns, indem du die Verteilung zulässt.» Und er winkte mit der Kappe kurz nach sechs Uhr morgens. «Wenn das unter solchen Umständen ein Verbrechen war, dann bin ich schuldig», gab er bei der Untersuchung zu. Nach der Krönung legte er alle Funktionen nieder und blieb bis zu seinem Tode ein seelisch gebrochener Mann.

Polizeichef Wlassowskij versuchte bei einer Pressekonferenz am selben Tag, rationale Erklärungen für die Tragödie zu finden: «Ein Elementarereignis, das uns überraschte. Das Wahrscheinlichste ist, dass der Brauch, Geschenke zu verteilen, der bei allen Krönungsakten vor Jahrzehnten üblich war, zur modernen Entwicklung immer mehr in Widerspruch geraten ist. Moskau bot noch bei der vorletzten Krönung in dieser Hinsicht weniger Schwierigkeiten.» Allerdings war die Stadt 1856 bei der Krönung Alexanders II. noch ein relativ kleiner Ort, während die Bevölkerung nunmehr die Millionengrenze überschritten hatte. Das klang plausibel, ließ jedoch das menschliche Versagen, ließ Chaos und Schlendrian unberücksichtigt. Wieso hatten sich die Organisatoren auf kein gemeinsames Vorgehen verständigen können?

Was die öffentliche Kommunikation anging, haperte es ebenfalls. Während die regierungstreuen Blätter nur die kurze offizielle Information des Hofministeriums und ansonsten die gewöhnliche Hofberichterstattung brachten, wurde die ausführliche, im Hinblick auf Meinungsäußerungen vorsichtige Augenzeugen-Reportage des Journalisten Wladimir Giljarowskij nur in der liberalen Zeitung «Russkije Wedomosti» publiziert. Auch den ausländischen Journalisten gewährte man keinen Zugang zu allzu vielen Informationen. Auf die Frage französischer Korrespondenten, ob der Ball bei Montebello unter diesen traurigen Vorzeichen überhaupt hätte stattfinden dürfen, reagierte der Regierungssprecher ausweichend. Der deutsche Journalist Friedrich Schütz versuchte die Spärlichkeit der Informationen zu deuten.

«Russland ist groß: man war nicht immer gewohnt, die volle Wahrheit nach einem Unglücke zu sagen.[7] Man fürchtete, eine Absage (etwa an den Ball) könne in dem weiten Reichsgebiete eine falsche Auslegung erfahren und die Katastrophe schrecklicher erscheinen lassen, als sie ohnehin gewesen.»

Worte der Beschwichtigung sollen auch seitens der hohen Gäste nicht gefehlt haben. So erzählte der Sonderbeauftragte des chinesischen Kaisers dem russischen Finanzminister und späteren Ministerpräsidenten Witte über seine Zeit als Provinzgouverneur, es wäre ihm niemals eingefallen, wegen einer Bagatelle wie etwa einer Pestseuche mit ein paar tausend Toten seinen obersten Herrn zu beunruhigen oder traurig zu machen. Der Großfürst Wladimir Alexandrowitsch ließ sich von der Behauptung des Duke of Edinburgh trösten, beim goldenen Krönungsjubiläum der Königin Victoria seien 2500 Menschen zu Tode getrampelt worden,[8] was niemanden groß gestört habe. Wlassowskij hingegen berief sich auf die Krönungsfeierlichkeiten Alexanders II. im Jahre 1856, «bei denen sogar Ochsen gebraten und Geld unter die Menge geworfen wurde», und behauptete, dass fünftausend Menschen ums Leben gekommen seien – was im Übrigen historisch nicht belegt ist. Auch Alexander III. sei 1883 nicht ohne Opfer gefeiert worden. So zynisch ließ sich ein Polizeibeamter vernehmen, der angesichts der ihm bekannten Menschenansammlung eigentlich von Berufs wegen bereits spät in der Nacht vor Ort hätte sein müssen.

Der neue Zar Nikolaj hingegen war kein Zyniker. Während auf dem Wagankowo-Friedhof anderthalbtausend Opfer lagen, die von Familienangehörigen identifiziert und entsprechend registriert werden mussten, und gleichzeitig Hunderte von Schwerverletzten in den Spitälern behandelt wurden, machte er sich Gedanken über die Schadensbegrenzung für die Angehörigen und Hinterbliebenen. Als Erstes bot er jeder betroffenen Familie 1000 Rubel als Einmalzahlung sowie eine lebenslange Rente aus der eigenen Schatulle an, die in der Tat bis zu seiner Abdankung im Frühjahr 1917 monatlich ausgezahlt wurde. Zweitens besuchte er mit seiner Familie den Trauergottesdienst, den der Erzpriester Johannes von Kronstadt zelebrierte, derselbe Geistliche, der auch am Totenbett Alexanders III. gestanden hatte. Darauf folgte ein eher protokollarisch-kurzer Besuch in einem Krankenhaus, bei dem die Zarin in ihrem gebrochenen Russisch den Patienten ein paar Trostworte sagte. Diese waren davon laut offiziellem Bericht ebenso begeistert wie von der Flasche Madeira, welche die Zarenwitwe Maria Fjodorowna jedem Verwundeten aus den Vorräten des Kremls spendierte.

Ohne diese majestätische Großzügigkeit gering schätzen zu wollen, bleibt festzustellen, dass der junge Zar aus einem Schuldbewusstsein heraus handelte und glaubte, sich mit der edlen Geste das Recht auf weitere Empfänge, Diners und Jagdausflüge zu erkaufen. Er tat dies sicherlich nicht aus Genusssucht, sondern weil er seinem Rang und den Verpflichtungen, die mit dem feierlichen Anlass einhergingen, Genüge tun wollte. Am liebsten hätte er die ganze misslungene Krönung einfach hinter sich gelassen und vergessen. Aber das Schwierigste stand noch bevor: Es wurde eine Untersuchungskommission eingerichtet, um die Ursachen der Katastrophe zu ermitteln; ihr Auftrag sollte es dann auch sein, rechtswidriges Verhalten zu sanktionieren. Der zu diesem Zweck geschaffene Sonderausschuss stand unter der Aufsicht des früheren Justizministers, des Grafen Konstantin von der Pahlen. Diese Wahl war nicht besonders glücklich, denn Pahlen hatte gleichzeitig die Rolle des obersten Zeremonienmeisters der Festlichkeiten inne gehabt. Aber nicht dieser Missgriff versetzte die drei Großfürsten «Alexandrowitschi» in Rage, sondern die Aussicht, dass Sergej Alexandrowitschs Name überhaupt in einer juristischen Akte auftauchen oder er selbst als Zeuge geladen werden könnte. Ein Großfürst vor einem zivilen Gericht – diese Vorstellung war für den Clan unerträglich.

Zar Nikolaj war vom ersten Augenblick der Katastrophe an zwischen den beiden Familienhälften hin- und hergerissen. Der Moskauer Generalgouverneur Sergej Alexandrowitsch war für ihn vor allem der heiß geliebte und zutiefst gefürchtete Bruder des Vaters, der sein Leben von Geburt an mit begleitet hatte. Auf der anderen Seite stand der von ihm umschwärmte junge, dynamische «Sandro» Michailowitsch, mit dem ihn eine Sandkastenfreundschaft verband. Ihm gegenüber galt er nicht als Herrscher der halben Welt, sondern konnte sich als der unreife, keineswegs zum Herrschen geborene

Sprössling der Romanows geben mit seinen guten Manieren, den Hoffnungen auf ein zweites Kind, das diesmal ein männlicher Nachfolger werden sollte, und auf die Gunst des Schicksals, das ihm ähnliche Proben künftig ersparen würde. Zunächst gab er um des lieben Friedens willen den Alexandrowitschi nach. Im Juni 1896 schrieb er nach langem Studium des Untersuchungsberichts einen Ukas, in dem er, auf den Rechtsweg verzichtend, die Sache «mittels der Macht als Selbstherrscher» entschied. Schuldig befand er den Moskauer Oberpolizeimeister Wlassowskij, den er mit 3000 Rubel monatlich in Rente schickte. Damit schien die Angelegenheit aus der Welt.

Nachdem am 26. Mai das offizielle Krönungsprogramm beendet war, fuhren das Zarenpaar und seine kleine Tochter mit dem Zug zum Landbesitz des Onkels Sergej Alexandrowitsch nach Ilinskoje bei Brest. Zar Nikolaj vermerkt dazu in seinem Tagebuch: «Welch unbeschreibliche Freude, an diesem schönen ruhigen Ort anzukommen! Und die Hauptsache ist zu wissen, dass all diese Feiern und Zeremonien vorbei sind!» Auch Onkel Sergej war sehr zufrieden, denn sein Neffe hatte ein Gastgeschenk mitgebracht: Neben seiner Position als Moskauer Generalgouverneur ernannte er ihn jetzt noch zum Kommandeur des Moskauer Militärbezirks.

Im Volk jedoch wurde Sergej Alexandrowitsch Romanow jetzt voller Hass nur noch «Fürst von Chodynka» genannt. Der Spottname, an dem der Todesgeruch haftete, begleitete ihn ein Leben lang, bis zu dem Tag, als im Frühjahr 1905 seine Kutsche durch die Detonation der Höllenmaschine des Terroristen Iwan Kaljajew zerbarst und Sergejs zerfetzten Körper unter sich begrub.

Zar Nikolaj vergaß nie mehr die Katastrophe, die als böses Omen seine Krönung begleitet hatte. Schließlich war dies seine Reifeprüfung als Herrscher gewesen, die er nicht bestanden hatte. Als Mensch mit Hang zum Mystizismus durchlebte er alle späteren Missgeschicke in dem Bewusstsein, dass alles in Gottes Hand liege. Dieses fatalistische Lebensgefühl verwandelte sich bei ihm mit der Zeit in eine ständig sich selbst erfüllende Prophezeiung.

Kapitel 3
Krieg mit Japan

Unter Biographen und Historikern scheint Konsens darüber zu herrschen, dass die Ursache des Krieges zwischen Russland und Japan 1904/05 bereits in einem sehr viel früheren Ereignis lag. Als letzte Station einer achtmonatigen Weltreise, die über Ägypten und Indien geführt hatte, erreichten der Zarewitsch und seine zahlreichen Begleiter, unter ihnen Prinz Georg von Griechenland, im Mai 1891 das Land der aufgehenden Sonne. Von japanischer Seite wurde Nikolaj mit allen Ehren empfangen, die einem Monarchen gebührten: Fürsten und hohe Beamte der lokalen Verwaltung machten ihm ihre Aufwartung. Der Aufenthalt war für einen Monat geplant, und etwa nach der Hälfte dieser Zeit war eine Audienz beim Kaiser vorgesehen. Auf dem Weg nach Kyoto zum «Tennō» Meiji kamen die Reisenden in die kleine Stadt Ōtsu. Geplant war, nach dem Mittagsmahl die Stadt zu besichtigen, deren Zentrum im Wesentlichen aus einer langgezogenen Hauptstraße bestand. Da diese jedoch für Pferdekutschen zu eng war, stieg man stattdessen auf insgesamt fünfzig Rikschas um. Die Bevölkerung stand Spalier und begrüßte die hohen Gäste mit japanischen und russischen Fähnchen. Die Sicherheitsvorkehrungen waren nicht besonders aufwendig – auf der Route entlang der Hauptstraße, die etwa einen Kilometer lang war, hatte man alle achtzehn Meter einen Polizisten postiert.

Ausgerechnet einer von ihnen, Tsuda Sanzō, stürzte sich plötzlich auf die fünfte Rikscha, in der Nikolaj saß, und hieb mit seinem Säbel zweimal auf ihn ein. Die Klinge verletzte ihn an Hals, Stirn, Ohren und am rechten Handgelenk. Zu einem dritten, möglicherweise tödlichen Säbelhieb kam es zum Glück nicht mehr: Der griechische Fürst und die beiden Kulis, welche die Rikscha des Zarewitschs zogen, überwältigten den Attentäter, der, bereits auf dem Boden liegend, «Ich bin ein Samurai!» schrie, bevor er fortgeschafft wurde. Die Verletzungen des Zarewitschs wurden provisorisch versorgt. Dann brachte man ihn nach Kyoto, wo er sogleich an Bord des Kreuzers «Pamjatj Asowa» ging und diesen bis zu seiner von St. Petersburg verordneten Abreise nicht mehr verließ.

Für das offizielle Japan war der Zwischenfall äußerst unangenehm – die Gastfreundschaft rangierte auf der Skala der nationalen Werte ganz oben, und Russland wurde als Verbündeter betrachtet. Neben zahllosen Briefen, die auf dem Schiff eingingen, überhäufte die japanische Bevölkerung Nikolaj mit Trostgeschenken, und seitens der Behörden wurden spektakuläre Maßnahmen zur Schadensbegrenzung getroffen. Am Tag nach dem Attentat blieben Geldinstitute, Schulen und Kabukis geschlossen, selbst Geishas durften fünf Tage lang keine Klienten empfangen. In manchen Orten wurde es frischgebackenen Eltern untersagt, Neugeborene «Tsuda» oder «Sanzō» zu nennen, weil dies die Namen des Attentäters waren. Darüber hinaus erwog man, die Stadt Ōtsu umzubenennen. Eine junge Frau beging als Sühne für die Untat sogar öffentlich Selbstmord. Als wichtigste Maßnahme jedoch begab sich der Tennō auf das russische Schiff und bat Nikolaj um Verzeihung. Nach japanischem Verständnis galt dies als Auslandsreise – für den gottgleichen Herrscher Nippons war das absolut unüblich und stellte daher in jeder Hinsicht eine außergewöhnliche Geste dar. Doch auch Nikolaj sparte nicht mit Bekundungen seines guten Willens. Er ließ verlauten, keinen Zorn gegenüber der japanischen Nation zu hegen, und verlieh den beiden Kulis, denen er sein Leben verdankte, den Orden der Heiligen Anna sowie eine lebenslange Leibrente. Dennoch war der vorzeitige Abbruch der Reise ein erstes Signal von Misstrauen zwischen den beiden Staaten.

Gewiss war der Samurai, der zu lebenslänglicher Haft verurteilt wurde und noch im selben Jahr im Gefängnis an Tuberkulose starb, ein fanatischer Einzeltäter. Seine Tat hatte jedoch einen politischen Hintergrund. Japans Öffnung von 1855, die von der US-Flotte erzwungen worden war, bedeutete nach zwei Jahrhunderten Selbstisolation einerseits einen mächtigen Antrieb zur wirtschaftlichen Entwicklung, stieß jedoch andererseits auf den Widerstand großer Teile der Bevölkerung – nicht nur der adeligen und militärischen Eliten, sondern auch des einfachen Volkes. Nicht einverstanden mit der neuen Entwicklung zeigten sich all jene Schichten, die sich noch der feudalen Ära Tokugawa verbunden fühlten. Der Protest richtete sich auch gegen die von westlichen Staaten oktroyierten Handelsverträge und die damit verbundene ungleiche Behandlung des Kaiserreichs in den internationalen Handelsbeziehungen. Die Modernisierer setzten sich gegen die Traditionalisten mit Gewalt durch, integrierten ihre maßgeblichen Gruppen und bauten einen Staat auf, in dem Elemente der autoritären Machtausübung – Shintoismus als Staatsreligion und Kaiserkult – mit parlamentarischen Formen vermischt waren. Schließlich entfalteten sie mit Hilfe einer massiven Industrialisierung und Aufrüstung nach und nach ihren eigenen, gleichsam hausgemachten Imperialismus, damit das Land nicht, wie etwa China einige Jahre zuvor, europäischen und amerikanischen Unterwerfungsstrategien zum Opfer fiele. Das Japan der Ära Meiji wurde daher in Europa häufig als das «Preußen des Ostens» wahrgenommen.

Anders als zu den großen westlichen Staaten pflegte das sich der Welt öffnende Nippon zum Zarenreich ursprünglich gute, ausgeglichene Beziehungen. Vor allem gab es zwischen den beiden Partnern keine territorialen Streitigkeiten. Als der russische Vizeadmiral Putjatin 1854 mit dem Auftrag in Simoda landete, diplomatische Beziehungen mit dem Kaiserreich aufzunehmen, konnte er mit den Gastgebern auch einige offene Fragen klären. Im Traktat von Simoda einigten sich die Hohen Seiten darauf, dass die Insel Sachalin (japanisch: Karafuto) von Russland und Japan nach wie vor gemeinsam genutzt werden sollte. Praktisch stand Sachalin aber unter russischer Herrschaft, ein Status, den Tokio im Freundschaftsvertrag von 1875 anerkannte. Im Gegenzug verzichtete St. Petersburg zugunsten Japans auf mehr als sechzig Kurileninseln, von denen jedoch nur die acht südlichsten für die Fischerei von Bedeutung waren. Rein wirtschaftlich hatten auch die an Russland abgetretenen 87 000 Quadratkilometer wenig zu bieten. Die oft von Erdbeben und Tsunamis heimgesuchte Insel Sachalin mit ihrem kapriziösen Klima wurde von der russischen Regierung zum «Ort der Zwangsarbeit und der Verbannung» erklärt.

Als solcher hat ihr Anton Tschechow in seinem eindrucksvollen Reisebericht von 1895 ein Denkmal gesetzt. Vermutlich hätte sich damals kaum jemand vorstellen können, dass ein derartiger Ort, zusammen mit den winzigen, teils unbewohnten Inseln, zu einem Zankapfel zwischen Russland und Japan werden könnte, um den der Streit bis heute nicht beigelegt ist.

Merkwürdigerweise ging der unselige Konflikt zwischen den beiden Ländern auf Voraussetzungen zurück, die gleichermaßen in beiden Staaten herrschten: Nicht nur Japan erreichte unverhoffte Höhen ökonomischen Wachstums, sondern auch Russland. Die Reformen von Alexander II. – Aufhebung der Leibeigenschaft und die Zulassung bescheidener Formen der Selbstverwaltung – leiteten die russische Gründerzeit ein, und obwohl im Lauf der Herrschaft von Alexander III., hauptsächlich unter dem Eindruck des sozialrevolutionären Terrors, die Reaktion wieder die Oberhand gewann, erwies sich der Einzug des modernen Kapitalismus als unaufhaltsam. Mehr noch: Aufgeklärte und sachkundige Politiker verstanden es, diese Entwicklung zu beschleunigen, ohne dem Adel und den zaristischen Bürokraten auf die Füße zu treten. So gelang es Sergej Witte, dem Finanzminister von Alexander III., mit einer Geldreform den Rubel auf Goldbasis umzustellen und dadurch seine internationale Akzeptanz zu sichern. Zudem konnte er mit der Einführung eines Alkoholmonopols die Kasse mit Milliarden so auffüllen, dass manche Engpässe durch staatliche Investitionen überwunden werden konnten. Eines der vordringlichsten und ehrgeizigsten Projekte war der Ausbau der transsibirischen Eisenbahnlinien vom Baikal bis zum Stillen Ozean. Der Zar, der das auch mit westeuropäischen Anleihen geförderte Unternehmen als Chefsache betrachtete, wollte seinen Thronerben ebenfalls darauf verpflichten. Auf seiner fluchtartigen Rückreise aus Japan tat folglich der Zarewitsch im Mai 1891 in Wladiwostok unter dem Jubel des Volkes den ersten symbolisch aufgeladenen Spatenstich.

Aber was hatte das alles mit Japan zu tun? Auf den ersten Blick nichts, auf den zweiten aber umso mehr. Die Planer und Bahningenieure standen vor einem Dilemma: Die Linie konnte entweder unter Umgehung des Flusses Amur gebaut werden, oder sie musste über mongolisch-chinesisches Gebiet führen, vorwiegend durch Teile der nördlichen Mandschurei. Erstere Möglichkeit war geographisch schwieriger und erforderte den Bau mehrerer Brücken und Tunnel, was viel Zeit und Kosten bedeutete. Der andere Weg war nicht nur einfacher und damit schneller und billiger, sondern auch mit Blick auf die zukünftigen Handelsbeziehungen Russlands von erheblichem Vorteil. Allerdings musste man dazu die Genehmigung der chinesischen Regierung einholen. Diese war jedoch mit Problemen von ganz anderer Größenordnung konfrontiert. Im Zuge der Streitigkeiten um die Vorherrschaft über Korea fiel in den letzten Monaten der Herrschaft Alexanders das japanische Heer in China ein und schlug die ungleich schwächere chinesische Armee und Flotte vernichtend. Auf diese Weise konnte sich Japan Korea aneignen und Teile der Mandschurei, die Insel Taiwan und die Halbinsel Liaodong besetzen. Außerdem verpflichtete Tokio den Besiegten zu einem Tribut, dessen Höhe die tatsächlichen japanischen Kriegskosten um ein Mehrfaches überstieg und den Peking in keinem Fall entrichten konnte.

Für St. Petersburg war an dem für China 1895 zutiefst demütigenden Frieden von Shimonoseki nur ein einziger Punkt unerträglich: Japans Anwesenheit auf der Halbinsel Liaodong mit ihren eisfreien Häfen, Port Arthur und Dalnij. Dies bedeutete die unangenehme Nähe eines potentiellen Gegners, den vorher ein Meer von Russland getrennt hatte. Zum Glück für Russland waren auch andere Staaten von Japans territorialem Zuwachs beunruhigt und gönnten dem Kaiserreich diese Beute nicht. England, Frankreich und Deutschland taten sich in dieser Angelegenheit zu einer seltsamen Koalition zusammen und zwangen Tokio durch gemeinsamen Druck, das okkupierte Gebiet Liaodong samt den Häfen wieder zu räumen. Dabei überließ man es allerdings dem russischen Außenministerium, die entsprechende diplomatische Note zum Schutz der territorialen Integrität Chinas zu übergeben. Japan zog sich von der Halbinsel zurück und Russland übernahm Liaodong von der chinesischen Regierung als Pachtgebiet, durfte jedoch dort keine militärische Basis errichten. Auf diese Weise war das Zarenreich endgültig in sämtliche Konflikte verwickelt, die um die Zerstückelung und Plünderung des hilflosen Reichs der Mitte entbrannt waren. Als dann der chinesische Mob während des Boxeraufstands 1898/99 Botschaften in Brand steckte und Diplomaten tötete, reagierten die europäischen Mächte mit einem Rache- und Raubfeldzug, der als Strafexpedition legitimiert wurde. Gleichzeitig schuf man in der Heimat das Gespenst der «gelben Gefahr» und malte es mit kräftigen Farben an die Wand.

An dieser tragischen Entwicklung trug auch Sergej Witte, der Finanzminister von Alexander III., den der junge Zar Nikolaj II. von seinem Vater übernommen hatte, eine gewisse Mitschuld. Vom neuen Herrscher bevollmächtigt, führte Witte im Zuge der Krönungsfeierlichkeiten Verhandlungen mit Chinas hochrangigem Vertreter Li Hongzhang und unterbreitete ihm ein Angebot: Die russische Regierung würde unter dem Deckmantel einer Russisch-Chinesischen Bank Kreditgarantien für die Bezahlung des Tributs an Tokio übernehmen, wenn China als Gegenleistung den Bau der Route Tschita – Wladiwostok durch sein Territorium genehmigte. Die Trasse für den Bau sollte Russland gehören und von russischen Soldaten bewacht werden. Damit entstand de facto ein Geheimvertrag, auf dessen Grundlage unter dem Vorwand, den Eisenbahnbau zu sichern, China auch gegen eine japanische Aggression verteidigt werden sollte. Auch Schmiergeldzahlungen an die Chinesen waren im Spiel – in seinen Memoiren gestand Witte, er habe dem chinesischen Diplomaten 500 000 Goldrubel zukommen lassen, andere Quellen sprechen von drei Millionen. Diese Summen sind nicht unglaubhaft, denn schließlich war der hohe Mandarin in seiner Heimat als Monopolist im Opiumgeschäft bekannt. Zur gleichen Zeit gelang es der russischen Regierung, das Projekt «Ostchinesische Bahn» auch der für technische Neuerungen leicht zu begeisternden japanischen Regierung schmackhaft zu machen.

Überhaupt ging es zwischen St. Petersburg und Tokio weiterhin freundlich zu. Ihr Kompromiss bestand darin, dass das Zarenreich seinen Einfluss auf der Halbinsel beibehalten und in der Mandschurei Handel führen konnte, Korea jedoch als formal unabhängigen Staat, tatsächlich aber als Vasallen Japans dem Kaiserreich überlassen musste. Die Idylle endete im Jahre 1897, als der deutsche Kaiser nach der Ermordung zweier Missionare seine Flotte nach Jiaozuo schickte und den Hafen einnahm. Gleichzeitig teilte Wilhelm seinem «teuersten Cousin Nicky» vertraulich mit, dass britische Schiffe einsatzbereit vor den Häfen Port Arthur und Dalnij lägen – eine Behauptung, die bis heute nicht bewiesen wurde. Einflussreiche Vertreter der Generalität, die sich nach militärischen Lorbeeren sehnten, neigten dazu, im Rahmen der internationalen Strafexpedition gegen die Boxer die ganze Mandschurei zu okkupieren und aus ihr «so etwas wie Buchara» oder «Russlands Indien» zu machen.

Witte, dessen klug eingefädeltes Eisenbahnprojekt – eine eher gemäßigte Form der Expansion – nur in friedlichem Rahmen und im Einvernehmen mit den Japanern eine Chance hatte, war verzweifelt und versuchte seinen Herrscher vor der Gefahr eines Flächenbrandes zu warnen. Er argumentierte damit, dass die Chinesen, die bisher in Russland eher ihre Schutzmacht gesehen hatten, nach einem parallelen deutsch-russischen Vorstoß auch das Zarenreich als Aggressor betrachten könnten. Solange sie unter vier Augen sprachen, glaubte Witte, Seine Majestät überzeugt zu haben. Bei der nächsten Audienz aber sagte der Zar plötzlich: «Wissen Sie, Sergej Juljewitsch, ich habe mich doch dafür entschieden, Port Arthur und Dalnij einzunehmen. Englische Schiffe kreisen um Port Arthur und Dalnij. Und wenn wir die Häfen nicht besetzen, tun sie das.» Mit der Einnahme der beiden Häfen brach Russland zwei Verträge: einen geheimen[9] mit China und einen öffentlich bekannten mit Japan.

Damit war jedoch die Angelegenheit noch längst nicht beendet. Unterstützt vom Großfürsten Alexander Michajlowitsch, einem der Onkel Nikolajs, und von Innenminister Plewe, konnte sich der ehemalige Kavaliergardist Alexander Besobrasow das Vertrauen des Zaren erschleichen und ihm einen waghalsigen Plan vortragen. Danach sollten scheinbar private, aber staatlich mitfinanzierte Aktiengesellschaften eine Konzession zur Waldrodung um den Fluss Yalu an der mandschurisch-koreanischen Grenze erwerben – ein Tarnmanöver zur friedlichen Eroberung Koreas. Obwohl Sergej Witte verhindern konnte, dass das Unternehmen unmittelbar aus der Staatskasse finanziert wurde, behielt die «Clique Besobrasow», die auf eine direkte Konfrontation mit Japan hinsteuerte, viele Anhänger. Darunter befanden sich Geschäftsleute, Militärs sowie Diplomaten und sogar die verwitwete Zarenmutter, die alle bereit waren, mit ihren Aktien die nicht einmal ordentlich eingetragenen Firmen zu fördern.

Nikolaj versuchte auch in diesem Fall, es beiden Seiten recht zu machen. Seinem Finanzminister zuliebe ließ er Besobrasows ohnehin bankrottes Unternehmen einstellen, aber um der Kriegspartei im Lande entgegenzukommen, ernannte er 1903 denselben Abenteurer zum Staatssekretär. Im August desselben Jahres bat der Zar Sergej Witte, bei seiner nächsten «alleruntertänigsten Berichterstattung» auch den Direktor der Staatsbank, Pleske, mitzunehmen. Die beiden Beamten, die ansonsten befreundet waren, fuhren gemeinsam zu Nikolaj. Witte wurde als Erster empfangen, während Pleske im Vorzimmer wartete. Der Zar hörte den aktuellen Bericht bis zu Ende an und teilte Witte dann mit, dass er vorhabe, ihn zum Vorsitzenden des «Ministerrats» – eines lediglich repräsentativen, völlig machtlosen Gremiums – zu ernennen. Zum Nachfolger im Finanzministerium bestimmte Nikolaj hingegen keinen anderen als den im Vorzimmer wartenden Bankdirektor. Witte machte sich keine Illusionen über die wirklichen Ursachen seiner Ablösung: Ihn hatten die Verfechter eines Krieges gestürzt, den Russland unter den damaligen politischen und militärischen Voraussetzungen nur verlieren konnte. Erst nach der Katastrophe rief man wieder nach dem «goldenen Minister» – als Feuerwehrmann des Regimes konnte man ihn noch gut gebrauchen.

Einem Minister oder Staatssekretär stand es nicht zu, zu widersprechen oder gar insistierende Fragen nach den Motiven solcher Entscheidungen zu stellen. Die Mitglieder der Dynastie hingegen konnten völlig offen miteinander sprechen. Davon machte auch Großfürst Alexander Michajlowitsch («Sandro») Gebrauch – schließlich verband ihn mit dem Zaren eine Sandkastenfreundschaft, und noch dazu war er Nikolajs Schwager. Selbst die beiden Frauen, Xenia und die Zarin Alix, mochten einander, und die Familien waren sowohl in St. Petersburg als auch auf der Krim häufig privat zusammen. Wie Sandro in seinen 1931 publizierten Memoiren schrieb: «Unsere Freundschaft erreichte eine in der Beziehung von Verwandten seltene Herzlichkeit.»

Bei einem ungezwungenen Gespräch im Sommer 1896 beklagte sich Sandro als fachkundiger Marineoffizier über den schlechten Zustand der russischen Flotte im Fernen Osten. Nikolaj bat ihn daraufhin in einer Note, seinen Standpunkt ohne Umschweife darzulegen und bei Großfürst Alexej Alexandrowitsch, seines Zeichens Generaladmiral und Flottenchef, einzureichen. Dieser war wegen der Einmischung in seine Zuständigkeiten außer sich und drohte mit Abdankung, falls sich Sandro nicht offiziell entschuldigte. Daraufhin ergab sich zwischen dem Zaren und seinem nächsten Verwandten folgendes Gespräch.

Sandro *Um Gottes Willen, Nicky! Ich habe diese Notiz mit deiner Erlaubnis und Absegnung geschrieben.*
Nikolaj *Natürlich. Aber ich muss mich um den Frieden in unserer Familie kümmern, Sandro. Sei vernünftig und nimm den Vorschlag von Onkel Alexej an.*
Sandro *Was schlägt er vor?*
Nikolaj *Er will dich zum Kommandanten des Panzerschiffes «Nikolaj I.» ernennen, das in chinesischen Gewässern schwimmt.*
Sandro *Ich verstehe. Ich muss verbannt werden, nur weil ich deinem Befehl folgte.*
Nikolaj *Das ist eine Frage der Aufrechterhaltung der Disziplin.*

Sandro nahm den Vorschlag seines Großonkels Alexej nicht an und verzögerte damit erheblich seine Karriere in der Flotte. Trotzdem gab er die Hoffnung nicht auf, seinen Cousin im Sinne rationaler Entscheidungen beeinflussen zu können. Mit den Jahren war er immer stärker von der Unvermeidlichkeit einer Konfrontation zwischen Russland und Japan überzeugt. Ihm war die militärische Schwäche seines Landes sehr wohl bewusst, und er ärgerte sich über die Prahlerei des zum Oberkommandierenden erkorenen Generaladjutanten Kuropatkin, der sich – bereits am Vorabend des Krieges – als zukünftiger Sieger in der Öffentlichkeit präsentierte. Dies führte erneut zu einer Kontroverse mit dem Zaren.

Nikolaj *Was bringt dich dazu, Sandro, zu denken, dass du kompetenter in der Bewertung von Japans Streitkräften bist als einer unserer besten Heeresführer?*
Sandro *Meine Kenntnis der Japaner, Nicky. Ich studierte sie nicht aus dem Fenster des Salonwagens oder hinter dem Schreibtisch im Verteidigungsministerium. Ich habe zwei Jahre lang in Japan gelebt.*[10] *(...)*

Du darfst mich auslachen, aber die Japaner sind eine Nation von großartigen Soldaten.

NIKOLAJ *Der russische Zar hat kein Recht, die Meinung seines Schwagers der Meinung allgemein anerkannten Autoritäten gegenüberzustellen.*

Nikolajs Haltung war sicher weniger von den tatsächlichen Verhältnissen im Fernen Osten als von der Sorge um den Familienfrieden bestimmt, worunter er bezeichnenderweise seine eigene Ruhe vor seinen Onkeln verstand, die ständig Druck auf ihn ausübten. Hinter dieser Sorge verbarg sich jedoch die Urangst vor dem Vater, der Riesengestalt Alexanders III., der wie Mozarts steinerner Gast in seinen Alpträumen herumspukte. Als weiterer psychischer Faktor gesellte sich die Erinnerung an den Zwischenfall von Ōtsu hinzu, die sich oft genug auch körperlich bemerkbar machte. Die Wunde in der Nähe seiner Schläfe ließ ihn noch lange an immer wiederkehrenden Migräneattacken leiden. Die durchlebte Todesgefahr war wohl ein prägendes Trauma, das andere düstere Bilder hervorrufen konnte. Als dreizehnjähriger Junge hatte er den von der Bombe eines Terroristen zerfetzten Leib seines Großvaters im Winterpalais gesehen, und die Furcht vor Attentaten gehörte seit den siebziger Jahren des 19. Jahrhunderts zum Alltag der russischen Machtelite.

Sergej Witte resümierte: «Es ist verständlich, dass Zar Nikolaj, als er den Thron bestieg, sich nicht besonders wohlwollend den Japanern gegenüber verhalten konnte. Und wenn bei ihm Personen erschienen, welche die Japaner als eine äußerst unsympathische, nichtige und schwache Nation darstellten, dann wurde dieser Blick auf Japan von ihm mit besonderer Leichtigkeit aufgenommen. Für ihn waren die Japaner nur ‹Makaken›, also keine Menschen, sondern Affen.» In der Tat: Die verächtliche Bezeichnung erschien mehrmals im Tagebuch des Zaren, tauchte in seinen Gesprächen auf und verbreitete sich, als sich die patriotischen Leidenschaften erhitzten, auch in der Öffentlichkeit und fand letztendlich Eingang in die russische Kriegspropaganda. Den Feind zu animalisieren war durchaus üblich und erfolgte gegenseitig. Japanische Chauvinisten verglichen Russland mit einem «von Sake besoffenen Bären».

Fatal an Nikolajs Japanbild war nicht so sehr sein naiver Rassismus, sondern vielmehr, dass er sich einredete, der Gegner sei nicht ernst zu nehmen und würde es auch kaum riskieren, Russland anzugreifen. Diese von Millionen aufgenommene zaristische Selbsttäuschung beeindruckte selbst feinsinnige Intellektuelle wie den Maler Alexander Benoit, der ansonsten ein Verehrer der klassischen japanischen Kunst war. In seinen Memoiren schilderte er, nicht ohne Selbstkritik, die damalige Atmosphäre: «Zum Krieg verhielt man sich mit einer erstaunlichen Leichtfertigkeit (...) Bedenkt mal: Dieses freche kleine Japan, Makaken mit gelber Fratze, griffen plötzlich einen Koloss an, den unermesslich großen Staat Russland mit einer Bevölkerung von mehr als hundert Millionen! Bei mir und auch bei anderen regte sich sogar Mitleid für diese unvorsichtigen Irren.»

Will man die jeweiligen Voraussetzungen des russisch-japanischen Krieges auf den Punkt bringen, so ist es folgende Formel: Die japanische Regierung wollte Konfrontation eher vermeiden, war jedoch gut auf sie vorbereitet, während die russische Führung den Waffengang geradezu herbeisehnte, ohne sich jedoch über die nötigen finanziellen und militärischen Erfordernisse einer derartigen Kampagne Gedanken gemacht zu haben. Ein anderes Paradoxon bestand darin, dass in diesem Krieg zu Wasser und zu Lande Blut ausschließlich um die Beherrschung von Gebieten – der Mandschurei und Korea – vergossen wurde, die beim besten Willen weder zu Russland noch zu Japan gehörten.

Japan reagierte auf Russlands expansive Schritte einerseits mit forcierter Nachrüstung: Nippons Armee war von 1894 bis 1903 auf das Dreifache angewachsen, seine Militärflotte um mehr als das Vierfache. Die in England für Riesensummen georderten Schiffe – Torpedoboote, Dreadnought-Schlachtschiffe und Zerstörer – entsprachen den modernsten Standards, und die Artillerie wurde auf weittragendes Geschütz umgestellt. 1902 mündeten die eng geknüpften Handelsbeziehungen mit den westlichen Mächten in eine politische Allianz mit dem Vereinigten Königreich, von der sich Japan europäische Rückendeckung versprach. Andererseits setzte Tokio auch die Waffe der Diplomatie ein: Dazu gehörte der Besuch des Regierungschefs Itō Hirobumi in St. Petersburg (November 1901), den der Zar und seine Diplomaten unfein ignorierten, und die Einladung von General Kuropatkin nach Japan (Mai 1903), die dem ausdrücklichen Ziel diente, ihm die Stärke der Armee und Flotte seines potentiellen Gegners zu demonstrieren. Selbst als der Zar im August 1903 unter der Führung von General Jewgenij Alexejew, einem Favoriten von «Onkel Alexej», die sogenannte «Fernöstliche Statthalterschaft» etablieren ließ und Russland sich somit faktisch die Mandschurei einverleibte, bemühte sich Tokio, diesmal vielleicht nur noch aus taktischen Gründen, eine gütliche Lösung zu erreichen und den Kuchen ohne Zwist zu teilen. Im Wesentlichen forderte Japan Russland dazu auf, die Mandschurei zu verlassen und seine Präsenz in Korea aufzugeben. Die diesbezüglichen Noten wurden jedoch überhaupt nicht oder langsam und ausweichend beantwortet. Auf das Betreiben des Gesandten Kurimo, eine Audienz bei Nikolai zu erreichen, ließ dieser recht unhöflich ausrichten, er habe keine Zeit.

Was dachte sich der Herrscher aller Reußen nur dabei? Auch der Nachwelt gab dieses Verhalten Rätsel auf. Laut Wittes Meinung lebte er «in der Überzeugung, dass wir Japan mit einigen Anstrengungen gründlich verprügeln, besiegen können. Was die Kriegskosten anbelangt, müssen wir keine Sorgen haben: Japan wird als Kontribution alles erstatten.» Jedenfalls glaubte er, ohne eine Ahnung von der wirklichen Stärke der «Makaken» zu haben, an jenen «kurzen und siegreichen Krieg», von dem er sich neben territorialem und finanziellem Gewinn einen zusätzlichen Effekt erhoffte, den ihm sein Innenminister Konstantin Plewe versprochen hatte: Er sollte das Zarenreich vor Terror und Revolution retten. Plewe, der übrigens kurz darauf selbst von einer Bombe der Sozialrevolutionäre getötet wurde, versuchte damit Kuropatkin zu überzeugen: Anfangs hatte der General nämlich Zweifel an dem Unternehmen geäußert, er hütete sich jedoch davor – trotz seiner gründlichen Fachkenntnisse und ernüchternden Erfahrung der Japanreise –, den Herrscher vor dem Risiko der Kraftprobe zu warnen. Er wollte offenbar zunächst seine Ernennung zum Oberkommandierenden abwarten.

Anderen Zeugnissen zufolge wollte der Zar nicht an einen möglichen Angriff auf sein Land glauben oder zumindest diese Befürchtung nicht zugeben. Sein Schwager Sandro plante für Januar 1904 eine

Reise nach Cannes, um seinen kranken Vater im dortigen Sanatorium zu besuchen. Da Großfürsten für eine Auslandsreise eine formelle Erlaubnis des Zaren einholen mussten, suchte Sandro Nikolaj auf. Eigentlich wollte er wissen, ob eine derartige Reise in solch unruhigen Zeiten ratsam sei. Nach dem Frühstück in Nikolajs Kabinett entspann sich beim Rauchen folgendes Gespräch:

Sandro *Im Volke spricht man nur noch davon, dass der Krieg nahe sei. Willst du den Krieg immer noch um jeden Preis vermeiden?*
Nikolaj *Es gibt keinen Grund, über den Krieg zu sprechen.*
Sandro *Aber auf welche Weise willst du der japanischen Kriegserklärung vorbeugen, wenn du dich auf ihre Forderungen nicht einlässt?*
Nikolaj *Die Japaner erklären uns keinen Krieg.*
Sandro *Warum?*
Nikolaj *Sie wagen es nicht.*

Sandro reiste mit einem unguten Gefühl nach Cannes. Seine Frau Xenia blieb mit den sechs Kindern in St. Petersburg und beobachtete vor Ort die Ereignisse. Sie war auch beim Neujahrsempfang des diplomatischen Corps am 1. (14.) Januar 1904 im Winterpalais zugegen und notierte in ihr Tagebuch: «Alle beobachteten mit Interesse, wie Nicky mit den Japanern sprach! Hinterher erzählte Nicky uns, er habe den Japanern gesagt, dass Russland nicht einfach ein Land ist, sondern ein Erdteil, und dass man, um einen Krieg zu vermeiden, Russlands Geduld lieber nicht strapazieren sollte.»

Einige Wochen später, in der Nacht vom 8. auf den 9. Februar, griffen die Japaner mit ihren Torpedos den Hafen von Port Arthur an und beschädigten mehrere russische Schiffe. Nur in einem Punkt hatte sich der Zar nicht geirrt: Sie taten es, ohne ein Ultimatum zu stellen.

Der anderthalb Jahre lang währende russisch-japanische Krieg bestand aus einer Kette von Niederlagen für Russland, das nicht einen einzigen Schlachtenerfolg vermelden konnte. Uns interessiert daran vor allem, wie der Monarch und seine jeweilige Entourage unmittelbar Einfluss nahmen auf den Gang der dramatischen Ereignisse, die dem Herrscher selbst im Nachhinein als unabwendbare Schicksalsschläge erschienen. Dabei waren seine persönlichen Entscheidungen zumindest in einigen Punkten sehr wohl für das weitere Geschehen bestimmend. So kann man – je nach Perspektive – in seinem Entschluss, trotz der grundsätzlich aggressiven russischen Haltung die Kampfhandlungen nicht als Erster aufzunehmen, ein Zeichen seiner Friedfertigkeit oder seines Anstand sehen. In der Tat überließ er damit dem Gegner die Initiative und provozierte geradezu einen Überraschungsangriff. Als er am Tag darauf Japan den Krieg erklärte, war seine fernöstliche Flotte bereits von der japanischen Marine umringt und zunehmend ihren Torpedos und Seeminen ausgeliefert. Einer japanischen Landung in der Mandschurei und in Korea stand nichts mehr im Wege.

Fatal war Nikolajs Entscheidung, den Admiral und Statthalter Alexejew zum Oberkommandierenden der fernöstlichen Streitkräfte zu ernennen, gleichzeitig jedoch Generaladjutant Kuropatkin in seiner Qualität als Oberkommandierender des ganzen russischen Heeres an den Kriegsschauplatz zu schicken. Alexejew verdankte seinen Posten dem direkten Einfluss des großfürstlichen «Onkel Alexej», während Kuropatkin ein angesehener und populärer General war. Die Rivalität der beiden war quasi vorprogrammiert, wozu auch die Wahl ihres Standorts beitrug. Alexejews Hauptquartier lag in Mukden, während Kuropatkin seine Zelte in Harbin aufschlug, 560 Kilometer entfernt. Ohne Zweifel spiegelte sich in diesem Sachverhalt die Ambivalenz des Zaren, ebenso wie die Tatsache, dass die beiden Kommandeure unterschiedliche Auffassungen von der militärischen Agenda hatten: Alexejew wollte Port Arthur bis zur letzten Kugel verteidigen, während Kuropatkin den Hafen lieber aufgegeben hätte und die Abwehr des Gegners auf das chinesische Festland konzentrieren wollte. Beide taten das Ihrige und telegraphierten «alleruntertänigst» an Nikolaj, der mal die eine, mal die andere und manchmal beide Optionen absegnete. Russlands riesige Armee – drei Millionen Soldaten – stand unter einem Doppelkommando. Das «Ergebnis» ließ nicht lange auf sich warten: Die fernöstliche Flotte wurde förmlich aufgerieben, legendäre Schiffe liefen auf Minen oder wurden von Torpedos zerstört.

Am Anfang gab sich der Zar optimistisch. In Begleitung seiner Gemahlin verabschiedete er die an die Front ziehenden See- und Landstreitkräfte; Alix schenkte den Offizieren, Soldaten und Matrosen Iko-

Abb. 5: Die Versenkung des «Warjag» (1904)

nen. Böse Zungen verbreiteten das Bonmot eines Generals: «Wir wollen die Japaner mit dem Bild unserer Heiligen schlagen, während sie uns mit Kanonen und Bomben schlagen. Wir schießen mit Ikonen, sie mit Gewehren.» An eines muss der Zar jedoch bis zuletzt geglaubt haben: an das Heldentum und die Opferbereitschaft seiner Soldaten. Dafür steht symbolisch das Schicksal des Kreuzers Warjag, der in einem von den Japanern gestürmten koreanischen Hafen lag. Nach einem misslungenen Ausbruchsversuch, der viele Tote und Verwundete forderte, kehrte das Schiff in den Hafen zurück, wo es Kapitän Rudnjew[11] versenken ließ, damit der Kreuzer wenigstens nicht in Feindeshand geriet. Die überlebenden Offiziere und Matrosen wurden vom Zar zu einem Mittagessen im Winterpalais empfangen, wo zum ersten Mal folgendes bis heute populäre Lied[12] vorgetragen wurde:

Auf Deck, Kameraden, alle auf Deck!
Heraus zur letzten Parade!
Der stolze Warjag ergibt sich nicht,
Wir brauchen keine Gnade!

Die Kriegsbegeisterung der ersten Tage verflog schnell, als zuerst die Gerüchte und dann auch die Nachrichten von den Niederlagen in St. Petersburg eintrafen. Eine andere Ursache für das immer stärker nachlassende Interesse mochte die Tatsache sein, dass die Konturen des Feindbildes Japan recht unscharf waren, hatte es doch nie zuvor einen Waffengang zwischen den beiden Staaten gegeben. Dagegen war das Osmanische Reich seit zwei Jahrhunderten der Erzfeind, der Sieg über die Napoleonischen Truppen im Jahr 1812 galt nachgerade als Eckstein russischer Identität, die Briten erinnerten an die heldenhafte Verteidigung Sewastopols im Krimkrieg, und selbst vom Deutschen Reich als militärischem Faktor hatte man eine ungefähre Vorstellung. Dies alles betraf allerdings eher die gebildeten städtischen Schichten – die einfachen Bauern, die die Masse des Heeres stellten, wussten weit weniger. Sandro beschrieb dieses Phänomen genau und einfühlsam:

«Zwei Drittel der Soldaten, die sich an dem Krieg beteiligten, erfuhren erst kurz vor dem Einmarsch von der Existenz der Japaner. ‹Ist die Front weit?› fragten sie ihre Offiziere. ‹Ungefähr siebentausend Werst›, war die Antwort. Siebentausend Werst! Selbst der wortreichste Kommandeur der russischen Armee könnte diesen Soldaten nicht erklären, wozu Russland mit einem Land kämpfen musste, das in einer Entfernung von siebentausend Werst von den Orten lag, in denen der russische Bauer im Schweiß seines Angesichts schuftete.»

Die riesigen Entfernungen oder, wie der Philosoph Berdjajew es ausdrückte, «die unermessliche Weite, welche den russischen Menschen von allen Seiten her bedrängt», bedeuteten eine kaum lösbare militärische Aufgabe. Hunderttausende Soldaten, Waffen, Verpflegung und Nachschub mussten über die noch nicht fertiggestellte eingleisige transsibirische Bahnlinie zum anderen Ende des Reiches befördert werden. Als noch komplizierter und für den Ausgang des Krieges entscheidend erwiesen sich jedoch die Seewege. Dies war auch Gegenstand einer neuen verbitterten Auseinandersetzung zwischen dem Zar und seinem aufmüpfigen Schwager. Sandro war zuerst in der Handelsflotte eingesetzt worden und arbeitete später in einem unbedeutenden Hilfskomitee, das Spenden für die Flotte sammelte – eigentlich eine sanfte Verbannung, hinter der immer noch der

Erzrivale «Onkel Alexej» steckte. Nun wollte Admiral Roschestwenskij die baltische Flotte in den Fernen Osten schicken, um die Verteidiger von Port Arthur zu entlasten, was der Zar unter dem Einfluss seines «Onkels Alexej» auch bewilligte. Bei einer Konferenz in Zarskoje Selo hingegen konnte ihn Sandro davon überzeugen, dass dieses Unternehmen die ganze Flotte «ins sichere Verderben stürzen» würde, woraufhin er seinen Befehl widerrief.

Nur zwei Wochen später rief Nikolaj seinen Schwager zu sich, um ihm mitzuteilen, dass man die Schiffe doch entsenden würde und er sie im Hafen von Kronstadt persönlich verabschieden müsse. Sandro sollte ihn zu diesem feierlichen Akt begleiten. Sogar auf dem Weg dorthin versuchte Sandro den Zaren von seinem Plan abzubringen, sodass die Schiffe zunächst vor Anker blieben. Roschestwenskij setzte sich jedoch mit dem Argument durch, dass ein solches Manöver die von schlimmen Nachrichten schockierte öffentliche Meinung beruhigen könnte. Vom Erfolg der Aktion zeigte er sich ebenso überzeugt wie Alexejew und Kuropatkin zu Jahresbeginn vom Erfolg des Krieges.

Die Flotte des Admirals, die im Oktober die baltischen Gewässer verließ, beschoss in der Nordsee aufgrund einer schon paranoiden Angst vor japanischen Torpedos ein britisches Fischerboot, was zu einem diplomatischen Konflikt mit Großbritannien führte. Danach setzte sie ihre Fahrt fort, allerdings mit einem langen Umweg, denn der Suezkanal war nur für zivile Schiffe freigegeben. Mittlerweile war Port Arthur nach monatelangem Beschuss durch Japans Artillerie gefallen. Irgendwo zwischen dem Kap der Guten Hoffnung und Madagaskar drohte dem Geschwader der Brennstoff auszugehen. Überraschenderweise sprang die deutsche Handelsflotte mit Kohlenlieferungen ein – sicher auf einen Wink Wilhelms II., der seinem Cousin aus der Bredouille helfen wollte, nicht ohne Hintergedanken, wie sich später herausstellen sollte. Im Folgenden durchquerte man den Indischen Ozean, passierte Ceylon, und Mitte Mai 1905 geriet das Geschwader in das konzentrierte Feuer der japanischen Marine. Es brauchte nicht einmal eine einzige Nacht, um die baltische Flotte an der Insel Tsushima, in der Meerenge zwischen Japan und Korea, praktisch komplett zu versenken. Im Grunde bedeutete dies neben der Preisgabe von Port Arthur und Mukden den Zusammenbruch der zaristischen Streitkräfte. Sandro, der dies vorausgesehen hatte, schrieb deshalb noch Jahrzehnte später verbittert: «Wäre ich an der Stelle von Nicky gewesen, hätte ich auf den Thron verzichtet.»

Der Zar, spöttelte der in Ungnade gefallene Sergej Witte, rechnete fest damit, dass Roschestwenskijs Kampagne den Gang des Krieges ändern würde. Schließlich soll der heilige Serafim selbst vorausgesagt haben, dass der Frieden in Tokio geschlossen würde, woran, so Witte, «nur Intellektuelle und Juden zweifeln konnten». Woher der frühere Finanzminister diese sarkastisch übertriebene Information schöpfte beziehungsweise in welcher Weise der 1833 verstorbene Mönch von Sarow noch siebzig Jahre nach seinem Tod so exakt historische Ereignisse prophezeite, war allerdings nicht geklärt worden. Tatsache ist jedoch, dass Nikolaj auf Betreiben seiner Frau Alix 1903 die Heiligsprechung von Serafim durchsetzte. Die Zarin, die sich inzwischen die russische Orthodoxie mit all ihren Mystikern und Wundertätern nachgerade fanatisch zu eigen gemacht hatte, hoffte darauf, dass der nun kanonisierte «Starez» ihr nach vier Töchtern – Olga, Tatjana, Maria und Anastasia – endlich einen Jungen und Russland einen zukünftigen Zaren schenken würde. Die eifrigen Gebete schienen zu helfen. Mitten im Krieg geschah das Wunder, wie es die Mutter des Zaren, Maria Fjodorowna, lapidar in ihrem Notizbuch festhielt: «Gewicht: 4660, Länge: 38, Brustumfang: 39. Der Thronerbe Zarewitsch Alexej Nikolajewitsch wurde am Freitag, dem 30. Juli, um 1.15 am Nachmittag geboren.» Das russische Volk war, jedenfalls der offiziellen Darstellung zufolge, glücklich. Jetzt fehlte ihm nur noch der Frieden.

Nachdem der amerikanische Präsident Theodore Roosevelt im Juni 1905 den kriegführenden Seiten seine Vermittlungsdienste angeboten hatte, beauftragte Nikolaj – über den Außenminister Lamsdorf – den zuvor von ihm gedemütigten Sergej Witte, als Bevollmächtigter in die USA zu reisen und die Verhandlungen mit dem japanischen Außenminister Komura Jutarō aufzunehmen. Er hatte zwei Bedingungen gestellt: «keinen Fußbreit russisches Land» aufzugeben und keinen Groschen an Kontribution zu zahlen. Die erste Auflage schien einfach zu erfüllen, da dieser Krieg von keiner Seite auf eigenem

Abb. 6: Premier Sergej Witte während der Friedensverhandlungen in Portsmouth

Boden geführt worden war. Aber keine Kontribution? Jedem nüchtern denkenden Politiker erschien dies absurd. So versuchte der französische Regierungschef Maurice Rouvier, mit dem Witte unterwegs in Paris zusammentraf, den «Boten des Zaren» von dieser Idee abzubringen. Schließlich habe auch Frankreich nach dem letzten Krieg mit Deutschland dem Sieger enorme Summen Schadenersatz gezahlt, worauf Witte die stolze Antwort gegeben haben soll: «Erst wenn die japanischen Truppen bis nach Moskau gelangen, werden wir über eine Zahlung nachdenken.»

Witte war sich jedoch der militärischen und finanziellen Lage seines Landes sehr bewusst. Um den Krieg fortzusetzen und wenigstens auf dem mandschurischen oder koreanischen Festland erfolgreich zu sein, hätte Russland ein Jahr Zeit und eine Milliarde Rubel gebraucht. Die Staatskasse war aber so gut wie leer und die Kreditwürdigkeit des Zarenreiches bei ausländischen Banken erschüttert. Wenn noch etwas zu gewinnen war, dann nur die amerikanische Öffentlichkeit. Der russische Bevollmächtigte gab bereits auf seiner sechstägigen Ozeanreise eine Reihe von Interviews, die zum ersten Mal in der Mediengeschichte per Funk weitergegeben wurden. Witte erinnerte sich: «Da besonders in New York und überhaupt in der US-Presse der Einfluss der Juden sehr bedeutend ist, benahm ich mich gegenüber ihnen überhaupt nicht feindselig, was auch ansonsten meinen allgemeinen Ansichten in der Judenfrage entsprach.»

Dieses glückliche Aufeinandertreffen der taktischen Erwägungen Wittes und seiner ehrlich gemeinten Auffassung traf in der Tat den Kern der Sache. Russlands jeweilige Regierung und alle seine Herrscher galten im Westen als militante Antisemiten. Nach dem von oben geduldeten oder gar inspirierten Pogrom von Kischinjow (1903) sowie der Flucht von zwei Millionen Juden, mehrheitlich in die USA, musste man sich allerdings um das Erscheinungsbild der russischen Autokratie Sorgen machen. Witte tat, was er konnte: Er schüttelte die Hand des Maschinisten, der in dem Zug Dienst tat, welcher ihn beförderte, sprach betont demokratisch mit den einfachen Leuten und kam in der Presse insgesamt gut an.

Am 5. September wurde der Frieden geschlossen, der eigentlich ein Freundschaftsvertrag war, nicht in Tokio, wie es der heilige Serafim verkündet hatte, sondern in der Stadt Portsmouth im Bundesstaat New Hampshire. Russland musste Sachalins südlichen Teil, die Mandschurei und die ohnehin aufgegebenen Häfen abtreten sowie auf seinen Einfluss in Korea verzichten, aber keinerlei Kontribution an Japan zahlen. Präsident Roosevelt erhielt im darauffolgenden Jahr den Friedensnobelpreis, und Puccinis Oper «Madama Butterfly», das Melodram über den amerikanischen Offizier Pinkerton und die schöne Geisha Cio-Cio-San, löste in der Metropolitan Opera einen Sturm der Begeisterung und stehende Ovationen aus.

Ohne Wittes persönliche Leistung schmälern zu wollen, muss jedoch darauf hingewiesen werden, dass der Druck der Vereinigten Staaten und Englands keinen geringen Einfluss auf die Nachgiebigkeit Japans hatte. Die beiden Großmächte waren von dem militärischen Potential des fernöstlichen Partners ebenso unangenehm beeindruckt wie von dem sich gleichzeitig vollziehenden Aufstieg Deutschlands zur Flottenmacht.

Großfürstin Xenia, die Schwester des Zaren, berichtete über ein Familiengespräch bei der verwitweten Zarin Maria Fjodorowna: «Wir waren bei Mama. Mama sagte zu Nicky, er solle doch Mut fassen und sich wenigstens den Anschein geben, als erachte er den Frieden für notwendig, worauf er entgegnete: ‹Je faire bonne mine à mauvais jeu› – ich mache gute Miene zum bösen Spiel.» Und in der Tat stand jetzt in Russland etwas mehr als Häfen in der Mandschurei und Handelsunternehmen in Korea auf dem Spiel. Wie sagte kurz vor dem Krieg der Innenminister Plewe: «Wir brauchen einen Krieg, der nicht groß, aber siegreich ist, um das Reich vor der Revolution zu schützen.» Dies aber galt auch umgekehrt. Verlorene Kriege konnten durchaus eine Revolution auslösen. Und im Herbst 1905 war eine solche in Russland bereits in vollem Gange.

Kapitel 4

Allein mit der Revolution

Für die Verdienste um den Frieden von Portsmouth, die über jeden Zweifel erhaben waren, verlieh Nikolaj II. im September 1905 Sergej Witte den Titel eines Grafen. Obwohl Witte nach eigener Aussage von dieser Geste tief ergriffen war und die Hand der Majestät küsste, war er sich doch im Klaren darüber, dass er die Auszeichnung von einem höchst verunsicherten Herrscher erhielt, der nicht einmal von der Richtigkeit des Friedensschlusses mit Japan überzeugt war. Einige seiner Generäle und Höflinge behaupteten, dass Russland viel zu früh, lange vor einer womöglich siegreichen Fortsetzung des Kampfes, die Waffen gestreckt und damit Schande über sich gebracht habe. Denselben Vorwurf wiederholten die Zeitungen der Kriegspartei, die – und dies war in St. Petersburg ein offenes Geheimnis – teilweise aus der Staatskasse subventioniert wurden. In diesen Blättern verspottete man Witte wegen der Abtretung Süd-Sachalins an Japan als «Grafen von Halb-Sachalin», als «Möchtegern-Präsidenten» einer russischen Republik und nicht zuletzt, den landläufigen antisemitischen Verschwörungstheorien folgend, als «Judenknecht».

Wittes Laufbahn erscheint im Nachhinein wie eine Projektionsfläche des schwankenden Charakters seines obersten Dienstherrn. Nikolaj Romanow litt an einer beinahe physischen Unfähigkeit, Entscheidungen zu treffen und dann deren Konsequenzen auch bis zum bitteren Ende zu tragen. Auch wenn dem Zaren diese schwierige Aufgabe meist von professionellen Politikern, Militärs oder Höflingen abgenommen wurde, bedeuteten seine Unterschrift, eine womöglich unbedachte Äußerung oder selbst vorsichtiges Schweigen die Übernahme von Verantwortung für Angelegenheiten, von denen er meist keine Ahnung hatte. Deshalb konnten er und sein Umfeld die verhängnisvollen Ereignisse der ersten russischen Revolution nur als Teil eines nicht enden wollenden Schicksalsschlags verstehen, den gerade sie selbst am allerwenigsten verschuldet hatten.

Am Samstag, dem 8. (bzw. 21.) Januar 1905 notierte der Zar vor dem Zubettgehen in sein Tagebuch: «Seit gestern sind alle Petersburger Fabriken im Streik. Aus den umliegenden Gebieten wurden Truppen zur Verstärkung der Garnison herbeigerufen. Bis jetzt sind die Arbeiter ruhig geblieben. Es sind 120 000 Personen. An der Spitze des Arbeiterverbands steht der Priester-Sozialist Gapon.» Am nächsten Abend resümierte er bereits eine Begebenheit, die als « Blutsonntag» in die Geschichte des Landes eingehen und ihm selbst den Beinamen «der Blutige» einbringen sollte: «Ein schrecklicher Tag! In Petersburg kam es zu heftigen Unruhen, nachdem die Arbeiter versucht hatten, das Winterpalais zu erreichen. In verschiedenen Teilen der Stadt waren die Truppen gezwungen, das Feuer zu eröffnen, es gab viele Tote und Verwundete. Mein Gott, wie schmerzlich und traurig!» Auf den Ausdruck des Bedauerns folgte die Mitteilung: «Mama traf aus der Stadt ein und kam direkt zur Kirche. Aß mit allen übrigen zu Mittag. Mit Mischa[13] spazieren gegangen. Mama blieb über Nacht bei uns.»

Das bizarre Nebeneinander von Tagesereignissen solch unterschiedlichen Gewichts, hier ein Blutbad und dort ein Mittagessen, gehört zu den Absonderlichkeiten der Zaren-Tagebücher. Sie ähnelten denen des britischen Thronfolgers und späteren Königs Georg V., Nikolajs Cousin, die unabhängig von der aktuellen politischen Lage fast immer mit Notizen über das Wetter begannen. Bemerkenswerter ist aber, wie Nikolaj über Einzelheiten informiert wurde bzw. welche Informationen seine Aufmerksamkeit erlangten. Die Angabe «120 000 Personen» und der Name Gapon stammten vermutlich aus dem Tagesrapport seines Innenministers, wobei die Zahl am 8. Januar nur eine Schätzung für den nächstenTag sein konnte. Die Reflexion über den «schrecklichen Tag» enthielt dagegen nur so viel Stoff, wie ihn der Zar zu seiner eigenen Entlastung brauchte. Nicht er, sondern «die Truppen» eröffneten das Feuer auf die Menge, und das auch nur, weil sie «gezwungen» waren. Fast identisch reflektierte die Zarin diese Ereignisse, die sie in einem Brief nach London an ihre Schwes-

Abb. 7: Nach dem «blutigen Sonntag» zeichnet der Zar seine Soldaten aus – zeitgenössische Karikatur

ter, Prinzessin Viktoria von Battenberg, wie folgt beschrieb: «Ja, die Truppen waren leider gezwungen zu feuern. Wiederholt wurde den Menschenmassen gesagt, dass sie zurückweichen sollten, dass Nicky nicht in der Stadt sei, da wir ja diesen Winter draußen[14] wohnen, (...) aber die Leute haben nicht gehört, und so wurde Blut vergossen.» Wie es aber zu der von dem hohen Paar so tief bedauerten Katastrophe kam und welche Gründe die Arbeiter auf den Newskij-Prospekt getrieben hatten, war ihnen möglicherweise nicht oder nur andeutungsweise zu Ohren gekommen. Mag sein, dass sie es gar nicht so genau wissen wollten – an schlechten Nachrichten mangelte es ihnen infolge des Kriegsverlaufs ohnehin nicht.

In Wirklichkeit begann die Revolution des Jahres 1905 mit einer Forderung der Arbeiter in den Petersburger Putilow-Werken, die auf den ersten Blick nur von lokaler Bedeutung war: Die Betriebsleitung möge doch vier Kollegen, die wegen Mitgliedschaft im Arbeiterverband und Streikagitation entlassen worden waren, wieder einstellen. Die Arbeitsunterbrechungen selbst hatten lediglich auf eine Erhöhung der elenden Löhne und eine Verbesserung der Produktionsbedingungen abgezielt. Der Arbeiterverband gehörte zu den «legalen Gewerkschaften», die von der Geheimpolizei Ochranka in der Absicht gefördert wurden, die Wirkung der sozialdemokratischen Agitation auf die Proletarier einzudämmen. Auch der Priester Grigorij Gapon war ursprünglich ein Instrument des sogenannten «Polizeisozialismus». Als überzeugter Tolstojaner registrierte er besorgt die zunehmende Radikalisierung der Arbeiter und wollte diese wieder friedlich stimmen.

Das für dieses Ziel geeignete Mittel sah Gapon in einer Petition, die sich direkt an den Zaren richtete. Genauer gesagt ging es ihm um die archaische Form der «tschelobytnaja», des unterwürfigen «Kopfbeugens», eine kollektive untertänigste Bittschrift, deren Inhalt er allerdings mit Hilfe eines gewaltlosen Aufmarschs der Arbeiter vor dem Winterpalais Nachdruck verleihen wollte. Seiner naiven Vorstellung zufolge hätte Nikolaj II. als Alleinherrscher sein Volk vor kapitalistischer Ausbeutung und zaristischer Bürokratie gleichermaßen in Schutz nehmen müssen. Allerdings enthielt seine Schrift neben sozialen Forderungen wie jener nach einem Achtstundentag und Streikrecht auch politische Punkte, die seitens der adeligen Selbstverwaltung «Semstwo» in Eingaben bereits ähnlich formuliert worden waren: allgemeine freie Wahlen und Einberufung einer verfassunggebenden Versammlung. So etwas zielte in jedem Fall auf eine Einschränkung der Rechte des Autokraten, wenn es nicht geradezu die Vorstufe einer republikanischen Ordnung darstellte und damit eine existentielle Bedrohung für das Regime.

Gapon spürte sehr wohl den Widerspruch zwischen seiner friedfertigen Zarentreue und der wachsenden Empörung der Menge, die ihn vorgeschoben hatte. Verzweifelt suchte er den Kontakt zum Hof und ließ den Herrschenden den Text der Petition zukommen. Am Vortag der Demonstration schickte er eine letzte Warnung an den Zaren: «Herrscher, ich befürchte, dass Deine[15] Minister Dir nicht die ganze Wahrheit über die wirkliche Lage in der Hauptstadt gesagt haben. Du sollst wissen, dass die Arbeiter und Bürger St. Petersburgs, in festem Glauben an Dich, unumkehrbar beschlossen haben, morgen um zwei Uhr mittags vor dem Winterpalais zu erscheinen, um Dir ihre Not, die Not des russischen Volkes darzustellen. Falls Du Dich, da Deine Seele schwankt, dem Volk nicht zeigst und falls unschuldiges Blut fließt, zerbricht die moralische Beziehung, die zwischen Dir und Deinem Volk bisher gegeben war.» Böses ahnten auch einige Intellektuelle und entsandten eine Delegation, der auch Maxim Gorkij angehörte, an Witte. Sie überbrachte den Vorschlag, der Zar solle wenigstens auf dem Balkon des Winterpalais erscheinen. Der einflussreiche, obgleich machtlose liberale Politiker Witte lehnte die Vermittlung unter dem Vorwand mangelnder Zuständigkeit ab.

So zogen am 9. Januar Arbeiter, die Zarenportraits und Ikonen trugen und Kirchenlieder sangen, mit ihren Frauen und Kindern aus den Außenbezirken in das Stadtzentrum, wo sie das Kreuzfeuer von Militär und Gendarmerie erwartete. Die blutige Auflösung der Demonstration, die mehr als zweihundert Tote und ebenso viele Verletzte forderte, erwies sich als Pyrrhussieg der Herrschenden. Die Flamme der Revolution konnte mit dem Blut der Opfer nicht gelöscht werden, während das Prestige des Regimes, das durch die Niederlagen im Krieg gegen Japan ohnehin gelitten hatte, irreparablen Schaden nahm. Gapon gelang es, der Verhaftung zu entgehen, und er tat aus seinem Versteck heraus, was vorher in Russland unvorstellbar gewesen wäre: Er unterwarf den Monarchen einem Anathema, einem Kirchenbann, und verfluchte ihn. «Nikolaj Romanow,[16] einstmals Zar und derzeit Seelenmörder des Russischen Reiches (…), möge all das Blut, das Du vergossen hast, über Dich kommen!»[17] Gerade diese Fixierung auf Nikolajs Person führte dazu, dass dieser weltweit als Verantwortlicher für das Massaker geächtet wurde. Sogar Ramsay McDonald, der Führer der britischen Labour Party, bezeichnete ihn als «gemeinen Mörder». Im Grunde konnte man ihm aber keine direkte Beteiligung vorwerfen. Indirekter Auslöser des Blutsonntags war die kollektive Psychose der Machthaber, die zum ersten Mal dem Phänomen der gesichtslosen Masse begegneten.

Bislang hatte die Bedrohung der Dynastie immer konkrete Gesichtszüge gehabt: Die Attentäter waren meist junge Männer oder Frauen. Sie waren Idealisten, die die Willkürherrschaft hassten und deren Personifikationen – Gouverneure, Minister, Polizeichefs und den jeweiligen Herrscher – zur Zielscheibe ihrer Bomben und Revolver machten. Sie fühlten sich keineswegs als Mörder, sondern als

Vollstrecker von Todesurteilen, die von ihrer Geheimorganisation «Volkswille» oder der Kampfgruppe der Sozialrevolutionären Partei gefällt worden waren. Die fast unvermeidliche Folge ihrer Tat, ihre Hinrichtung oder, im günstigen Fall, eine lebenslange Haftstrafe, nahmen sie von vornherein in Kauf. Zu Beginn des 20. Jahrhunderts verfügten sie bereits über eine relativ moderne Infrastruktur und genossen die Sympathien vor allem der akademischen Jugend. Die jeweiligen Regierungen waren ihnen gegenüber praktisch hilflos.

Doch auch wenn die Ermordung von Großfürst Sergej, Nikolajs Onkel und Generalgouverneur von Moskau, drei Wochen nach dem Blutsonntag erfolgte, war sie kein Racheakt für dieses furchtbare Ereignis. Der siebenundzwanzigjährige russisch-polnische Lyriker und Sozialrevolutionär Iwan Kaljajew, ein «ewiger Student», war bereits im Dezember 1904 aus dem Exil zurückgekehrt, mit gefälschten Dokumenten und dem direkten Auftrag, Moskaus Nr. 1, «den Fürsten von Chodynka», zu töten. Wochenlang betätigte er sich als Droschkenkutscher zwischen der Twerskaja und dem Kreml und folgte Sergej, so lesen wir bei Boris Sawinkow, dem Regisseur des Attentats, «wie ein unsichtbarer Schatten». Ende Januar «kannte er bereits sämtliche Gewohnheiten des Großfürsten», und am 4. Februar warf er die in Papier gewickelte Bombe unter die Kutsche. Der Tatort war mit Bedacht gewählt – direkt vor dem Denkmal des 1882 von Terroristen getöteten Zaren Alexander II. Sergejs Ehefrau, Großfürstin Elisabeth, die Ella genannt wurde, hörte die gewaltige Detonation im Kreml und kam aus dem Palais gerannt, aber sie konnte nur noch die zerrissenen Körperteile ihres Mannes erkennen. Der Täter wurde sofort gefasst, er leistete keinen Widerstand. «Ich laufe nicht weg – ich habe nur meine Pflicht getan», soll er den auf Schlitten herbeieilenden Polizeibeamten gesagt haben.

Mit politisch motivierten Morden konnte man in Russland kaum mehr jemanden überraschen – zuletzt waren zwei Innenminister, Dmitri Sipjagin 1902 und Wjatscheslaw Plewe 1904, dem Terror zum Opfer gefallen. Mitglieder der Dynastie waren jedoch seit der Ermordung Alexanders II. offenbar besser geschützt. Im Jahr 1887 war ein Attentat gegen Nikolajs Vater, Alexander III., rechtzeitig vereitelt und die

Verschwörer, unter ihnen Lenins Bruder, gehenkt oder nach Sibirien verbannt worden. Mit dem Tod des Großfürsten Sergej schien plötzlich wieder die Herrscherfamilie selbst gefährdet, zumal auch in Westeuropa gekrönte Häupter eine fast magnetische Anziehungskraft auf Anarchisten ausübten: So starb Elisabeth, die legendenumwobene Kaiserin Österreich-Ungarns, 1898 durch den Stich des Attentäters Luigi Lucheni, und 1900 erschoss der Mörder Gaetano Bresci den italienischen König Umberto. Der deutsche Kaiser Wilhelm II. und der britische Kronprinz, später Edward VII., entkamen nur um Haaresbreite Mordversuchen.

Die Reaktionen der Familienmitglieder auf den Mord an Sergej ähnelten sich wieder sehr. Nikolaj notierte in sein Tagebuch in gewohnt telegraphischem Stil: «Ein schreckliches Verbrechen in Moskau: Onkel Sergej ist (...) von einer Bombe getötet worden, die auf ihn geworfen wurde, als er in seiner Kutsche fuhr. Sein Kutscher wurde tödlich verletzt. Arme Ella, segne sie und stehe ihr bei, Herr!» Großfürstin Xenia, Schwester des Zaren: «Heute Nachmittag haben sie den armen Onkel Sergej in Moskau umgebracht! Es ist einfach *entsetzlich, entsetzlich,*[18] schrecklich, traurig und schändlich. Er war in seiner Kutsche unterwegs, als irgend so ein Schwein eine Bombe warf (...). Arme Ella, wie schrecklich leid sie mir tut – welch unvorstellbares Leid, und sie ist *völlig allein.*» Großfürst Konstantin, ein Cousin des Verstorbenen: «Ich war im Begriff, zu einem Familienessen nach Zarskoje Selo zu fahren. Doch um fünf wurde mir mitgeteilt, dass das Essen abgesagt worden sei, weshalb, wusste ich nicht. Um sechs (...) teilte man mir mit, (...) auf Sergej sei ein Attentat verübt worden (...), zwei von Hand geworfene Bomben hätten ihn getötet. Ich war wie vom Blitz getroffen (...), und brach in Tränen aus. Ich muss meine Frau vorbereiten – sie hat Sergej über alles geliebt.»

Das Familienessen fiel an diesem Tag aus.[19] Stattdessen versammelten sich die weiblichen Mitglieder der Dynastie, die verwitwete Zarin Maria, die Zarin Alix und die Großfürstin Xenia, gegen sechs Uhr in Zarskoje Selo, um die Art ihrer Teilnahme an Sergejs Bestattung zu besprechen und vor allem Ella, der Großfürstin Elisabeth, in diesen schweren Stunden beizustehen. Allerdings lag die Entscheidung über die Details nicht in ihrer Hand. Der nach dem 9. Januar zum Petersburger Generalgouverneur ernannte Dmitri Trepow, General der Gendarmerie, riet aus Sicherheitsgründen von jeglicher Reise nach Moskau ab, und der Zar war damit einverstanden. Als einziger Vertreter des Familienclans durfte Großfürst Konstantin mit Erlaubnis Seiner Majestät an der Trauerzeremonie teilnehmen. Stellt man sich die Frage, warum die Wahl gerade auf ihn fiel, so lag dies vielleicht daran, dass er, anders als Sergejs großfürstliche Brüder Wladimir, Alexej und Michail, selbst keine unmittelbare Nähe zur Macht hatte und trotz seiner zahlreichen militärischen Titel als Lyriker, Shakespeare-Übersetzer und Präsident der Russischen Akademie der Wissenschaften im Unterschied zu manchem seiner Verwandten als relativ «bombensicher» gelten konnte.

Im Übrigen teilten nicht alle Trepows Bedenken – Zweifel an deren Richtigkeit hatte zum Beispiel auch der langjährige Adjutant des Opfers, Wladimir Dschunkowskij, denen er später in seinen Memoiren Ausdruck verlieh: «Es heißt, ursprünglich habe der Zar persönlich nach Moskau kommen wollen, (...) sich aber dank Trepows Einfluss dagegen entschieden. (...) Doch ich glaube, wäre der Zar nach Moskau gekommen, hätte das einen ungeheuren Eindruck gemacht und das Ansehen des Zaren bei seinem Volk gestärkt.» Dschunkowskij hatte wahrscheinlich recht: Anstatt sich der ausufernden Angst vor Attentätern zu überlassen, wäre es wichtig gewesen, dass die Mitglieder des Herrscherhauses öffentlich Mut demonstriert hätten. Allerdings gehörte gerade diese Haltung nicht zu den Stärken des Zaren. Nach der Katastrophe von Chodynka und dem Blutsonntag hielt er sich recht bedeckt, während gleichzeitig ein riesiger, wenig effizienter und in vielerlei Hinsicht zweifelhafter[20] Sicherheitsapparat ihn und seine Familie fast wie Gefangene bewachte.

Die Moskauer Beerdigung verlief ohne jeden Zwischenfall. Sowohl die britischen als auch die deutschen Teile der Familie hatten ranghohe Vertreter entsandt. Die Witwe, deren Gefasstheit in jenen Tagen von vielen bewundert wurde, gewährte allen, die vom Großfürsten Abschied nehmen wollten – mochten sie nun prominent sein oder auch nicht –, den Zugang zum Kreml. Offensichtlich hatte sie nach dem schaurigen Anblick der Leiche ihres Gatten, dessen Körperteile sie eigenhändig eingesammelt und auf eine Trage gelegt hatte, jede standestypische Zurückhaltung abgelegt. Aber der Mut der Prinzessin aus Darmstadt-Hessen reichte weiter. Zunächst besuchte sie den sterbenden Kutscher im Spital und tröstete ihn mit der Notlüge, Sergej Alexandrowitsch sei am Leben und lasse ihn grüßen. Unmittelbar nach der Beerdigung ihres Gatten bat sie die Behörden, ein Treffen zwischen ihr und dem Täter zu arrangieren, das dann auch im Polizeirevier des Pjatnizky-Rayons zustande kam. Die Einzelheiten dieser Begegnung kennen wir lediglich aus Kaljajews Version.

Kaljajew *Fürstin, weinen Sie nicht, es musste sein. Warum sprechen Sie erst mit mir, nachdem ich einen Mord begangen habe?*

Ella *Du musst sehr gelitten haben, um dich zu einer solchen Tat zu entschließen.*

Kaljajew *Ja, ich habe gelitten, aber mit Millionen anderen. Es fließt zu viel Blut überall, und doch bleibt uns keine andere Möglichkeit, um gegen eine grausame Regierung und einen schrecklichen Krieg zu protestieren.*

Ella *Ja, es ist wirklich ein Jammer, dass du nicht früher gekommen bist, um mit uns zu sprechen und dass wir dich nicht früher kennengelernt haben.*

Kaljajew *Sie wissen ja bestimmt, was man den Arbeitern am 9. Januar angetan hat, als sie den Zaren sehen wollten. (…) Ihr habt dem Volk den Krieg erklärt, und wir haben die Herausforderung angenommen.*

Ella *Glaubst du wirklich, wir leiden nicht? Meinst du, es wäre uns nicht um das Wohl des Volkes zu tun?*

Kaljajew *Sie leiden jetzt. Und was das Wohl betrifft, lassen wir das Wohl besser aus dem Spiel.*

Ella *Nun, auf eine politische Diskussion kann ich mich nicht mit dir einlassen. Du sollst nur wissen, dass der Großfürst dir verzeiht und dass ich für dich beten werde.*

Dann überreichte sie Kaljajew eine Ikone. Dieses Heiligenbild war in der von der Regierung lancierten Version das Hauptmotiv des Kerkerbesuchs. Schriften, in denen die Großfürstin als moralische Siegerin und der Täter als Besiegter[21] dargestellt wurden, lösten Spekulationen aus, die auch in der historischen Literatur ihren Niederschlag fanden. So entstand beispielsweise die Legende, Ella habe beim Zaren um Gnade für Kaljajew gebeten, um den Teufelskreis des Terrors zu durchbrechen, sei jedoch nicht erhört worden. Nach einer anderen Version soll Nikolaj sogar bereit dazu gewesen sein – vielleicht um dem Terrorismus zu keinen weiteren Märtyrern zu verhelfen. Allerdings soll er die Bedingung gestellt haben, dass der Täter selbst ein Gnadengesuch einreichen müsse – für einen Revolutionär des Schlages Kaljajew unvorstellbar. In seinem Prozess erklärte sich der Attentäter zum Soldaten im Krieg zwischen Volk und Macht, der sein Leben für die Sache des Volkes aufopfere. Im Mai 1905 wurde er auf dem Hof des Gefängnisses Schlüsselburg gehenkt. Seine Gestalt inspirierte so unterschiedliche russische Autoren wie Maxim Gorkij, Sinaida Gippius, Alexander Blok, Michail Arzybaschew und Boris Pasternak. Lew Tolstoj schlug sogar dem berühmten Maler Ilja Repin vor, die Begegnung im Polizeirevier in seinem naturalistischen Stil zu verewigen.

Die umwälzenden Ereignisse des Jahres 1905 – die Niederlage gegen Japan, der Matrosenaufstand auf dem Panzerkreuzer Potemkin, die gewaltsamen Landbesetzungen der Bauern und die Streiks der Arbeiter, das Erstarken nationaler Bewegungen, die Bildung von Parteien, die Loslösung der Presse von der Zensur – zwangen das Regime zu immer weiteren Zugeständnissen. Am gefährlichsten war die Entstehung einer Organisation mit dem harmlosen Namen «Sowjet» (russisch = Rat), die sich nach und nach zur Keimform einer Gegenmacht entwickelte. Im August versprach der Zar die Einberufung einer Staatsduma, die zunächst nur mit Konsultationsbefugnissen und einem beschränkten Wahlrecht ausgestattet war. Am 17. Oktober folgte ein Manifest, das alle demokratische Rechte versprach und die Wahl einer Duma genehmigte, die fortan als Parlament westeuopäischen Typus fungieren sollte. Diese Reformen führten nach und nach zum Abebben der revolutionären Welle. Trotzdem war in Russland nichts mehr wie vorher, und auch die Mitglieder der Dynastie begriffen, dass die historischen Veränderungen ihre persönliche Sicherheit stärker bedrohten als die Bomben oder Kugeln einzelner Anarchisten.

Ihre Reaktionen waren je nach Temperament und konkreter Situation panisch, verzweifelt oder wütend.

Grossfürstin Xenia, 15. Juni, Gatschina: *Die unglaublichste Nachricht ist eingetroffen, einfach schmachvoll (...) Auf dem Potemkin hat es eine Meuterei gegeben, der Kommandeur und verschiedene Offiziere sind getötet worden! Vor der Küste kreuzen bewaffnete Boote, während die Matrosen Leute aufwiegeln, die sich ihnen anschließen und Proklamationen herausgeben. Im Hafen haben Plünderungen begonnen, Gott weiß, was noch alles passieren wird, und man kann nichts dagegen unternehmen!*

Grossfürst Konstantin, 22. Juni, St. Petersburg: *Schreckliche, unglaubliche Nachrichten aus Odessa. Dort ist die Revolution offen ausgebrochen. Auch den unerhörten, schändlichen Vorfall auf dem Panzerkreuzer Potemkin, wo die Besatzung sich erhoben und den Kommandeur, meinen lieben Freund Shenja Golikov,*[22] *sowie nahezu alle Offiziere getötet hat, würde man nicht für möglich halten, wäre er nicht bittere Realität.*

Xenia 25. Juni, Gatschina: *Ich bin so niedergeschlagen, es ist unmöglich! Schrecklich, was alles passiert – Streik, Morde, Unzufriedenheit, überhaupt keine Autorität mehr. Ich habe ein Memorandum des Adels gelesen – es ist hart und grausam, aber leider wahr.*

Konstantin, 28. September: *Die Zeitungen sind voll schrecklicher Nachrichten! Im Kaukasus hat sich die Lage noch immer nicht gebessert, das Töten geht weiter, (...) die Armenier und Tataren*[23] hören nicht auf, sich gegenseitig umzubringen. Moskau wird von einer großen Streikwelle heimgesucht: die Bäcker, die Klempner, die Schlosser, die Straßenbahnfahrer ...

Xenia, 19. Oktober: *Es gab neue Demonstrationen in Jalta – gute und schlechte.*[24] *Es finden immer mehr Übergriffe auf Juden statt, und inzwischen sollen viele Juden nach Amerika ausgewandert sein.*[25] *Man hat uns geraten, nicht die Hauptstraßen zu benutzen (wie dumm).*

Konstantin, 22, Oktober, Taschkent: *Die Eisenbahnstreiks halten an, seit fünf Tagen sitzen wir wie Gefangene in Taschkent und kommen nicht aus der Stadt heraus.*

Diese Leute, die bisher in ihren Palästen, Jagdrevieren, Luxuszügen und Yachten isoliert von jeglicher Realität ihres Landes gelebt hatten, verwandelten sich auf einmal in erschrockene Zeitungsleser. Nur wenige von ihnen spielten eine aktive Rolle beim Fortgang der Ereignisse. Einer dieser Protagonisten war Sandro, Xenias Mann, der zu dieser Zeit die Hauptverwaltung der Häfen und der Handelsflotte leitete. Er war ein kritisch denkender Machtmensch, gleichzeitig aber auch eingefleischter Monarchist. Als solcher fühlte er sich außerstande, die Zugeständnisse seines Schwagers Nikolaj an die Revolution inhaltlich mitzutragen. Die Verkündigung des Manifestes vom 17. Oktober hatte ihn auf der Krim erreicht, wo der Kreuzer Almas (deutsch: Diamant) stationiert war, der unter seinem Kommando stand. Sicherheitshalber wurde die Wachmannschaft des Familienschlosses in Aj-Todor um eine Kompanie Soldaten verstärkt.

«Die Telefonverbindung mit Sewastopol war aufgrund des Streiks unterbrochen», erinnerte er sich fünfundzwanzig Jahre später im Pariser Exil. «Abgetrennt von der ganzen Welt verbrachte ich die Abende auf einer Bank neben dem Leuchtturm von Aj-Todor und suchte selbstquälerisch einen Ausweg aus der entstandenen Situation. Je mehr ich darüber nachdachte, desto klarer wurde für mich, dass es nur die Wahl geben konnte, entweder alle Forderungen der Revolutionäre zu erfüllen oder ihnen einen gnadenlosen Krieg zu erklären. Die erste Entscheidung hätte unvermeidlich zu einer sozialistischen Republik geführt, die andere konnte das Ansehen der Macht wiederherstellen.» Das Oktobermanifest deutete Sandro mit gewissem Recht als den Anfang vom Untergang. «Endlich hat die Intelligenzija ihr lang erwartetes Parlament», bemerkte er sarkastisch.

In der Tat gab es in diesem unruhigen Sommer und stürmischen Herbst keine Alternative zu einem demokratischen Wandel. Selbst die höfischen Kreise waren sich über die direkte Bedrohung der Dynastie im Klaren. Eine Meuterei der St. Petersburger Garnison oder eines Teils der von der Front zurückkehrenden Soldaten hätte vollkommen ausgereicht, um das Gebäude der Zarenherrschaft in Trümmer zu legen. Diese Besorgnis sprach Hofmarschall Pawel von Benkendorff mit verblüffender Offenheit aus. Mitte Oktober äußerte er auf dem

Weg von St. Petersburg nach Peterhof – mit dem Schiff, denn die Eisenbahner streikten – gegenüber Sergej Witte mit Bedauern, dass «Ihre Majestäten fünf Kinder haben. Wenn sie nämlich in den nächsten Tagen gezwungen sein werden, Peterhof zu verlassen, um im Ausland Asyl zu finden, dann werden sie mit den Kindern viele Probleme haben.»

Witte selbst fuhr diesmal zum Zaren, um die Endredaktion des von ihm verfassten Manifests vorzunehmen, das vielleicht im letzten Augenblick die Monarchie retten konnte, sei es auch um den Preis einer Einschränkung der Rechte des Monarchen. Er war jetzt der Mann des Augenblicks, der Arzt, der die bittere, aber heilsame Pille verabreichen konnte. Sogar die verwitwete Zarin Maria beschwor ihren wankelmütigen Sohn, diesmal nicht auf irgendeinen seiner Onkel oder schmeichelnde Intriganten zu hören: «Ich bin sicher, der einzige, der uns helfen kann, ist Witte. Er ist zweifellos ein Mann von Genie.» Nikolaj schien nachzugeben, hielt jedoch bis zuletzt auch an der anderen Option – der Militärdiktatur – fest. Zu deren Realisierung brauchte er allerdings einen Mann, der die Verantwortung für ein neues Massaker auf sich zu nehmen bereit war und mit einer solchen Maßnahme vielleicht auch Erfolg haben konnte. Konkret hoffte er auf den Oberbefehlshaber des St. Petersburger Militärbezirks, den Großfürsten Nikolaj Nikolajewitsch, auch einer seiner Onkel, den man im Familienkreis, vermutlich zur Unterscheidung von den zahlreichen anderen Nikolajs, «Nikolascha» nannte.

Ohne Nikolascha vorher zu fragen, begann Nikolaj II. parallel zu seinen Verhandlungen mit Witte, gemeinsam mit seinen ultramonarchistischen Höflingen die diktatorische Variante durchzudenken. Im Klartext ging es um einen Staatsstreich. Witte erfuhr von der Intrige und wandte sich direkt an Nikolascha. Dieser war schwer gekränkt, aber er hatte ohnehin wenig Lust, den Bluthund zu geben und sich auf ein derart riskantes Abenteuer einzulassen. Am selben Tag wie Witte, am 17. Oktober 1905, wurde auch er zum Hof beordert. Direkt vor dem Empfang durch den Zaren um 10 Uhr vormittags informierte ihn der alte Hofminister und Generaladjutant Wladimir Friederichs darüber, was ihm bevorstehe, und übermittelte ihm den Wunsch des Zaren: «Meiner Meinung nach müssen wir eine Diktatur einführen,

Abb. 8: Kundgebung in St. Petersburg zur Verkündung des Zarenmanifestes, 17. Oktober 1905

und du musst die Rolle des Diktators übernehmen.» Nun nahm Nikolascha einen Revolver aus der Tasche und sagte: «Siehst du diesen Revolver? Jetzt gleich gehe ich zum Zar und bitte ihn, das Programm und Manifest des Grafen Witte zu unterzeichnen. Entweder er gibt seine Unterschrift, oder ich jage mir aus diesem Revolver eine Kugel in den Kopf.»

Diese theaterreife Szene war ein Signal – auch Mitglieder der Dynastie wagten keinen Spung ins Unbekannte ohne Netz und doppelten Boden. Selbst der ihnen aufgezwungene Parlamentarismus erschien ihnen weniger bedrohlich als ein Militärputsch mit einer solchen Armee. So blieb nur noch die andere Lösung: Man begann das von Korrekturen wimmelnde Manuskript des Manifests ins Reine zu schreiben. Um fünf Uhr abends war es schließlich soweit: Der Zar erwartete Nikolascha und Witte in dem kleinen Schloss am Seeufer, das man für ihn zu Zeiten, als er Thronfolger war, gebaut hatte. Als sie hereinkamen, stand er auf, ging zum Schreibtisch, bekreuzigte sich und versah den Text des Manifests mit seiner Unterschrift.

Kurz vor dem Schlafengehen machte er wie immer seine Eintragung im Tagebuch:

«Der Jahrestag des Eisenbahnunglücks!» In der Tat: Genau siebzehn Jahre zuvor, am 17. Oktober 1888, war der Hofzug, mit dem Nikolajs Vater samt Frau und Kindern von Liwadia nach St. Petersburg unterwegs war, in der Nähe des ukrainischen Dorfes Borki entgleist. Der Unfall hatte Dutzende von Todesopfern gefordert, aber die Zarenfamilie, die sich im Speisewagen aufgehalten hatte, überlebte die Katastrophe. Eher zur Folklore dieser an ein Wunder grenzenden Rettung gehörte die Legende, Alexander III. habe mit seinem stämmigen Körper das einstürzende Dach des Waggons so lange gehalten, bis sich alle seine Lieben in Sicherheit gebracht hatten. Jetzt, an diesem 17. Oktober, musste Nikolaj II. erleben, wie sein Staat entgleiste und seine Autokratie zusammenbrach. Abergläubisch und fatalistisch wie er war, beendete er die Notiz mit einem Stoßgebet: «Herr, hilf uns, rette und versöhne Russland!»

Die erste Staatsduma entstand auf der Grundlage des preußischen Dreiklassenwahlrechts und durfte kaum Einfluss auf die Regierungspolitik nehmen. Außerdem konnte der Monarch sie jederzeit auflösen – ein Recht, von dem er auch immer wieder Gebrauch machte. Trotzdem war die Eröffnung mit der Thronrede Nikolajs am 27. April (10. Mai) 1906 im Taurischen Palais ein Trauertag für den Herrscher von Gottes Gnaden und seine Dynastie. Selbst so unpolitische Akteure wie Nikolajs jüngere Schwester, die Großfürstin Olga, spürten die Tragik des Moments in diesem historischen Ereignis: «Ich verstand überhaupt nichts von Politik. Ich hatte nur das Gefühl, das ganze Land und wir mit ihm befänden uns auf Abwegen. Zusammen mit meiner Mutter[26] besuchte ich das feierliche Tedeum, das anlässlich der Einberufung der ersten Duma zelebriert wurde. Ich sehe noch die große Gruppe von Deputierten der Bauern und Fabrikarbeiter vor mir. Die

Bauern wirkten abgestumpft. Aber die Arbeiter waren noch schlimmer: Sie sahen aus, als hassten sie uns. Die Sorge in Alix' Augen werde ich nie vergessen.»

Selbst Sergej Witte verhielt sich gegenüber seinem eigenen Werk höchst ambivalent. Dieser aufgeklärte und rational denkende, moderne Berufspolitiker war nicht ganz vor feudalen Urmythen gefeit. Trotz unzähliger giftiger Bemerkungen über die Dummheit und Charakterlosigkeit des Zaren enthalten seine Erinnerungen Sätze, die einem Glaubensbekenntnis gleichen: «Viele haben es nicht begriffen und begreifen bis heute nicht, dass die Stärke des Zaren in etwas Geheimnisvollem steckt, einem Mysterium, das kein Wissen erklären kann – in der Erblichkeit. Als Zaren kennt niemand Nikolaj II. besser als ich, niemand kennt seine Fehler und Schwächen besser als ich. Trotzdem erkläre ich voller Überzeugung, als stünde ich vor Gott: Lass es nicht zu, Herr, dass Nikolaj II. etwas zustößt. Ich liebe Russland und bete zu Gott, dass er den Zaren heil und gesund erhält. Denn solange Russlands Schiff keinen friedlichen Hafen erreicht hat, ist das Land allein dadurch zu halten, dass Nikolaj II. aus vererbtem Recht unser Zar ist – ein Zar von Gottes Gnaden, anders gesagt, ein naturgegebener Zar.» Und auch diesmal erlitt Witte dasselbe Schicksal wie einige Jahre zuvor, als ihm sein naturgegebener Herrscher das Amt des Finanzministers von einem Tag auf den anderen entzog: Er wurde wiederum verstoßen – der Mohr hatte seine Schuldigkeit getan.

Graf Witte erhielt knappe sechs Monate, um sein Reformprogramm zu verwirklichen. Nach und nach merkte er jedoch, dass seine Absichten von der rechten Kamarilla immer wieder konterkariert und sabotiert wurden. In die Vorbereitung wichtiger Entscheidungen, die etwa die Bauernfrage, den Umgang mit der jüdischen Bevölkerung oder die Religionsfreiheit betrafen, bezog man ihn nicht ein. Seine Kollegen in den Ministerämtern schickten ihre Berichte unter Umgehung Wittes direkt an den Zaren. Zur gleichen Zeit verschärften Nikolajs Höflinge die Angriffe auf die noch kaum etablierte Staatsduma. Alles in allem zeichnete sich ein Rückzieher vom Manifest des 17. Oktobers ab. Besonders beunruhigt war Witte über die Rolle, die die Zarin in diesen Intrigen spielte. Alexandra verbreitete unter anderem das Gerücht, das Manifest sei dem Zaren seinerzeit von Witte abgepresst worden – und Nikolaj schwieg zu dieser Behauptung. Er hatte immer das Gefühl, in höfischen Kreisen eher geduldet als gemocht zu werden.[27]

Anfang April 1906 reichte der Ministerpräsident sein Rücktrittsgesuch ein. Er berief sich hauptsächlich auf gesundheitliche Gründe, machte aber auch kein Hehl aus seinen Meinungsverschiedenheiten mit anderen Ministern oder dem Chef des Polizeidepartments, Graf Trepow. Nikolaj nahm das Gesuch an und lobte in einem Brief den Grafen Witte für seine bisherigen Bemühungen um das Vaterland. Er empfing ihn in Peterhof, sprach sehr freundlich mit dem in Ungnade Gefallenen und überreichte ihm den Orden «Alexander Newski» mit Brillanten. Er versprach sogar, bei der ersten Vakanz eines westeuropäischen Botschafterpostens an ihn zu denken. Es sollte Wittes letzter Besuch in Peterhof gewesen sein.

Noch lange sehnte er sich nach einer Rückkehr in die Politik. Eine Zeitlang lebte er in Biarritz, kehrte dann nach Moskau zurück und litt sehr an seiner Isolation und der Unmöglichkeit, seine immensen Fähigkeiten entfalten zu können. Nebenher schrieb er stenographisch an seinen Memoiren – einem Sammelsurium aus ungeordneten Geschichten, einem Denkmal des eigenen Gekränktseins. Der Zar unterstützte ihn mit einem Ehrensold und rührte nicht an seiner formalen Mitgliedschaft im Staatsrat, wollte jedoch von seinem begabtesten Minister nichts mehr wissen. Vielleicht war Witte für ihn die Personifizierung der Demütigung, die er verspürt hatte, als er das Manifest unterzeichnete, das einem Todesurteil der absoluten Monarchie gleichkam. Als der sechsundsechzigjährige Graf im März 1915 an Meningitis starb, sagte Nikolaj ungeniert zum französischen Botschafter Maurice Paléologue: «Der Tod von Graf Witte erfüllt mich mit Erleichterung.»

Auf dem Grabstein des unerwünscht gewordenen Staatsmannes auf dem St. Petersburger Lazarus-Friedhof ist neben dem Geburts- und Todesdatum in der linken unteren Ecke das Datum «17. Oktober», Tag des von ihm durchgesetzten demokratischen Manifestes, eingemeißelt.

In Russlands schicksalhaftem Jahr sah sich der Zar angesichts der blinden Kräfte der Geschichte mit seiner Herrschaft auf sich selbst zurückgeworfen. Nun war er allein mit der Revolution. Er hatte das Gefühl, von allen seinen Getreuen, ob Monarchisten oder Liberalen, im Stich gelassen worden zu sein. Das schwer geschädigte, im Übrigen tief religiöse, zu Fatalismus und Mystizismus neigende Ego brauchte dringend Trost und Rechtfertigung. Beides bot ein Telegramm, das scheinbar zufällig auf seinem Schreibtisch landete. Der Absender, ein gewisser Grigorij Rasputin, war Nikolaj vom Hörensagen bekannt. Er sei, so sagte man, ein Mönch aus Sibirien, über dessen Glaubenseifer und Fähigkeiten als Seher in den Salons von St. Petersburg viel geredet wurde. In der depressiven Stimmung, welche die ganze Dynastie nach dem 17. Oktober ergriffen hatte, klang die Depesche verheißungsvoll: «Väterlicher Zar! Aus Sibirien zurückgekehrt, würde ich Dir gerne eine Ikone des heiligen Simeon Werchoturskij überbringen, des Wundertäters, der bei uns hoch verehrt wird; in der festen Überzeugung, dass der Heilige Dich an allen Tagen Deines Lebens beschützen und Dir in Deinem Bemühen um das Wohl und das Glück Deines Volkes beistehen wird.»

Simeon (1607–1642) war ein Schutzheiliger des Urals. Das Einzige, was in seinem Lebenslauf für Nikolaj von Bedeutung sein konnte, war die Tatsache, dass der Gerechte in der «Zeit der Wirren» geboren war, mitten in einer stürmischen und blutigen Phase des Umbruchs zwischen den Dynastien der Ruriks und Romanows, wobei er bereits für die Hagiographie der Letzteren beansprucht wurde. Verehrt wurden auch seine sterblichen Überreste und sogar die Erde seiner Grabstelle, die laut damaliger frommer Überlieferung Hautkrankheiten heilen konnte. Daraus ergab sich möglicherweise ein Bezugspunkt zur aktuellen Situation: Auch Nikolajs Herrschaftsjahre waren «wirre Zeiten», und auch er fühlte sich auf Wunderheiler angewiesen, und zwar nicht nur wegen der chronischen Krankheit seines Reiches, sondern auch aufgrund seiner eigenen Tragödie. Sein Sohn und «naturgegebener» Thronfolger Alexej war Bluter, das heißt, er litt an Hämophilie, einer Krankheit, die bis heute nicht heilbar ist, damals aber, angesichts einer weit weniger ausgebildeten Heilkunst, jederzeit akut lebensgefährlich war. So kam ihm das Telegramm von Rasputin äußerst gelegen, man hätte den Zeitpunkt kaum geschickter wählen können. Am 1. November 1905 notierte der Zar in sein Tagebuch: «Um vier Uhr fuhren wir (...) zum Tee bei Militsa und Stana.[28] Dort lernten wir einen Gottesmann kennen – Grigorij aus der Gegend von Tobolsk.»

Kapitel 5

Dynastie oder Familie – eine griechische Tragödie

Terroristische Anschläge, Niederlagen in der Mandschurei, landesweite Bauernaufstände in der Provinz und Massenstreiks in den Großstädten, ja sogar das Vorgefühl der drohenden Apokalypse änderten nichts an den privaten Sorgen Nikolajs um seine Familienangehörigen. Dabei ging es vor allem um deren intime Verhältnisse, die nur schlecht mit den moralischen Normen des Herrscherhauses vereinbar waren. Die Situationen, die daraus entstanden, bereiteten dem Zaren ebenso starke Kopfschmerzen wie die Zerschlagung seiner Flotte irgendwo im Fernen Osten oder die proletarischen Proteste, die sich beinahe vor seinen Augen – nur zwanzig Kilometer von Zarskoje Selo entfernt – abspielten.

Im Frühjahr 1904 kehrte Großfürst Pawel, der einzige von den vier Onkeln Nikolajs, der ihn niemals in irgendeiner politischen Angelegenheit unter Druck gesetzt hatte, von Paris nach Petersburg zurück, um seine beiden Kinder aus erster Ehe zu besuchen. Nikolaj hatte ihm das Wiedersehen gestattet, allerdings unter der Bedingung, dass der Onkel ohne seine zweite Gattin, Olga von Pistolkors, anreiste. Diese hatte, was allgemein akzeptierte höfische Sitten betraf, zweierlei Schönheitsfehler: Erstens war sie als «bürgerliche» Frau eines deutschstämmigen russischen Generals dem Großfürsten keinesfalls ebenbürtig, und zweitens hatte sie sich von diesem General, mit dem sie vier gemeinsame Kinder hatte, auch noch scheiden lassen. Als Ehefrau eines Romanows war sie untragbar.

Dabei hätte Pawel sie auch nach ihrer Scheidung problemlos weltlich heiraten können, hätte er nicht das Pech gehabt, Großfürst zu sein. Er war Witwer, nachdem seine erste Frau, eine blutjunge griechische Prinzessin, 1891 bei der verfrühten Geburt ihres Sohnes gestorben war. Ihre beiden Kinder wurden damals von Pawels Bruder, dem Großfürsten Sergej, und dessen Frau Elisabeth (Ella), die selbst keine Kinder hatten, aufgenommen. Die ersehnte zweite Ehe jedoch hatte Nikolaj seinem Onkel Pawel untersagt, und als der Großfürst seine Olga 1902 in Livorno heiratete, wurde er nach Paris verbannt. Im Februar 1905, nach der Ermordung des großfürstlichen Ziehvaters Sergej, zog die Witwe Ella in ein Kloster. Die Patenschaft über die beiden Kinder übernahm nun direkt der Zar. Erst Jahre später versöhnte sich Nikolaj mit seinem Onkel Pawel und gestattete ihm, sich zusammen mit der bisher ignorierten morganatischen Gattin Olga, inzwischen als «Fürstin Palej» geadelt, in Zarskoje Selo niederzulassen, um das Los der Dynastie bis zu deren tragischem Ende zu teilen.[29]

Ausgerechnet auf der Beerdigung der unglücklich verstorbenen griechischen Prinzessin trafen sich der erst fünfzehnjährige Großfürst Kirill und die gleichaltrige Prinzessin Victoria Melita von Sachsen-Coburg und Gotha, die in höfischen Kreisen «Ducky» genannt wurde. Zwischen den beiden entbrannte eine Kinderliebe, die keine Perspektive zu haben schien. Einerseits waren sie Cousin und Cousine ersten Grades, was weder dem dynastischen noch dem zivilen russischen Recht entsprach, andererseits gehörte die kleine Victoria zu den Lieblingsenkelinnen der großen Victoria. Als die Suche nach einer günstigen Partie für Ducky begann, fiel die Wahl der britischen Königin auf ihren Enkel Ernst Ludwig, Großherzog von Hessen-Darmstadt, im Übrigen ein Bruder der Zarin. Als diese Ehe aufgrund eines aufgeflogenen Ehebruchs des Gatten in eine Scheidung mündete – dies allerdings erst nach dem Tod der gefürchteten «Großmutter Europas» –, stand der Erfüllung der Gefühle zwischen Kirill und Ducky rein theoretisch nichts mehr im Wege. Doch da gab es noch die Tradition des Herrscherhauses und den heftigen Protest der Zarin Alexandra mit ihrem übereifrigen orthodoxen Buchstabenglauben. Sie veranlasste Nikolaj, den abtrünnigen Kirill, Flottenadmiral der russischen Marine, in den fernöstlichen Krieg zu schicken. Dort kam er in einer Seeschlacht beinahe ums Leben. Nach der Rückkehr bat er seinen Zaren-Cousin um die Genehmigung, für eine ärztliche Behandlung nach Deutschland reisen zu dürfen.

Die Nachricht über die heimliche Eheschließung zwischen Kirill und Ducky in einer winzigen russischen Kirche am Tegernsee schlug in St. Petersburg wie eine Bombe ein. Angesichts der Abschaffung der Zensur drohte der Skandal diesmal an die Öffentlichkeit zu gelangen. Großfürst Konstantin berichtete in seinem Tagebuch Anfang Oktober 1905: «Wie ich höre, ist Kirill inzwischen verheiratet. Nachdem er das kaiserliche Verbot ganz bewusst übertreten hatte, hatte er nichts Eiligeres zu tun, als zur Beichte zu gehen (…). Aber der Zar wollte ihn nicht empfangen und ließ Kirill durch Hofminister Friederichs mitteilen, dass ihm der Titel eines Großfürsten aberkannt worden ist, dass er keine Einkünfte aus den Apanagen mehr erhält und aus dem Militär ausgeschlossen ist. (…) Ich finde, Kirill hat sich alles selbst zuzuschreiben. Anstatt der Frau, die er liebte, die zu heiraten er aber weder das Recht noch die Erlaubnis hatte, aus dem Wege zu gehen, war er über ein Jahr ständig mit ihr zusammen.» Außerdem befahl der Zar die sofortige Abreise Kirills nach Paris. Die schmerzhafteste Sanktion war zweifellos der Entzug der Apanage – immerhin handelte es sich um jährlich 200 000 Rubel, die ein luxuriöses Leben ermöglichten. Von Verhungern konnte allerdings nicht die Rede sein: Kirills Vater, Großfürst Wladimir, bezahlte die Zeche für die illoyale Eheschließung, bis Nikolajs Herz wieder etwas erweicht war und Kirill nach St. Petersburg zurückkehren durfte.

Zur selben Zeit reichte die am Petersburger Hof lebende montenegrinische Prinzessin Stana (Anastasia) das Scheidungsgesuch ein, um die Lebensgemeinschaft mit ihrem Mann, Herzog Georg von Leuchtenberg, aufzukündigen. Die Ehe, aus der zwei Kinder hervorgingen, war seinerzeit auf Betreiben von Alexander III. zustande gekommen und blieb sprichwörtlich unglücklich – der Herzog lebte praktisch die ganze Zeit in Paris. Aus dynastischer Sicht hätte die Trennung akzeptiert werden können, wäre nicht dem bereits als Uralt-Junggesellen geltenden Großfürsten Nikolaj Nikolajewitsch («Nikolascha») plötzlich in den Kopf gekommen, seine allbekannte Liaison mit Stana vor Gott zu legitimieren. Großfürst Konstantin zeigte sich entsetzt: «Wenn diese Heirat gestattet wird, (…) ist das ein Bruch mit allen kirchlichen Konventionen. In diesen finsteren Zeiten ist eine Scheidung in der Familie unheilverkündend und beklagenswert.» Merkwürdigerweise tolerierte der Zar Nikolaschas Tabubruch, allerdings erst, nachdem er sich durch den Metropoliten der orthodoxen Kirche abgesichert hatte, da im Falle des langen Fernbleibens einer der beiden Ehepartner eine Scheidung erlaubt war. Zur Bedingung wurde gemacht, dass die neue Ehe ohne großes Aufsehen geschlossen würde. So fand die Hochzeit im engen Familienkreis auf der Krim statt. Die moralische Entrüstung war in diesem Fall der Part des Großfürsten Sandro, der sich weigerte, seinem Großonkel ein Grußtelegramm zu schicken.

Ebenfalls verwicklungsreich gestaltete sich das Privatleben des Großfürsten Michail, des jüngsten Bruders von Nikolaj. Als Dreiundzwanzigjähriger verliebte er sich in eine junge Hofdame seiner Mutter, die «Dina» genannt wurde, und konnte von einer Heirat nur durch massiven Druck abgehalten werden. Einer viel gefährlicheren Leidenschaft erlag er fünf Jahre später, und nun war er fest entschlossen, sein Schicksal mit der bürgerlichen und – horribile dictu! – zweimal geschiedenen Natalja Wulfert zu verbinden. Nachdem Nikolaj seine diesbezügliche Bitte strikt abgelehnt hatte, floh der Großfürst mit seiner Geliebten ins Ausland. Dabei war ihm die Geheimpolizei Ochranka stets auf den Fersen – schließlich ging es um den potentiellen Regenten des Russischen Reichs. Man registrierte genau, wie er am St. Petersburger Bahnhof von seinem Adjutanten einen dicken Koffer mit Bargeld übernahm, wie er von Hotel zu Hotel über Berlin, München und Salzburg nach Bad Kissingen reiste, wo ihn Natalja erwartete, um mit ihm gemeinsam nach Wien zu fahren. Dort ließen sie sich in einer kleinen serbischen Kirche trauen. Es folgte die Hochzeitsreise nach Cannes – selbstverständlich nicht allein, sondern, wie der Geheimagent berichtete, «mit Entourage», die unter anderem die zwei kleinen Kinder der Madame Wulfert beaufsichtigen sollte. Gegen diese offenkundige Auflehnung war der Zar aller Reußen so gut wie machtlos. Verhaftung wegen einer banalen Eheschließung war in Europa unvorstellbar, und andere Druckmittel konnten unberechenbare Reaktionen auslösen, wie es die Tragödie des Habsburger Kronprinzen Rudolph zeigte, der anno 1881 gemeinsam mit seiner «nicht ebenbürtigen» Geliebten Mary Vetsera Selbstmord beging. Es blieb nichts weiter übrig, als dem Diktum zu folgen, das die Zarenmutter dem verzweifelten Nikolaj unterbreitet hatte: «Meine einzige Bitte ist, dass es geheim bleibt.»

Geheimhaltung – das war die einzige, wenn auch nicht besonders sichere Waffe gegen Tabubrüche innerhalb der Dynastie. Der erste Satz aus Lew Tolstois Scheidungsroman «Anna Karenina» gab auch die Verhältnisse in der Romanow-Sippe wieder: «Alle glücklichen Familien ähneln einander; jede unglückliche aber ist auf ihre eigene Art unglücklich.»[30] Scheidung war das Eingeständnis, dass eine kirchlich legitimierte Beziehung unhaltbar war, und galt allgemein als verwerflich. Entsprechend belief sich die Zahl der in Russland im Jahre 1905 juristisch vollzogenen Trennungen: Auf 1000 geschlossene Ehen kam statistisch nur eine Scheidung – im Deutschen Reich waren es immerhin doppelt so viele. Die im europäischen Vergleich relativ niedrige Scheidungsrate in Zarenrussland hing damit zusammen, dass eine zivile Regelung fehlte, die eine Scheidung im gegenseitigen Einvernehmen erlaubt hätte. Bei einer kirchlichen Trennung suchte man nach Schuldigen, und der Person, die für das Desaster verantwortlich gemacht wurde, konnte unter Umständen eine neue Heirat untersagt werden. Wichtiger als die praktischen Hindernisse war die allgemeine Auffassung, dass hinter der Auflösung einer Lebensgemeinschaft zumindest auf einer der beiden Seiten etwas Unsittliches zu vermuten sei. Entsprechend wurden bereits einfache Bürger, die sich scheiden ließen, misstrauisch beäugt – umso mehr galt dies für Personen der Öffentlichkeit und in höchstem Maße für Mitglieder der Familie, die das Reich «aus Gottes Gnaden» beherrschte. Hier galt es, eine beispielhaft glückliche Ehe zu zeigen oder diesen Zustand zumindest vorzutäuschen.

Für letztere Haltung lieferte Großfürst Konstantin das Schulbeispiel. Der 1858 geborene General der Infanterie, gleichzeitig lyrischer Dichter und Übersetzer, galt als mustergültiger Ehemann der deutschen Prinzessin und (über die Ehe auch russischen) Großfürstin Maria von Sachsen-Altenburg, mit der er insgesamt neun Kinder zeugte. Konstantin war und blieb ein strenger Hüter der dynastischen Tugend, und nur sein Tagebuch, das, wenn es nach ihm gegangen wäre, erst neunzig Jahre nach seinem Tod 1915 zur Publikation freigegeben worden wäre, verriet, wie hoch der Preis für diese moralische Konsequenz war. Der Großfürst litt an einer permanenten Sehnsucht nach jungen Männern, die er ausschließlich mit Gelegenheitsbekanntschaften, etwa in Dampfbädern, befriedigen konnte. Hier einige seiner Beichten:

17. September 1902. «Wie glücklich war ich, mein Gewissen von der schweren Last der Sünde zu befreien, die ich während meiner Fahrt an die Wolga auf mich geladen hatte, als ich mich, anstatt Gott für meine Genesung zu danken, vorsätzlich verging. Ich bin aufs Neue fest entschlossen, mich von meiner Hauptsünde zu befreien.» 28. Dezember 1903: «Ich bin vollkommen besessen von meinem heimlichen Laster (...) Dabei bin ich nicht mehr jung, ich bin verheiratet und habe sieben Kinder. Ist eine Veränderung zum Besseren wirklich so unrealistisch?» 14. Februar 1904: «Ich sündige, werde die ganze Zeit verdorbener. Ich verdiene Gottes Zorn, aber stattdessen erhalte ich nur Wohltaten von Gott. Meine Sünde ist niemandem bekannt, ich werde geliebt und gelobt und gefördert, mein Leben ist glücklich, ich habe eine schöne Frau und reizende Kinder. Warum kann ich damit nicht fertig werden?» Menschliche, allzu menschliche Lamenti. Nur die Behauptung «mein Leben ist glücklich» klingt falsch. Wen wollte er damit belügen, die Nachwelt oder sich selbst?

Selbstverständlich wusste Nikolaj, dass nicht alle Männer und Frauen der Dynastie Unschuldslämmer waren. Sogar manche russische Zaren erlaubten sich Freiheiten, die recht wenig zum Moralkodex des Hofes passten. Der erzreaktionäre Nikolaj I. pflegte ebenso wie der liberale Alexander II. außereheliche Beziehungen mit Hofdamen, und beide hinterließen auch «illegale» Kinder. Alexander II., der «Befreier-Zar», brachte die sehr junge Jekaterina Dolgorukowa noch zu Lebzeiten seiner Frau[31] in einem Flügel des Winterpalais unter, und als er verwitwet war, wagte er sogar eine morganatische Ehe mit der Favoritin. Erst Alexander III. führte strengere Sitten ein und hielt sich auch selber daran. Eheliche Untreue konnten ihm selbst die bösesten Intriganten bei Hofe nicht vorwerfen. Ob nun diese Familie von Tolstoi zu den glücklichen gezählt worden wäre, sei dahingestellt.

Nikolaj II. galt vor allem in der apologetischen Literatur als legendär guter Ehemann und Familienvater.[32] Dies scheint auch die ausgedehnte Korrespondenz zwischen ihm und seiner Gattin Alix zu bestätigen. Ihre Liebe beruhte auf Gegenseitigkeit, wobei der Zar seinen Gefühlen eher verschämt-passiv Ausdruck verlieh, während sich Alix offen erotisch und besitzergreifend zeigte. Noch vor der Hochzeit drohte sie scherzhaft, ihren Geliebten «grausam zu kitzeln» und «mit Küssen zu ersticken». Sie war auch anrührend eifersüchtig. Als sich der Zar im Sommer 1902 in Kursk bei einem grandiosen Militärmanöver aufhielt, spöttelte sie in einem ihrer täglich mit Kurierpost geschickten Briefe: «Ich sehe Dich vor mir, wie Du, umgeben von einer Schar schmachtender Damen, Tee trinkst, und ich kenne den hinreißenden Ausdruck von Schüchternheit, den Du dabei bekommst und der Deine süßen Augen umso gefährlicher macht. Ich bin sicher, viele Herzen schlagen seitdem schneller, Du alter Sünder! Ich werde dafür sorgen, dass Du eine blaue Brille trägst, die muntere Schmetterlinge von meinem allzu gefährlichen Gemahl abschreckt.»

Zum Glück war der gut aussehende und charmante Zar kein Casanova, und Alix fühlte sich in ihrer Ambition, das Herz Nikolajs allein zu beherrschen, nur von einer Nebenbuhlerin gestört. Das war Nikolajs Mutter, die Zarenwitwe Maria Fjodorowna, die einst als dänische Prinzessin Dagmar, ganz ähnlich wie Alix, ihre evangelische Konfession und Heimat verlassen hatte, um der Dynastie des damals größten Landes der Welt anzugehören. Kein Wunder, dass die Zarenmutter und ihre Schwiegertochter einander von Beginn an mit Argwohn betrachteten und ihre wachsende Gegnerschaft nur schwach hinter der Etikette verbergen konnten. Die alte Dame fühlte sich von ihrem Sohn vernachlässigt, private Mutter-Sohn-Gespräche fehlten. Offensichtlich sprach sie darüber mit ihrer Tochter Xenia, die wiederum taktvoll an Nikolaj schrieb: «Der einzige Ort, wo ihr mehr Muße füreinander hättet, ist Peterhof, aber es kommt nur selten vor, dass Du mit Mama unter vier Augen bist – wenn Du den Raum betrittst, sitzen alle schon da, und eine Unterhaltung ist unmöglich.» Alle – diese Verallgemeinerung schloss zumindest auch Alix mit ein.

Innerhalb der Familie krachte es immer häufiger, aber die Dynastie wahrte noch ihren Glanz. Im Januar 1903, so berichtet es Xenias Mann, Großfürst Sandro, in seinen Memoiren, «tanzte ganz St. Petersburg im Winterpalais». Es war ein historischer Maskenball, die Einladungen auf Büttenpapier forderten die Beteiligten auf, in Kostümen des 17. Jahrhunderts zu erscheinen, denn «für diese eine Nacht wünschte sich Nicky zurück in die glorreiche Vergangenheit unserer Familie». Dementsprechend trat das Herrscherpaar als der erste Zar und die erste Zarin der Dynastie Romanow auf. «Alix sah atemberaubend aus», erinnerte sich Sandro 1931 in seinem Exil an der Côte d'Azur, «aber Nicky war offensichtlich nicht hoch genug gewachsen, um seiner großartigen Verkleidung Genüge zu tun.» Niemand ahnte oder wollte wissen, dass dies der letzte rauschende Ball im Hause Romanow sein sollte.

Tolstois Maxime über Glück und Unglück der Familien lässt sich nicht ohne Weiteres auf Dynastien übertragen. Anna Karenina, Alexej Karenin, Graf Wronski und andere Edelleute, Großgrundbesitzer und hohe Beamte erlebten ihre Leidenschaften, Konflikte und Trennungen, waren jedoch lediglich ihren Nächsten verantwortlich. Die Romanowschen Querelen hingegen gefährdeten den Bestand der Dynastie als moralische Institution – dies war jedenfalls die Auffassung des Zaren. «Je näher uns ein Verwandter steht», schrieb er an seine Mutter im Oktober 1902 während der Affäre um den Großfürsten Kirill, «desto strenger muss die Strafe sein, nicht wahr, liebe Mama? (...) Die Statuten der kaiserlichen Familie sagen, dass morganatische Ehen verboten sind, dass keine Heirat ohne Genehmigung als real existierend angesehen wird», ansonsten würde «eine ganze Kolonie der kaiserlichen Familie in Paris leben mit ihren halblegalen und illegalen Ehefrauen». Abschließend beschwor Nikolaj das Gedächtnis an seinen Vater:

«Kann das heilige Vorbild seines Lebens und sein beständiges Streben, mit seiner Herrschaft Anstand nach Russland und in die Familie zu bringen, kann all das umsonst gewesen sein?» Die rhetorische Frage zeigt, dass der Zar den Zusammenhang zwischen den immer chaotischer werdenden Zuständen in seinem Land und der Zerrüttung der Herrscherfamilie zumindest erahnte. Ebenso jedoch, wie er der Krise des Reiches praktisch nur tatenlos zusehen konnte, war er außerstande, die aus den Fugen geratenen Familienverhältnisse in Ordnung zu bringen. Das Maximum, zu dem Nikolaj diesbezüglich fähig war, hieß, mit positivem Beispiel voranzugehen. Doch ausgerechnet in diesem Bestreben holte ihn und seine Gattin das Verhängnis ein.

Der biblische Befehl «Seid fruchtbar und mehret euch!», den Gott dem ersten Menschenpaar erteilt hatte, war für dynastische Strukturen Teil der Staatsraison. Zudem waren Männer als Nachfolger erwünscht, Frauen hatten nur dann eine Chance, wenn es an Kronprinzen mangelte. Russlands große Herrscherin Katharina II. musste, um gekrönt zu werden, gleich zwei Prätendenten, ihren Ehemann Peter III. und den jungen Iwan VI., aus dem Weg räumen lassen, was selbst den mit ihr befreundeten französischen Aufklärer d'Alembert zu der kopfschüttelnden Anmerkung in einem Brief an Voltaire bewegte: «Die Philosophie muss auf solche Schüler nicht allzu stolz sein.» Nach Katharinas Tod veranlasste der von ihr ziemlich schlecht behandelte Sohn Pawel eine Reform, die zum Inhalt hatte, dass nur noch männliche Nachkommen auf den Thron folgen durften. In Nikolajs Fall bedeutete dies, dass, solange er mit seiner Ehefrau keinen männlichen Nachfolger präsentierte, sein jüngerer Bruder Georgij als potentieller legitimer Thronerbe galt. Nachdem Großfürst Georgij allerdings schon früh an Tuberkulose gestorben war, übernahm Großfürst Michail (Mischa) dessen Platz. Als «natürlichste» Variante erhoffte man jedoch sehnlichst einen Zarewitsch.

Als im November 1895 Olga, das erste Kind, geboren wurde, war die Freude noch ungetrübt. »Natürlich war ich dabei, als unsere Tochter gebadet wurde», schrieb Nikolaj in sein Tagebuch. «Ich kann kaum glauben, dass das wirklich unser Kind ist!!! Gott, welch ein Glück!» Anderthalb Jahre später kam Tatjana zur Welt. Nikolajs Tagebucheintragung: «Der zweite strahlend glückliche Tag in unserem Familienleben: Um 10.40 Uhr heute früh hat uns der Herr mit einer Tochter gesegnet – Tatjana. Sie wiegt acht Pfund und ist vierundfünfzig Zentimeter lang (...) Mama kam mit Xenia: Wir aßen zusammen zu Mittag». Großfürst Konstantin, zu dieser Zeit bereits Vater von fünf Söhnen, kommentierte das Ereignis weniger begeistert: «Die Nachricht verbreitete sich in Windeseile, und alle waren sehr enttäuscht, weil sie auf einen Sohn gehofft hatten.» Im Juni 1899 notierte dann der Zar: «Der Herr hat uns eine dritte Tochter gesandt – Maria. Die engste Fa-

Abb. 9: Die vier Zarentöchter: Anastasia, Maria, Olga und Tatjana (1914)

milie versammelte sich in der Kirche zu einem Tedeum. Trank mit Mama Tee.»

Nun kamen bei der engsten Familie Zweifel auf. Xenia, scheinbar beruhigt über den leichten Verlauf der Geburt bei ihrer Schwägerin, fügte hinzu: «Aber welche Enttäuschung, dass es kein Sohn ist! Arme Alix! Wir sind natürlich in jedem Fall glücklich – egal ob Sohn oder Tochter!» «Egal» wäre es in jeder einfachen Familie oder in jeder Republik gewesen, nicht aber in der russischen Monarchie. Konstantin fixierte politische Sorgen: «Ganz Russland wird von dieser Nachricht enttäuscht sein.» Dem Chor der Enttäuschten schloss sich indes eine Schlüsselfigur an, Königin Victoria, die dem Vater der dritten Tochter nicht einmal Freude signalisierte: «Ich bin ja so dankbar, dass die liebe Alix sich so gut erholt hat, aber für das Land ist das dritte

Mädchen sehr schade.»[33] Die Geburt der vierten Tochter ihrer Lieblingsenkelin sollte Victoria nicht mehr erleben.

Die kleine Anastasia kam im Juni 1901 zur Welt. Großfürstin Xenia hielt sich an Bord der Yacht «Tamara» bei Sewastopol auf, als sie dem Telegramm ihrer Mutter, der verwitweten Zarin, entnehmen konnte: «Alix hat schon wieder eine Tochter zur Welt gebracht!» Das klang nach Vorwurf. «Mein Gott, was für eine Enttäuschung! Ein viertes Mädchen!» brach es aus Xenia heraus, selbst Mutter von vier Söhnen und einer Tochter. Großfürst Konstantin erwähnte ebenfalls den Schöpfer: «Vergib uns, Herr, wenn wir alle statt Freude Enttäuschung empfanden; wir hatten so sehr auf einen Jungen gehofft.»

Wir wissen nicht, wie viele von diesen frustrierten Äußerungen das Zarenpaar erreichten und wie sie über das Problem miteinander sprachen – weder ihre Korrespondenz noch Nikolajs Tagebücher bieten hierzu Anhaltspunkte. Aber den Erwartungsdruck mussten sie gespürt haben. Bald nach Anastasias Geburt zeigten sich bei der Zarin Symptome eines erneut «gesegneten Zustands». Die Nachricht darüber sickerte durch und erweckte neue Hoffnungen auf einen Zarewitsch. Es dauerte fast neun Monate, bis sich herausstellte, dass es sich um eine Scheinschwangerschaft handelte. Nach heutigem Wissensstand kann dieses Phänomen auf psychische Gründe wie etwa eine Wunsch- oder Angstneurose zurückgeführt werden. Jedenfalls war die Zarin nach vier Geburten am Ende ihrer Kräfte. Dabei sehnte sie sich selbst sehr nach einem Sohn und suchte nach einer Lösung im Kampf gegen die Kapricen der Genetik.

Nizier Anthelme Philippe, ein aus Lyon stammender Heiler, geriet über das Umfeld der montenegrinischen Prinzessinnen Milica und Stana in höfische Kreise. Das Peterhofer Schloss «Znamenka», das dem Großfürsten Nikolascha, Stanas Ehemann, gehörte, galt als Mittelpunkt spiritistischer Séancen und okkulter Wissenschaften. Skuriles über Milicas Glauben an «Monsieur Philippe» berichtete in seinen Memoiren Fürst Felix Jussupow, der fünfzehn Jahre später als Mörder des Wundertäters Grigorij Rasputin in die Annalen der russischen Geschichte einging: »Eines Tages, als mein Vater auf der Krim am Strand spazieren ging, begegnete er Großfürstin Milica, die mit einem Fremden im Wagen fuhr. Mein Vater verneigte sich, aber sie reagierte nicht. Als er sie ein paar Tage später zufällig wiedertraf, fragte er sie, warum sie ihn geschnitten habe. ‹Sie konnten mich gar nicht sehen›, sagte die Großfürstin, ‹ich war ja mit Dr. Philippe zusammen, und wenn er einen Hut trägt, dann ist er unsichtbar, ebenso wie diejenigen, die mit ihm zusammen sind›.» Entspricht diese Schilderung der Wahrheit, dann beweist sie jedenfalls die Fähigkeit des Franzosen, Unglaubliches glaubhaft zu machen, oder eben die Entschlossenheit seiner Patienten, Unglaubliches für bare Münze zu nehmen.

Philippes Besuche am Zarenhof fielen in die Jahre 1901 und 1902. Was seine Heilkunst betrifft, bescheinigte ihm die Baronesse Sophie von Buxhoeveden theosophische Methoden sowie Behandlungen durch Gebet. Jedenfalls, so schrieb die Hofdame in ihren Erinnerungen, «versprach er 1902 der Kaiserin, dass sie den so heiß erwünschten Sohn bekommen würde. Die Prophezeiung erfüllte sich zunächst nicht. Im September 1902 erschien ein offizielles Bulletin mit dem Hinweis, dass sich die Hoffnung der Kaiserin nicht erfüllt hatte.»[34] Wenn wir es richtig verstehen, hatte also Philippe mit seinen Versprechungen die Scheinschwangerschaft der Zarin mit ausgelöst. Seine Sorge erstreckte sich auch auf den Zaren. Im Herbst 1901, während Alix in Peterhof mit ihren Kindern beschäftigt war, Nikolaj als Gast seines Cousins Wilhelm an einem Militärmanöver in Danzig teilnahm und Monsieur Philippe sich in seiner Heimatstadt Lyon aufhielt, verabredete sich das Zarenpaar zum gleichen Zeitpunkt – «vergiss nicht, Samstagabend, gegen 22.30 Uhr», mahnte die Zarin ihren Mann –, um gemeinsam «alle unsere Gedanken nach Lyon schweifen» zu lassen, und fügte hinzu: «Wie reich unser Leben doch geworden ist, seit wir ihn kennen.» – «Ihn», das hieß «unseren Freund», der Titel, den der Heiler im Privatverkehr zwischen Gatte und Gattin erhielt und der nach Philippes Tod 1905 nahtlos auf Rasputin überging.

Sowohl der enge Familienkreis als auch die russischen Politiker waren vom Kontakt des Herrscherpaares zu dem verdächtigen Mystiker äußerst beunruhigt. Großfürstin Ella insistierte direkt bei ihrer Schwester. Großfürstin Xenia schrieb an ihre Freundin Obolenskaja, Hofdame der verwitweten Zarenmutter: «Wir werden nicht länger dazu schweigen, sie sind völlig unter seinen Einfluss geraten. Ich hätte viel zu erzählen, aber ich will darüber nicht schreiben.» Die letzte Anmerkung bezog sich auf die nicht unbegründete Befürchtung, dass die Geheimpolizei ihre Briefe mitlesen könnte. Tatsächlich schnüffelte die Ochranka Philippe hinterher. Sie erhielt Agentenmeldungen, die bezeugten, dass dieser über keinerlei medizinische Ausbildung verfügte und in der Vergangenheit wegen seiner Tätigkeit als Heiler schon mehrmals polizeilich verwarnt worden war. Nikolajs diskrete Anstrengungen, einen französischen Doktortitel für den Monsieur durchzusetzen, stießen auf höfliche Ablehnung, und auch russische Mediziner waren keineswegs ohne entsprechende Prüfung zur beruflichen Anerkennung des Wundertäters bereit. Aber das Wunder – oder nennen wir es Zufall? – trat dennoch ein, wenn auch später als erwartet und unabhängig von Philippes Anstrengungen. Der Thronfolger Alexej Nikolajewitsch erblickte am 30. Juli (12. August) 1904, mitten in Russlands dunkelsten Stunden,[35] das Licht der Welt. In den Reaktionen der direkt Betroffenen und der Zeitzeugen vermischten sich Freude und Trauer.

Nikolaj (Tagebuch) *Ein großer, unvergesslicher Tag, an dem wir deutlich Gottes Gnade empfingen. Ich habe keine Worte, um Gott genug zu danken, dass er uns in einer Zeit von bitteren Prüfungen diesen Trost schickt!*
Alix (an Nikolaj) *Man versteht wirklich, warum Gott ihn gerade in diesem Jahr geschickt hat, und er ist ein richtiger Sonnenschein. Gott vergisst uns nicht, das ist wahr.*
Olga (Schwester des Zaren in ihren Memoiren) *Es geschah während des Krieges gegen Japan. Die Nation war wirklich tief deprimiert wegen all der Katastrophen in der Mandschurei. Und doch erinnere ich mich, wie glücklich die Menschen aussahen, als die Nachricht bekanntgegeben wurde.*
Konstantin (am 2. August) *Um fünf Uhr statteten meine Frau und ich der Kaiserinwitwe einen Besuch ab und tranken Tee mit ihr. Sie, die über die Geburt des Zarewitsch so voller Freude gewesen war, war nun wieder betroffen und voll Kummer über die Nachrichten von unserer Flotte. Der bisherige Thronfolger Mischa war dort, er strahlte vor Glück, nicht länger Thronerbe zu sein.*
Maria Pawlowna (Tochter von Nikolajs Onkel Pawel, damals vier-

zehn Jahre alt, in ihren Erinnerungen) *Zu Ehren der Armee, die zur gleichen Zeit auf den fernen Feldern der Mandschurei kämpfte, wurden alle Mitkämpfenden als Paten des jungen Prinzen eingetragen.*[36]

Xenia *Wir gingen Alix besuchen und waren dabei, als der Kleine gebadet wurde. Er ist ein erstaunlich kräftiges Baby, mit einem Brustkorb wie ein Fass, und hat insgesamt die Ausstrahlung eines Kriegers.*

Alexejs Geburt war par excellence ein politisches Ereignis, eine Nachricht für Europa, in dessen Königreichen die Kontinuität der männlichen Erbfolge traditionell als stabilisierender Faktor galt. Hiervon zeugten im negativen Sinne die Erbfolgekriege, nicht zuletzt der, der zwischen Preußen und Österreich entbrannte, um den töchterlichen Thronanspruch von Maria Theresia durchzusetzen.[37] Nun empfing der glückliche Vater Nikolaj II. neben den zahllosen Gratulationsdepeschen auch einen Brief und ein Geschenk, das ihm der Bruder von Wilhelm II., Heinrich von Preußen, überbrachte: «Du kannst Dir sicher vorstellen, wie sehr wir uns gefreut haben, als wir Dein Telegramm lasen (…) Möge er zu einem tapferen Soldaten und einem weisen, mächtigen Staatsmann heranwachsen. Möge er immer wie ein Sonnenschein für euch beide sein, solange er lebt, wie er es jetzt, in der Zeit der Prüfung, ist! Begleitet von einem Pokal als Geschenk für mein kleines Patenkind, den er, wie ich hoffe, benutzen wird, wenn er auf den Gedanken kommt, dass Männerdurst von Milch allein nicht gestillt werden kann! (…) Um mit den klassischen Worten unseres großen Reformators Dr. Martin Luther zu schließen: ‹Wer nicht liebt Wein, Weib und Gesang, der bleibt ein Narr sein Leben lang›.» Als Ergänzung zu diesem Ausbruch preußischer Gemütlichkeit konnte sich Wilhelm jedoch nicht den Seitenhieb verkneifen: «Der Verlauf des Krieges ist für Deine Armee und Marine höchst belastend …»

Schicksal ist keine Vernunftsache. Die Zarin befand sich im vierten Monat ihrer fünften Schwangerschaft, als sie die Nachricht erhielt, dass der kleinste Sohn ihrer Schwester Irene, der vierjährige Heinrich, gestorben war. Einige Tage zuvor hatte er sich beim Hinfallen den Kopf angeschlagen, was an und für sich keine Todesursache hätte sein müssen, wenn der Junge nicht von seiner Mutter «die schreckliche Krankheit der englischen Familie», wie Xenia sie nannte, die Hämophilie geerbt hätte, eine genetisch bedingte Störung der Blutgerinnung, die von den Frauen vererbt wird, aber nur Männer direkt bedroht. «Englisch» nannte Xenia die Erbkrankheit, weil diese bei Prinz Leopold diagnostiziert worden war, Queen Victorias Sohn, der 1883 früh verstarb. Ja, ausgerechnet sie, die Hüterin der historisch mit ihrem Namen gekennzeichneten Moral, sorgte dafür, wie der amerikanische Historiker Robert K. Massie anmerkte, dass sich «in ihrer Nachkommenschaft – neun Kinder und vierunddreißig Enkel – das fehlerhafte Gen weit verbreitete». Zu den ersten, aber bei weitem nicht letzten Opfern gehörte der kleine Heinrich, Sohn von Heinrich von Preußen – desselben, der nur ein halbes Jahr später Wilhelms Geburtstagsgruß und den Pokal mit nach St. Petersburg brachte.

Das Phänomen der Bluterkrankheit war bereits im alten Ägypten bekannt, wo einer Pharaonengattin jede weitere Geburt verboten war, sobald sie einem Bluter das Leben geschenkt hatte. Auch der babylonische Talmud warnte die Mütter: «Denn so wird gesagt: Wenn sie ihren ersten Sohn beschneidet, und er stirbt, und der zweite stirbt ebenfalls, dann muss sie ihren dritten Sohn nicht beschneiden ...» (Traktat 64b), obwohl dies einen direkten Verstoß gegen Brit Mila, das Beschneidungsgebot, bedeutete. Der arabische Arzt al-Zahrāwī lieferte im XI. Jahrhundert eine exakte Beschreibung der Bluterkrankheit, die er als «pathologisches Monstrum» bezeichnete. Das Erbschema war bereits zu Beginn des 19. Jahrhunderts bekannt und wurde vom Vater der modernen Genetik, Gregor Mendel, als Gesetz bestätigt. In der ersten speziellen Monographie zum Thema (Leipzig 1855) konnte der Kasseler Arzt und Chirurg Johann Ludwig Grandidier nur wenig Beruhigendes mitteilen: «In der Beziehung auf die Therapie sind wir zwar Blutern gegenüber nicht mehr so rat- und trostlos wie in früheren Zeiten, dennoch möchte es leider auch jetzt noch kein besseres Mittel geben, die Hämophilie wirksam zu bekämpfen, als die Ehe von Blutern möglichst zu verhüten.»[38] Diese Bedingung konnte man schlecht auf Dynastien anwenden.

«Griechisch» war die Tragödie der Zarenfamilie deshalb, weil alle Beteiligten die Bedrohung erahnt haben mussten. Als es seinerzeit um die richtige Partie für den jungen Zarewitsch Nikolaj gegangen war, hatte sein Vater Alexander III. bereits Vorbehalte gegenüber der kleinen Prinzessin aus Hessen-Darmstadt, Victorias Enkeltochter, geäußert und der Eheschließung nur aufgrund der Vorahnung seines herannahenden Todes zugestimmt. Auch die Kinderlosigkeit und, wie vermutet wurde, sexuelle Abstinenz in der Ehe von Ella und dem Großfürsten Sergej kann als Vorsichtsmaßnahme interpretiert werden. Spätestens nach dem Tod des kleinen Heinrich muss die Zarin aber gewusst haben, dass sie potentielle Trägerin der «englischen Krankheit» war. Ihre Schwangerschaft hielt sie einen Monat lang geheim, «weil sie nicht wollte, dass es irgendjemand zu früh erfährt», wie die nicht sehr überzeugende Erklärung von Xenia lautete. So trat der Augenblick der Wahrheit, den Nikolaj in seiner trockenen Art im Tagebuch fixierte, am 8. September 1904 ein: «Alix und ich waren sehr besorgt, weil der Kleine aus dem Nabel blutete.»

Kapitel 6
Eine gefährliche Freundschaft im Vorfeld des Krieges

Als Wilhelm II. seinen preußisch-gemütlichen Gratulationsbrief zur Geburt des Zarewitschs Alexej verfasste, war dies Teil einer seit langen Jahren verfolgten diplomatischen Taktik, den Zaren als Verbündeten vor allem gegen Frankreich zu gewinnen und damit die Isolierung des Deutschen Reichs auf dem Kontinent zu durchbrechen. In dieser Absicht appellierte er stets direkt an die kaiserlichen Gefühle seines Cousins. Kurz nach dessen Thronbesteigung warnte Wilhelm den Zaren in einem Brief vom September 1895 vor der «Gefährdung unseres monarchischen Prinzips durch die Aufwertung der Republik» – gemeint war Frankreich. «Die Republikaner», so erklärte er sein Ansinnen weiter, «sind ihrer Natur nach Revolutionäre und werden mit Recht als Leute behandelt, die man erschießen oder aufhängen muss. Die Französische Republik leitet sich direkt von der französischen Revolution ab und propagiert natürlich deren Ideen (...). Vergiss nicht, der französische Präsident Faure sitzt (...) auf dem Thron des Königs und der Königin ‹von Gottes Gnaden›, denen die Republikaner die Köpfe abgeschlagen haben! Glaub mir, Nicky: Auf diesem Volk lastet immer noch der Fluch Gottes!»

In der Tat: Kein Romanow konnte teilnahmslos an das Schicksal der Bourbonen zurückdenken. Als die Nachricht von der Enthauptung König Ludwigs XVI. Ende Januar 1793 St. Petersburg erreichte – sie hatte dazu zwanzig Tage gebraucht –, verfiel Katharina II. in eine tiefe Depression. «Ihre Majestät», schrieb ihr Sekretär Alexander Chrapowitskij in sein Tagebuch, «ist bettlägerig geworden, krank und traurig.» Als Vergeltung wurden alle Kontakte zu Frankreich abgebrochen. Auch in anderen Monarchien löste die Hinrichtung Trauer und Empörung aus. In einem Londoner Theater wurde, nachdem ein Schauspieler die Meldung verlesen hatte, die Vorstellung abgesagt. In Wien wurden Franzosen auf offener Straße angepöbelt – man befürchtete zu Recht, dass nun Königin Marie-Antoinette, Tochter der verstorbenen Kaiserin Maria Theresia, der grausamen Erfindung des Dr. Guillotin zum Opfer fallen würde.

Allerdings waren seit jenem Ereignis mehr als hundert Jahre vergangen, in denen sich die europäischen Konstellationen mehrfach verändert hatten. Unter anderem waren die Habsburger 1810 um des lieben Friedens willen bereit gewesen, Prinzessin Marie-Louise mit Napoleon zu verehelichen, der in ihren Augen ein Parvenü war und keineswegs «von Gottes Gnaden» seine Weltherrschaft anstrebte. Das Handeln der Staatsmänner wurde nicht von historischen Reminiszenzen, sondern von aktuellen Interessen diktiert. 1881 war es Bismarck noch gelungen, zwischen Deutschland, Österreich-Ungarn und Russland einen geheimen «Dreikaiserbund» zusammenzuzimmern, der für den Fall des Angriffs von dritter Seite «wohlwollende Neutralität» gegenüber den Verbündeten garantieren sollte. St. Petersburg fühlte sich jedoch in diesem Bündnis nicht wirklich gut aufgehoben – der Vorstoß der Donaumonarchie auf dem Balkan behinderte Russlands panslawische Ambitionen. Hinzu kam die plötzliche Untreue der Hohenzollern und Habsburger, die bereits 1882 mit dem Königreich Italien den Dreibund eingegangen waren, und zwar mit eindeutig antifranzösischer Tendenz, die für Russland längst nicht mehr richtungweisend war. Der Dreibund stellte für das Zarenreich eine ernsthafte Herausforderung dar.

Ohnehin war Deutschland der Aufstieg des Zaren Alexander III. unheimlich. Für ihn kam Frankreich zunehmend als verlässlicher Partner in Frage. Die Republik litt immer noch unter der katastrophalen Niederlage im deutsch-französischen Krieg und fürchtete die Wiederholung eines deutschen Feldzugs. Als Zeichen der Annäherung bot Paris Russland Kredite und Investitionen an. Schließlich legte das französische Flaggschiff «Marengo» 1891 im Hafen von Kronstadt zu einer Visite an. Zu diesem Anlass ging der Zar an Bord und lauschte später beim Bankett in Peterhof, stramm stehend und mit entblößtem Haupt, der Nationalhymne Frankreichs, was ganz Europa als wahre Sensation empfand. «Frankreich ist eine Marseillaise wert»,[39] spöttelte Friedrich Engels. Dies war der erste Schritt zu jener militärischen Konvention, die im Januar 1894 vom Zaren ratifiziert wurde. Dabei ging es mitnichten um einen unschuldigen Neutralitätspakt, sondern um die Verpflichtung, auf eine eventuelle Aggression von dritter Seite mit einer zahlenmäßig exakt umrissenen Mobilisierung[40] zu reagieren. Selbstverständlich war als potentieller Hauptgegner Wilhelms Reich gemeint. Kein Wunder also, dass die dankbare Republik eine neue Brücke an der Seine nach dem inzwischen verstorbenen Zaren Alexander benennen ließ. Der Akt der Grundsteinlegung im Oktober 1894 wurde durch die persönliche Anwesenheit des neuen Zaren Nikolaj II. geadelt.

Großfürst Konstantin schrieb Ende Dezember 1899 in sein Tagebuch: «Gestern war Neujahr im Ausland und auf *Anordnung* des Kaisers von Deutschland der Beginn des 20. Jahrhunderts. Dabei wäre es doch wohl korrekter gewesen, das neue Jahrhundert mit dem 1. Januar 1901 beginnen zu lassen.» Wilhelm II. hatte per Dekret den Jahrhundertbeginn um 365 Tage zurückgeschraubt, um keine Konkurrenz zu dem von langer Hand geplanten 30. Reichsgründungstag der Deutschen am 1. Januar 1901 entstehen zu lassen. Kurioserweise fiel die willkürliche Kosmetik der Zeitrechnung ausgerechnet einem russischen Aristokraten auf, dessen Land das neue Jahrhundert in Abkehr vom gregorianischen Kalender dreizehn Tage früher als Westeuropa begann. So oder so: Hätte man nach einem Datum gesucht, das die beiden Jahrhunderte wenigstens symbolisch voneinander trennte, dann wäre dies der 22. (in Russland 9.) Januar 1901 gewesen, der Tag, an dem Königin Victoria im Osborne House ihre Augen für immer schloss. An ihrem Sterbebett saß im engsten Kreis der Familie auch Wilhelm II. – nicht in seiner Qualität als Kaiser des Deutschen Reichs und König von Preußen, sondern lediglich als Victorias Enkel William.

In der Tat verkörperte die Queen die letzte große Autorität und das entscheidende integrative Element in dem von Catrin Clay als «Gewerkschaft der Monarchen» bezeichneten Ensemble. Die starke Persönlichkeit mit der vom Kontinent geographisch «splendid» isolierten

Weltmacht im Hintergrund versuchte sich von den Rankünen ihrer Sippe fernzuhalten und ihren Einfluss im Rahmen der durch Regierung und Parlament konstitutionell beschränkten Rechte auszuüben. Ohnehin hatte das Empire eine Menge Probleme auf mehreren Kontinenten und musste sich sowohl gegenüber den anderen «klassischen» Kolonisatoren (Frankreich, den Niederlanden, Spanien und Portugal) als auch gegenüber den Freiheitsbestrebungen der unterjochten Völker behaupten. So fiel die letzte Phase von Victorias 63-jähriger Herrschaft mit dem Krieg gegen die Buren in Südafrika zusammen. Die Nachfahren europäischer Einwanderer hatten zwei kleine Staaten gegründet, Transvaal und die Republik Oranje, die das zweifelhafte Glück hatten, über Gold und Diamanten im Boden zu verfügen. Vor allem diesem Umstand galten die zwei Kriege, in denen Großbritannien seine Dominanz über die Kap-Kolonie unbedingt durchsetzen wollte. Besonders der zweite Feldzug (1899–1902) löste weltweite Empörung über die britische Regierung aus. In den weißen «Afrikaanern» sah die europäische Öffentlichkeit in ähnlicher Weise Opfer[41] und Freiheitshelden wie seinerzeit in den Griechen während des Freiheitskriegs der zwanziger Jahre des 19. Jahrhunderts gegen das Osmanische Reich. Dieses Heldenpathos galt auch für das Zarenreich. Ganz Russland sang nach der Melodie eines bekannten Volkslieds einen Text der jungen Lyrikerin Galina: «Transvaal, Transvaal, mein Heimatland, / du bist umgeben von Flammen ...» – ganz so, als ginge es nicht um eine Kolonie auf einem entfernten Erdteil, sondern um den eigenen russischen Boden.

Die Buren-Begeisterung wurde nicht nur von der liberalen oder sozialistischen Elite vertreten, sondern auch von hohen Adelskreisen geteilt. Selbst Nikolaj II. ließ das Schicksal der winzigen Republiken nicht kalt. So schrieb er im Oktober 1899 an seine Schwester Xenia: «Wie Du und Sandro bin auch ich ganz mit Englands Krieg gegen Transvaal beschäftigt. Ich empfinde es als unmöglich, meine Freude darüber zu verschweigen, dass die Buren zwei englische Bataillone (...) gefangen genommen haben.» Einige Tage später formulierte er seinen Standpunkt grundsätzlicher in einem Brief an seine Mutter: «Ich wünsche diesem armen Volk alle möglichen Erfolge in seinem ebenso ungleichen wie ihm ungerechterweise aufgezwungenen Kampf.» Parallel zu solchen Äußerungen war seine Botschaft an Königin Victoria, die er mit «Liebe Großmama» anredete, voller Mitleid: «Ich kann Dir nicht sagen, wie oft ich in Gedanken bei Dir bin, weil ich weiß, wie angespannt Du wegen des Krieges um Transvaal sein musst und wegen der schrecklichen Verluste, die Deine Truppen schon haben hinnehmen müssen. Gott gebe, dass es bald zu einer Lösung kommt!»

Man könnte dem weichherzigen Zaren sogar abnehmen, dass sowohl sein Mitgefühl mit den Buren als auch die Trostworte für die britische Herrscherin ehrlich gemeint waren, ginge nicht aus anderen Quellen klar hervor, dass seine private Meinung die imperialen Interessen seines Staates zum Ausdruck brachte. Der russische Vorstoß in Zentralasien brachte das Zarenreich in geographische Nähe zu britischen Einflusszonen, vor allem in Persien, Afghanistan und Indien. Jetzt, da Großbritannien sichtlich in die Bredouille geriet, machte sich Nikolaj merkwürdige Hoffnungen.

«Du weißt, meine Liebe», gestand er seiner Schwester Xenia, «dass ich nicht stolz bin. Aber mir ist es angenehm zu wissen, dass ich in meiner Hand die Mittel hätte, den Verlauf des Krieges in Afrika endgültig zu verändern. Dieses Mittel ist sehr einfach – ein telegraphischer Befehl an alle Streitkräfte in Turkestan, zu mobilisieren und sich an die Grenze zu begeben. Das wäre alles! Nicht die stärksten Soldaten der Welt könnten uns daran hindern, mit England eben dort, an seiner verletzlichsten Stelle, abzurechnen.» Diese höchst naive Prahlerei, die so wenig mit dem gewöhnlichen Ton des Zaren zu tun hat, kann nur durch den Genius loci erklärt werden. Denn die meisten Briefe über die afrikanische Krise sind in Deutschland geschrieben worden, irgendwo unterwegs zwischen dem hessischen Jagdschloss Wolfsgarten und Potsdam, und wirken so, als wollte sich der Zar stilistisch dem Imponiergehabe seines Cousins Wilhelm angleichen.

Offiziell verhielt sich der deutsche Kaiser in der Transvaalkrise ziemlich neutral. Als Königin Victoria in einem Gespräch mit ihrem Enkel beim Tee in Windsor ihrer Empörung über die britenfeindliche Stimmung der deutschen Presse Luft machte, brachte dieser nur sein Bedauern über die zügellose Pressefreiheit in seinem Lande zum Ausdruck. Das Ausweichmanöver war offen zynisch, wenn man bedenkt, dass Wilhelm bereits während des ersten Transvaalkriegs dem Burenführer «Onkel Krüger» seine Sympathien in einer Depesche kundgetan hatte, die in allen Zeitungen Schlagzeilen machte. Damals hatte die «Großmama» Victoria nur mit einem matten «not amused» reagiert. Nun wollte Nikolaj seinen Cousin Wilhelm «auf die Engländer hetzen». Dieser dachte jedoch nicht daran, wegen des kleinen Volkes der Buren einen Konflikt mit der stärksten Seemacht der Welt vom Zaun zu brechen – der Ausbau seiner Kriegsflotte, von dem er die militärische Überlegenheit gegenüber England erwartete, steckte noch in den Kinderschuhen. Vielmehr hetzte Wilhelm den Zaren auf die Briten und ermunterte sogar Russlands tollpatschigen Versuch, das verbündete Frankreich in eine eventuelle antibritische, deutsch-russische Koalition mit einzubeziehen – schließlich war die britische Invasion in Südafrika auch in Paris auf helle Empörung gestoßen, und an kolonialen Rivalitäten zwischen der Republik und dem Inselreich mangelte es nicht. Aber gegen England gemeinsam mit Frankreich und Deutschland? Allein wegen des Streits um Elsass-Lothringen war dies eine totgeborene Idee. So mündeten dynastische Intrigen zwangsweise im diplomatischen Pokerspiel.

Was für Frankreich das Elsass war, bedeutete für Dänemark das im deutsch-dänischen Krieg 1864 verloren gegangene Nordschleswig – eine offene, schlecht versorgte Wunde. Die damalige Katastrophe überschattete auch manch familiäre Beziehungen. So verspürte die verwitwete Zarenmutter Maria Fjodorowna, ursprünglich eine dänische Prinzessin, einem vertraulichen Bericht von Iswolskij, dem russischen Botschafter in Kopenhagen zufolge «einen Ekel gegenüber allem, was deutsch ist». Ihr Widerwille ging so weit, dass sie, wenn sie ihre Eltern besuchen wollte, mit einer Jacht über die Ostsee fuhr, um kein germanisches Territorium betreten zu müssen. Dennoch musste sich der dänische Hof den internationalen Gepflogenheiten beugen und Wilhelm II. als nicht besonders netten, aber vergleichsweise nahen Verwandten akzeptieren. Einer der Anlässe hierzu war der Geburtstag des dänischen Königs Christian IX., Nikolajs heiß geliebtem Großvater.

Dessen Besuch 1903 in Potsdam erwiderte der Kaiser 1905 auf dem nach ihm benannten deutschen Luxusschiff «Kaiser Wilhelm II.». Zu diesem Anlass trug er eine dänische Admiralsuniform, sein greiser

Abb. 10: Kaiser Wilhelm II., Cousin, «Freund» und Kriegsgegner von Nikolaj II.

Gastgeber hingegen den Dienstanzug eines preußischen Ulanenregiments. Solcherart Verkleidungen gehörten zum Protokoll der Monarchen, der Kaiser besaß eine ganze Sammlung von europäischen Uniformen. Wilhelm war mit dem Besuch durch und durch zufrieden: «Ich verbrachte ein paar wundervolle Tage bei Deinem Großvater», berichtete er Nikolaj telegrafisch im Sommer 1905. «Dein lieber Großvater war das Wohlwollen selbst. Die ganze königliche Familie tat alles, damit ich mich wie zu Hause fühle.» Der Zar leitete die Kopie der Depesche an seine Gattin Alix weiter, versah sie allerdings mit der galligen Bemerkung: «Endlich hat sich sein geheimer Traum erfüllt, in den dänischen Familienkreis hereinzukommen, nun ist er unendlich zufrieden!»

Die persönliche Beziehung der beiden gekrönten Cousins war alles andere als wertschätzend. Wilhelm bezeichnete Nikolaj hinter seinem Rücken als «Schwächling», «Einfaltspinsel» und «Flenner», der ganz in der Hand von Frauen sei, umgekehrt nannte ihn Nikolaj aufgrund seiner ellenlangen Briefe, in denen der um zehn Jahre Ältere den Zaren mit jovialen väterlichen Rat- und Vorschlägen überhäufte, nur noch den «Langweiler», der ein «gefährliches Spiel» treibe. Alix äußerte sich über ihren mächtigen preußischen Verwandten verächtlich: «Er hält sich für einen Übermenschen, ist aber im Grunde nur ein Clown.» Solange Victoria lebte, intrigierte der deutsche Enkel bei ihr gegen seinen russischen Cousin. So erzählte er der «Granny» von einem angeblichen Bündnis des Zaren mit Abdurrahman, dem Emir von Afghanistan, das einer Verschwörung gegen England gleichgekommen wäre. Ob die Königin diesem Gerücht glaubte oder nicht, sei dahingestellt. Jedenfalls unterrichtete sie darüber postwendend den Zaren – vielleicht nur aus einem instinktiven «divide et impera»-Reflex heraus.

Nun aber war Victoria tot, und die beiden ihr verwandtschaftlich am nächsten stehenden Monarchen, Nikolaj und Wilhelm, von denen keiner ihr Format geerbt hatte, standen an der Spitze von riesigen Reichen, in denen der Durchbruch der Moderne die feudalen Strukturen zunehmend anachronistisch erscheinen ließ. Rein «blutmäßig» gesehen konnte keiner der beiden und noch weniger ihre Familien eindeutig der Nation zugerechnet werden, in deren Namen sie ihre Macht ausübten. Sie korrespondierten miteinander auf Englisch, in ihrem diplomatischen Verkehr dominierte Französisch, ihre Erziehung war kosmopolitisch.

Unterschiedlich war ihr rechtlicher Status. Zwar waren dem deutschen Kaiser im Rahmen der Bismarck'schen konstitutionellen Monarchie wichtige Befugnisse verblieben. So durfte er den Reichskanzler ernennen bzw. ablösen und internationale Verträge schließen, die mit der Gegenzeichnung des Reichskanzlers gültig werden konnten. Gleichzeitig musste er mit dem Reichstag rechnen, in dem nicht zuletzt die trotz repressiver Maßnahmen immer stärker werdende Arbeiterbewegung vertreten war. Als hinderlich für den persönlichen Einfluss des Monarchen erwies sich auch die seit 1874 zensurfreie

Abb. 11: Kaiserliche Jacht «Hohenzollern»

Presse, die oftmals nicht vor der Kritik der höchsten Machtsphären inklusive des kaiserlichen Umfelds Halt machte. Anders im Russischen Reich, in dem bis zuletzt keine Verfassung die Herrschaftsverhältnisse regelte und Parlamentswahlen sowie die Abschaffung der Zensur erst im Ergebnis der Revolution von 1905 erfolgten. Hier entschied der Zar persönlich über Ernennung und Ablösung des Premiers und der Minister, während das durch zensusbeschränkte Wahlen bestimmte Parlament (Staatsduma) über keine gesetzgeberischen Funktionen verfügte. Eine exakte Beschreibung der Zuständigkeiten des Monarchen sowie deren Grenzen, wie dies etwa in England gegeben war, existierte weder in Deutschland noch in Russland.

Diese Rechtslücke nutzte Wilhelm II., indem er 1905 seinem Cousin den Vorschlag machte, während eines rein privaten Treffens gemeinsame Pläne gegen die «englisch-japanische Arroganz» zu besprechen. Angesichts des Kriegszustands und noch mehr der revolutionären Unruhen war der Zar nicht bereit, St. Petersburg zu verlassen. So verabredeten die Herrscher im Juli 1905 ein Rendezvous auf offener See im finnischen, also dem russischen Reichsgebiet zugehörigen Fjord Björkö. Wilhelm kam mit der Jacht «Hohenzollern», Nikolaj mit dem Schiff «Standard». Während des gemeinsamen Frühstücks zog der Kaiser ein Blatt Papier aus der Tasche und verlas den Text. Es handelte sich um den Entwurf eines «Traktats über ein Schutz- und Trutzbündnis» zwischen dem deutschen und dem russischen Reich. Punkt 1 verpflichtete die Unterzeichner, «im Falle eines Angriffs seitens einer Macht in Europa» («en Europe») mit allen Land- und Seestreitkräften dem jeweils anderen Hilfe zu leisten. Punkt 2 schloss für diesen Fall einen Separatfrieden mit dem gemeinsamen Gegner aus. Punkt 3 sorgte dafür, dass der Vertrag erst nach dem Abschluss des russisch-japanischen Krieges in Kraft trat. Punkt 4 sah schließlich vor, dass «der Zar aller Reußen» nach dem Inkrafttreten des Vertrags Frankreich über dessen Inhalt in Kenntnis setzen und ihm den Anschluss an das Bündnis anbieten sollte.

«Das ist ganz ausgezeichnet. Ich bin einverstanden», so der Zar, und der Kaiser erwiderte: «Solltest du gleich unterschreiben, wäre das ein nettes Andenken an unser Gespräch.»[42] Nikolaj setzte sein Autogramm auf das Blatt Papier, Wilhelm ebenso – und soll dabei vor Freude feuchte Augen gehabt haben. Gegenzeichner von deutscher Seite war der Diplomat von Tschirschky, von russischer Seite der Seefahrtsminister Admiral Biriljow. Weder die deutsche noch die russische Regierung wurden von der Entscheidung der beiden Souveräne vorher informiert. Sergej Witte, der sich als Vertrauter Nikolajs wähnte, war vor den Kopf gestoßen. In einem Gespräch mit Biriljow versuchte er zunächst die Nebenumstände zu klären.

WITTE *Wissen Sie, was Sie in Björkö unterzeichnet haben?*
BIRILJOW *Nein, ich weiß es nicht. Ich leugne nicht, irgendein sehr wichtiges Dokument unterschrieben zu haben, aber was es beinhaltete, weiß ich nicht.*

Im weiteren Verlauf des Gesprächs schilderte er, wie es dazu gekommen war. Der Zar hatte ihn in seine Kajüte gerufen und gefragt:

«Alexej Alexejewitsch, vertrauen Sie mir?» Als Biriljow die Frage bejahte, sagte Nikolaj: «In diesem Fall bitte ich Sie, dieses Dokument zu unterzeichnen. Wie Sie sehen, haben es sowohl ich als auch der deutsche Kaiser unterschrieben. Gegengezeichnet wurde es von einer zuständigen deutschen Person, und der deutsche Kaiser wünscht nun eine Bestätigung durch einen meiner Minister.» Daraufhin habe er das Dokument ohne Weiteres unterschrieben. Es dauerte eine Weile, bis der Text beim russischen Außenminister Lamsdorf landete, der ihn mit der Bemerkung an Witte weiterleitete: «Lesen Sie dieses Prachtwerk.»

Der Vertrag von Björkö war diplomatischer Nonsens, und zwar nicht nur wegen seiner Formfehler. Russland und Frankreich waren mit dem noch von Alexander III. unterzeichneten Vertrag von 1894 miteinander verbunden, in dem beide Seiten im Fall des Angriffs eines Drittlandes einander militärischen Beistand in Aussicht stellten. Der potentielle Dritte konnte, wenn es um Frankreich ging, nur Deutschland sein. Mit England hingegen hatte die Französische Republik 1904 die sogenannte «Entente cordiale» abgeschlossen. Ein französischer Anschluss an das neue deutsch-russische Bündnis war nicht nur wegen des Fait accompli, sondern auch aufgrund einer akuten Bedrohung durch das Deutsche Reich auszuschließen. Für Russland besonders ungünstig war die Bedingung, dass das Bündnis erst nach einem Friedensschluss mit Japan in Kraft treten und die Solidarität des Deutschen Reiches nur «en Europe» gelten sollte.

Warum hatte sich Nikolaj, ohne Experten zu befragen, auf den eindrucksvollen Auftritt seines Cousins und dieses unvernünftige Vertragswerk eingelassen? Einerseits fühlte er sich Deutschland zu Dankbarkeit verpflichtet, weil das Reich im Krieg gegen Japan das Brennmaterial für die russische Flotte bereitgestellt hatte. Gleichzeitig war der Zar über Englands japanfreundliche Haltung erzürnt und betrachtete zu dieser Zeit, wie Witte bezeugte, das britische Empire als Russlands eingeschworenen Feind. In dieser Hinsicht sah er keinen Unterschied zwischen den Juden (russ. «Shidy»)[43] und den Engländern. Dabei war die britische Regierung soeben dabei, ein neues Kapitel in ihren Beziehungen zu Russland aufzuschlagen, um die Annäherung des Zarenreiches an Deutschland auszubremsen. Jedenfalls erklärte der russische Außenminister Seiner Majestät, dass der Vertrag unhaltbar und ungültig sei, was der Zar melancholisch zur

Kenntnis nahm. Diese Demütigung sollte Lamsdorf wenig später das Portefeuille kosten, ging doch Nikolaj mit jedem Politiker so um, der ihn an peinliche Momente erinnerte.

Einleuchtender erscheint Wilhelms Motivation, die theoretisch, also unabhängig von der angewandten Methode, der allgemeinen deutschen Auffassung entsprach, eine «Umzingelung» des Reiches durch feindlich gesinnte Staaten um jeden Preis zu vermeiden. Trotzdem sollte seine Schiffsdiplomatie auch in der eigenen Heimat Schiffbruch erleiden. Reichskanzler von Bülow empfand die Zugeständnisse an das am Boden liegende Russland als zu weitgehend und die Einschränkung «en Europe» angesichts der beginnenden kolonialen Konflikte geradezu lächerlich. Für den Fall des Inkrafttretens des Vertrags drohte er mit seinem Rücktritt.

Wilhelm reagierte hysterisch. «Ich appelliere an Deine Freundschaft», schrieb er dem Regierungschef. «Bitte sprechen wir nicht mehr über irgendeine Abdankung. Wenn Du diesen Brief erhältst, schicke mir eine Depesche mit dem einzigen Wort ‹Gut›, damit ich weiß, dass Du im Amt bleibst. Widrigenfalls erreicht Dich gleich am Tag nach Deiner Abdankung die Nachricht, dass *der Kaiser nicht mehr unter den Lebenden weilt.* Denke an meine arme Frau und die Kinder!» Wahrscheinlich kannte von Bülow nur allzu gut den exzentrisch-narzisstischen Charakter des Kaisers, um die Selbstmorddrohung ernst zu nehmen. Wilhelm wollte vor allem gegenüber Nikolaj, den er in Björkö über den Tisch gezogen hatte, das Gesicht wahren und dem willensschwachen Zaren seinen eigenen Machtwillen demonstrieren.[44] Schließlich gelang es deutschen und russischen Diplomaten, den kaiserlich-zaristischen Fauxpas gemeinsam zu vertuschen und ad acta zu legen.

Der schlau gemeinte Zusatz «en Europe» war bereits zu dem Zeitpunkt, als Wilhelm ihn in den Vertrag einfügte, nicht mehr aktuell. Ein Jahr zuvor hatten sich England und Frankreich in der «Entente cordiale» über die Aufteilung ihrer afrikanischen Einflusssphären geeinigt: Das Empire «bekam» Ägypten, während die Republik das Protektorat über Marokko ausübte. Da jedoch Deutschland in Nordafrika über zahlreiche Handelskontakte verfügte, unternahm der Kaiser, durch Reichskanzler von Bülow ermuntert, eine demonstrative

Schiffsfahrt nach Tanger, um sozusagen dem marokkanischen Sultan den Rücken zu stärken. Bis dahin hatte das altbewährte Muster gegolten: Die europäischen Großmächte fochten ihre Verteilungskämpfe, wie etwa die um Südafrika, China oder Teile des Osmanischen Reiches, außerhalb ihres geographischen Raumes aus. Nun aber forderte die deutsche Regierung die Einberufung einer internationalen Konferenz zum freien Handel und drohte Frankreich, das sich dagegen sträubte, mit militärischen Maßnahmen, was zum ersten Mal seit dem Krimkrieg eine direkte Konfrontation zwischen mehreren europäischen Staaten bedeutet hätte. Frankreich gab nach und zeigte sich sogar zu einem Bauernopfer bereit: der Ablösung seines Außenministers, der die deutschen Ansprüche ablehnte. Die Konferenz fand im Sommer 1906 in der südspanischen Stadt Algeciras unter Beteiligung der westeuropäischen Staaten, Russlands und der USA statt. Obwohl ein gemeinsames Kommuniqué das Recht auf freien Handel in Marokko bestätigte, gelang es der deutschen Diplomatie nicht, einen Durchbruch zu erzielen. Sogar Italien, Mitglied des Dreibundes, neigte eher dem französischen Standpunkt zu, dachte Rom doch vor allem an die Sicherheit der eigenen, mit britischer Hilfe erworbenen nordafrikanischen Kolonien. Auch bei späteren Kompromisslösungen musste sich das Reich mit territorialen Almosen im Kongo und in Kamerun zufriedengeben. «Alle miserablen, entarteten lateinischen Völker», schimpfte Wilhelm, «sind zum Instrument in der Hand Englands geworden, das beschlossen hat, den deutschen Handel im Mittelmeerraum zu erwürgen.» Die Antwort Berlins war ein forcierter Ausbau der Flotte und die Aufwertung der Rolle des Militärs in der deutschen Weltpolitik.

Russland, das sich gerade eine blutige Nase in dem fernöstlichen Krieg geholt hatte und in dem gerade die revolutionäre Welle abebbte, suchte nur noch Ruhe und europäische Kredite zur Konsolidierung seiner zerrütteten Finanzen. Da letztere hauptsächlich durch französische Regierungsgarantien gewährt werden konnten, unterstützte die russische Diplomatie in Algeciras die französische Position. Die dadurch erreichte Annäherung nutzte nun Großbritannien dazu, die Verhandlungen über Russlands Einbeziehung in die Entente cordiale zu beschleunigen. Das Zarenreich verpflichtete sich, Englands asiatische Interessen zu achten, unter anderem das britische Protektorat über Afghanistan zu akzeptieren – kein allzu hoher Preis im Vergleich zu den durch den Krieg gegen Japan erlittenen Verlusten. Mit der Unterzeichnung des russisch-englischen Vertrags in St. Petersburg im Sommer 1907 entstand die «Triple Entente» als Gegenstück zum 1882 gegründeten Dreibund. Allein die Existenz zweier stabiler, mächtiger Militärblöcke «en Europe» erhöhte das Risiko eines direkten Zusammenstoßes, in den sieben Jahre später mehrere Dutzend andere Staaten mit hineingerissen wurden.

Kurz nach der Entstehung der «Triple Entente» trafen sich die Jachten «Hohenzollern» und «Standard» noch einmal während der deutschen Flottenparade in Swinemünde. Der Kaiser trug die Uniform eines Kosakenoberst, der Zar setzte sich als preußischer Dragoneroberst in Szene. Für alle Fälle brachte er seinen Außenminister Iswolskij mit, den er ausdrücklich darum gebeten hatte, Wilhelms Begleitern, unter ihnen von Bülow und Admiral von Tirpitz, von vornherein mitzuteilen, dass über die Affäre Björkö nicht gesprochen werden sollte. Das Flottenspektakel zog Tausende von schaulustigen Gästen an. Die beiden Herrscher schworen sich gegenseitig «ewige Freundschaft», die während des abendlichen Feuerwerks mit den riesengroßen Buchstaben «W» beziehungsweise «N» am Himmel symbolisiert wurde. Beim Abschiedsfest wünschte Wilhelm seinem Cousin, er möge bald über ähnlich beeindruckende Seestreitkräfte verfügen wie er selbst. Ansonsten äußerte er sich seinen Begleitern gegenüber zu Nikolajs vorsichtiger Haltung mit ironischer Überlegenheit: «Der Zar heuchelt nicht, er ist einfach schwach. Schwäche ist natürlich kein Verrat, obwohl sie dieselbe Funktion erfüllt.»

Kapitel 7
Zarenalltag mit Schlüsselfigur

«Nach den Unruhen des Jahres 1905 wurde das Gleichgewicht des Landes wiederhergestellt», schrieb die Hofdame der Zarin, Baronesse Sophie Buxhoeveden, in ihren Memoiren. In der Tat brachte die kurze Ära des Premierministers Pjotr Stolypin eine gewisse Stabilität in das politische Leben Russlands, von der auch die Herrscherfamilie profitieren konnte. Obwohl sie aus Sicherheitsgründen auf längere Reisen über Land für mehrere Jahre verzichten musste und auch Sommerferien auf der Krim nicht mehr in Frage kamen, gab es hinreichende Formen der Kompensation. Die Romanows unternahmen vor allem auf baltischen Gewässern und der Ostsee Schiffsreisen auf der Luxusjacht «Standard» mit einer Equipage von mehr als 300 Personen. Die Ausstattung des Schiffes war der Sommervilla in Peterhof nachempfunden. Erst 1909 verließ die Familie, nachdem sie eine Einladung von König Gustav Adolf V. nach Stockholm erhalten hatte, erstmalig wieder für längere Zeit das Gebiet des Reichs. Diese ansonsten angenehme Reise wurde, wie die Hofdame berichtet, vom Attentat auf einen schwedischen General getrübt.[45] Aus Sicherheitsgründen musste die Familie einen ganzen Tag auf ihrer Jacht verbringen und konnte vorerst nur dort die erlauchte schwedische Verwandtschaft empfangen. Im August desselben Jahres unternahm das Zarenpaar eine Reise nach Großbritannien, wo beide von König Edward VII. empfangen wurden, der ihnen die neuen imposanten Dreadnoughts seiner Militärflotte zeigte. In der Gefolgschaft befanden sich Regierungschef Stolypin und Außenminister Iswolskij sowie ein Heer von Agenten der Ochranka. Der Seeweg nach England führte über Cherbourg, wo der französische Präsident Fallières den Gästen ein Manöver seiner

Kriegsschiffe vorführen ließ. Auf dem Rückweg konnten sie nicht umhin, den ungeliebten Cousin Wilhelm II. zu treffen – und zwar in Kiel, wo sie wiederum die prächtigsten Schiffe von Wilhelms stolzer Militärflotte bewundern sollten.

Als wirkliche Erholung erwies sich der alljährliche Urlaub auf der «Standard» in der finnischen Bucht. Während dieser Wochen nahm Nikolaj lediglich die von Kurieren aus St. Petersburg zugestellten Ministerberichte entgegen, gab keine Audienzen und widmete sich der Familie – der Gattin, den vier jungen Großfürstinnen und dem Thronfolger Alexej. Die Kinder fühlten sich sehr wohl auf der Jacht, kannten sämtliche Offiziere und Seeleute namentlich, und der kleine Alexej spielte mit den jungen Matrosen. Hin und wieder legte das Schiff in einem kleinen Hafen an. Nikolaj unternahm Spaziergänge mit seinen Töchtern, spielte Tennis mit den Offizieren, und einmal in jedem Urlaub ging er mit seinem Tross auf die Jagd. Für Komfort und Wohlgefühl sorgten Dutzende von Lakaien, mehrere Köche, und am Abend spielte ein Orchester. Nur die Zarin brachte einen leisen Misston in diese Idylle: Ihr chronischer Erschöpfungszustand hinderte sie daran, an den verschiedenen Amüsements teilzuhaben. Sie saß am liebsten an Bord in ihrem Fauteuil, las englische Romane oder vertrieb sich die Zeit mit Handarbeiten.

Der labile Gesundheitszustand von Nikolajs Gattin warf nicht nur einen Schatten auf diese sorglosen Tage, sondern beeinträchtigte auch protokollarische Ereignisse. So fuhren die Majestäten 1910 nach Riga, um das Denkmal von Peter dem Großen, den Eroberer von Livland, einzuweihen. Die groß angelegten dreitägigen Feierlichkeiten in Anwesenheit von mehreren zehntausend Schaulustigen absolvierte der Zar fast gänzlich ohne Alix, die sich außerstande sah, die Jacht zu verlassen, und deshalb die Delegation des baltischen Adels an Bord empfing. Doch auf dem Schiff nahm sie dennoch nicht an dem Mittagsmahl teil, zu dem auch die Offiziere eingeladen waren, sondern aß an einem kleinen Tisch gemeinsam mit dem Zarewitsch Alexej. Ebenso mied sie größere Empfänge oder Bälle in Zarskoje Selo oder Peterhof. Ohnehin, so berichtet Baronesse Buxhoeveden, gehörte das frühere blühende Hofleben der Vergangenheit an.

Gegen die beständige Müdigkeit und die beginnenden Herzbeschwerden der Zarin schlugen die Ärzte eine Kur in Bad Nauheim vor. Die Familie begleitete sie, und die hessischen Verwandten nahmen sie mit großer Freude im Friedberger Schloss des Großherzogs Ernst auf. Obwohl die Zarin von der Begegnung mit der Verwandtschaft und den Zeugen ihrer Kindheit sehr angetan war, erwies sich die Behandlung letztendlich als erfolglos; sie war noch erschöpfter als zuvor. Wenn sie sich gerade etwas kräftiger fühlte, brachte man sie in einem Rollstuhl nach Bad Nauheim, damit sie in dem kleinen Badeort einkaufen konnte. Diese Ausflüge waren für sie «die einzige Zerstreuung, über die sie sich wie ein Kind freute». Zeitgleich organisierte die hessische Familie für Nikolaj und die vier Mädchen Automobilfahrten nach Frankfurt, wo die fürstliche Wagenkolonne für enormes Aufsehen sorgte.

Die Erschöpfungszustände der Zarin führten manchmal dazu, dass sie ganze Tage in ihrem Zimmer und im Garten auf einem Liegestuhl verbrachte und mit Atemnot rang, wenn sie eine Treppe nehmen musste. Auch nach der Rückkehr besserte sich ihr Zustand kaum. Sowohl in Bad Nauheim als auch in Zarskoje Selo diagnostizierten die Ärzte «Überanstrengung» und «Herzneurose». Jeder im direkten Umfeld wusste jedoch, dass es in Wirklichkeit um die ständige Angst ging, die durch Alexejs Hämophilie hervorgerufen wurden – ein Trauma, das durch jeden Anfall aktualisiert wurde. Dabei gehörte die Krankheit des Zarewitschs zu den bestgehüteten Staatsgeheimnissen des Russischen Reichs. Sogar in den Briefen an ihre in England lebende Schwester, Großherzogin Victoria von Battenberg, schwieg die Zarin darüber: «Denke nicht, dass mir meine schlechte Gesundheit Kummer bereitet. Ich bin nicht unruhig, außer wenn ich sehe, wie meine Liebsten meinetwegen leiden oder wenn ich meine Verpflichtungen nicht erfüllen kann. (…) Ich habe so viel bekommen, dass ich gerne auf alle mögliche Vergnügungen verzichte – sie bedeuten für mich nichts. Mein Familienleben ist ideal, ist so, dass es alles andere, an dem ich mich nicht beteiligen kann, ersetzt. Der Kleine wächst allmählich zu einem richtigen Kompagnon seines Vaters heran. Alle fünf Kinder essen täglich zu Mittag mit ihm, selbst wenn ich liegen muss.»

Dies war offensichtlich häufig der Fall, wovon eigentümliche

Schriftstücke zeugen: Briefe der heranwachsenden Töchter an ihre Mutter und deren Antworten. Diese Post zirkulierte zwischen den Kinderzimmern im Erdgeschoss und dem Wohnraum der Mutter im ersten Stock des Schlosses in Zarskoje Selo. So schreibt die jüngere, die zwölfjährige Tatjana, im Januar 1909: «Meine liebe Mama, hoffentlich bist du heute nicht zu schwach und kannst zum Abendessen aufstehen. Es tut mir immer ganz schrecklich leid, wenn du schwach bist ...» Die zwei Jahre ältere Olga beschwerte sich ebenfalls über die Abwesenheit der Mutter: «Es ist schade, liebe Mama, dass ich dich nie für mich allein habe und dich nicht sprechen kann, also versuche ich zu schreiben, was ich natürlich besser sagen könnte. Aber was soll man tun, wenn dafür keine Zeit ist und ich auch die lieben Worte nicht höre, die meine süße Mama mir sagen könnte.» Noch dramatischer muss eine nicht überlieferte Botschaft der damals zwölfjährigen Großfürstin Maria geklungen haben – jedenfalls deutet die Antwort von Alix darauf hin: «Meine liebe kleine Maria, dein Brief hat mich ganz traurig gemacht. Mein süßes Kind, du musst mir versprechen, nie mehr zu denken, dass niemand dich liebhat. Wie kann diese merkwürdige Idee in deinen Kopf kommen? Wir alle lieben dich ganz inniglich, nur wenn du zu wild und unartig bist, müssen wir mit dir schimpfen, aber schimpfen heißt ja nicht, dass man nicht liebt.»

Anscheinend war Maria anhänglicher als die anderen Mädchen und bestürmte die Mutter gelegentlich auch als Fürsprecherin in deren Angelegenheiten: «Meine liebe Mama! Ich wollte dir sagen, dass Olga sehr gerne ihr eigenes Zimmer in Peterhof hätte, denn sie und Tatjana haben zu viele Sachen und zu wenig Platz. Mama, in welchem Alter hattest du dein eigenes Zimmer?» Oder: «Mama, in welchem Alter hast du angefangen, lange Kleider zu tragen? Glaubst du nicht, dass Olga auch gerne ihre Kleider länger machen lassen würde?» Doch die älteren Großfürstinnen traten auch selbst bei der Mutter für ihre Interessen ein. So bat Tatjana in einem Brief von Ende April 1911 nachdrücklich: «Ich würde so gerne zur Parade der zweiten Division gehen, da ich doch die zweite Tochter bin, und Olga war bei der ersten, deshalb bin ich jetzt an der Reihe.»[46] Bei all diesen Rivalitäten um die Gunst der Mutter war den Mädchen aber bewusst, dass die Vorliebe und die größte Sorge der Eltern dem Jüngsten, dem kranken

Alexej, gehörten. Sowohl in den Tagebüchern als auch in der ausgedehnten Korrespondenz des Zarenpaars wird das Kind durchgängig als «Baby» oder «Sonnenschein»[47] (= solnyschko, sunbeam) bezeichnet. Und jedes Mal, wenn dieses Kind gefährdet schien, löste dies bei Nikolaj und Alix panische Reaktionen aus.

Für Uneingeweihte erweckte Alexej den Eindruck eines völlig gesunden Jungen. Gilliard, Hauslehrer der Großfürstinnen, der ihn 1906 zu Gesicht bekam, war vom Äußeren des damals Zweijährigen begeistert: «Der Zarewitsch war sicher eines der hübschesten Kinder, die man sich vorstellen konnte, mit niedlichen blonden Locken und großen graublauen Augen unter dem Kranz langer gebogener Wimpern. Er hatte die frische, rosige Gesichtsfarbe eines gesunden Kindes, und wenn er lächelte, sah man zwei kleine Grübchen auf seinen runden Wangen.» Selbst bei der ersten Begegnung fiel jedoch Gilliard schon auf, «wie die Zarin den kleinen Jungen an sich drückte, mit der krampfhaften Bewegung einer Mutter, die ständig um das Leben ihres Kindes zu fürchten scheint».

Wie oft die Hämophilie des Thronerben sich in offensichtlichen Anfällen manifestierte, lässt sich nur ungenau feststellen. Zwischen 1904, als zwei Monate nach der Geburt die erste Blutung am Bauchnabel registriert wurde, und 1918, als sich kurz vor der Hinrichtung der Familie in Jekaterinburg der Hausarzt Dr. Botkin mit Alexejs Beschwerden befasste, kann man vier oder fünf Krisen vermuten. Diese hingen vor allem mit zufälligen Verletzungen zusammen, die am Bein oder in der Leistengegend schmerzhafte und Fieber auslösende Hämatome entstehen ließen. Um Unfällen vorzubeugen, wurde Alexej von dem Matrosen Derewenko an allzu schnellen Bewegungen gehindert und auf den Armen getragen, wenn es zu Störungen des Bewegungsapparats kam. Gefährlich wurde es, wenn ein Blutgefäß in der Nase oder Mundhöhle platzte, sodass die Blutung durch keinerlei Verband gestoppt werden konnte. Allerdings gab es sogar jahrelange symptomfreie Phasen, in denen die Hoffnung der Eltern auflebte, ihr Kind könne mit der Zeit genesen.[48] Umso fürchterlicher empfanden sie Alexejs plötzliche Schmerzensausbrüche und die Machtlosigkeit der besten Ärzte des Landes gegenüber der monströsen Bedrohung. In einem solchen Moment erinnerte sich die Zarin an eine Zuflucht, die sich zur Zeit des ungeduldigen Wartens auf die Geburt eines Sohnes scheinbar bewährt hatte: Sie suchte Hilfe bei einem Wundertäter.

Bevor der französische Scharlatan Monsieur Philippe – nicht ohne Drängen der nüchternen Mitglieder der Zarenfamilie – seinerzeit St. Petersburg verließ, sagte er dem Zarenpaar zwei Dinge voraus: den eigenen baldigen Tod und seine eignene Rückkehr «in anderer Gestalt». Diese Prophezeiungen gingen ziemlich rasch in Erfüllung. Kurz nach Philippes Ableben in Lyon lernten Nikolaj und Alix bei den in die Dynastie eingeheirateten montenegrinischen Prinzessinnen Milica und Stana den «Gottesmann» Grigorij Rasputin kennen. An dieser Koinzidenz gab es nichts Mysteriöses: Auch die Begegnung mit Philippe war schon von den «schwarzen Frauen» aus Montenegro organisiert worden. Allerdings beschloss Philippes Nachfolger schon bald nach der ersten Begegnung, den Kontakt mit dem Hof ohne seine Gönnerinnen weiter auszubauen. Dieses Ziel erreichte er im Frühjahr 1906, als er in Begleitung anderer kirchlicher Würdenträger in Zarskoje Selo empfangen wurde.

Das Hauptproblem im Umgang mit der umfassenden Rasputin-Literatur besteht darin, dass die Konturen dieser atemberaubenden Laufbahn völlig fließend sind – Wirklichkeit und Legende vermischen sich in fast jeder Erzählung. Der Weg des ungebildeten, kaum schreibkundigen sibirischen Bauern und Wanderpredigers hin zum einflussreichen Akteur der russischen Politik gehört zu den Paradoxien der Endzeit der Monarchie, in der die schwungvolle Moderne und anachronistische feudale Strukturen nebeneinander existierten. Magier, Mystiker, heilige Narren und Wunderheiler, die eher an den Hof von Iwan dem Schrecklichen gepasst hätten, gaben einander in St. Petersburg und Zarskoje Selo die Klinke in die Hand. Nach seinen Wanderjahren von Kloster zu Kloster gelangte Grigorij 1903 in die Hauptstadt und gewann dort die Unterstützung maßgeblicher und dem Thron nahestehender Geistlicher wie etwa des Erzbischofs Johannes von Kronstadt, des Rektors der Theologischen Akademie und Beichtvaters der Zarenfamilie, Archimandrit Teofan, des Bischoffs Hermogen und des Mönchs Iliodor. Offensichtlich ging es den Vertretern des Klerus darum, über den «Mann aus dem Volke» ihren Einfluss auf die Regierungskreise zu erhöhen. Bald wurde der «Starez» («der

Alte›) wie man Grigorij Rasputin auch nannte, der Mönch mit dem exotischen Äußeren – hagere, hochgewachsene Gestalt, lange Hände, dichter, ungepflegter Bart, tiefsitzende, hypnotische Augen – und seiner wirren, kryptischen, von Bibelzitaten wimmelnden Redeweise auch in den feinsten Salons von St. Petersburg wohlwollend aufgenommen. Der Höhepunkt seines Erfolgs war jedoch der Einzug in Zarskoje Selo.

Von dem ersten, länger als eine Stunde dauernden Gespräch mit Rasputin im Oktober 1906 war der Zar schwer beeindruckt und empfahl den «Gottesmann», der ihn und seine Gattin in bäuerlicher Schlichtheit einfach duzte und «Papa» und «Mama» nannte, der Aufmerksamkeit seines damals noch von ihm favorisierten Ministerpräsidenten und Innenministers Pjotr Stolypin. Dieser war kurz zuvor einem anarchistischen Bombenanschlag auf sein Haus knapp entkommen, während seine Tochter Natalia schwer verletzt worden war. Nun ließ Nikolaj dem Regierungschef Rasputins Wunsch ausrichten: «Er hat das dringende Bedürfnis, Sie zu sehen und Ihre verletzte Tochter mit einer Ikone zu segnen. Ich hoffe sehr, dass Sie eine Minute Zeit haben, ihn in dieser Woche zu empfangen.»[49]

In den darauffolgenden Jahren zeugten Nikolajs kurze Tagebucheintragungen von dem häufigen, ja, regelmäßigen Kontakt zu Rasputin. Die Begegnungen fanden zunächst im Palast und dann – womöglich aus Gründen der Diskretion – immer öfter am Rand von Zarskoje Selo in dem kleinen Haus statt, das die Zarin ihrer jungen Hofdame und engen Vertrauten Anna Wyrubowa[50] zur Verfügung gestellt hatte. «Kam 6.30 in Peterhof an. Zu dieser Zeit sprach Alix mit Grigorij, den ich ebenfalls eine halbe Stunde traf.» – «Wir machten eine Ausfahrt und schauten bei Anja [Wyrubowa] vorbei. Wir trafen Grigorij und sprachen lange miteinander.» – «Ich ging zu Anja W., wo ich Grigorij traf. Wir illuminierten gemeinsam den Weihnachtsbaum. Es war sehr angenehm.» – «Um 6 Uhr kamen der Archimandrit Teofan und Grigorij zu Besuch. Dieser sah auch die Kinder.» – «Bis zum Abendessen gelesen. Abends langes Gespräch mit Grigorij.» – «Um 6 Uhr kam [der Außenminister] Iswolskij zu mir. Nach dem Abendessen habe ich gelesen. Grigorij war bei uns.»

Die Themen dieser meist abendlichen Gespräche verrät das Tagebuch mit keiner Silbe. Eindeutig erscheint hingegen der integrierte Status, den der Starez mit seiner zwischen Familie, Freundeskreis und Politik sich bewegenden Anwesenheit genoss. Offensichtlich nahm er bereits in dieser Frühphase eine Art geistiger Beschützerfunktion wahr. Als der Zar im Juli 1907 mit der «Standard» nach Swinemünde fuhr, um die heikle Beziehung zu seinem Cousin Wilhelm zu regeln, schickte ihm die liebende Gattin Beruhigendes nach: «Ich hoffe sehr, dass alles reibungslos verläuft, ohne Probleme und unerfreuliche Gespräche. Grigorij wacht über diese Reise, und alles wird gut gehen.» Wichtiger jedoch erscheint die unkomplizierte, von höfischen Konventionen freie Kommunikation, in der immer wieder von dem Zarewitsch Alexej gesprochen wurde – ohne die durch den Rang der Eltern ansonsten gebotene Geheimnistuerei. Vor allem für die aus Sorge über den Zustand des Sohnes erkrankte Mutter bedeutete jedes Treffen mit dem Starez eine konstante Gesprächstherapie, eine seelische Droge, von der sie zunehmend abhängiger wurde. Unumkehrbar wurde dieser Prozess schließlich mit Rasputins erster Wundertat.

Im Herbst 1907 verletzte sich der Zarewitsch beim Laufen im Schlosspark am Bein. Es kam zu einer inneren Blutung. Die Schwester des Zaren, Großfürstin Olga, schilderte in einem Interview dem kanadischen Journalisten Jan Vorres kurz vor ihrem Tod 1960 die dramatische Situation: «Das arme Kind lag da, der kleine Körper gekrümmt vor Schmerz, das Bein schrecklich geschwollen, unter den Augen dunkle Ränder. Die Ärzte waren schlicht nutzlos. Sie schauten angstvoller als wir und flüsterten ständig miteinander. Es gab anscheinend nichts, was sie tun konnten, und es vergingen Stunden, bis sie alle Hoffnung aufgaben. Nun sandte Alix eine Nachricht an Rasputin nach Petersburg.» Gegen Mitternacht wurde dieser über eine Hintertreppe ins Schlafzimmer des Thronfolgers geführt. Großfürstin Olga hatte sich auf Anraten von Alix bereits in ihre Gemächer zurückgezogen. Am nächsten Morgen traf sie auf einen offenbar völlig gesunden Zarewitsch. Die überglückliche Mutter berichtete ihr, Rasputin habe «das Kind nicht einmal berührt, sondern nur am Fußende des Bettes gestanden und gebetet». Alle Augenzeugen – Hofdamen, Ammen und Palastkommandant Wojejkow – glaubten, auch wenn sie die Einzelheiten unterschiedlich in Erinnerung behalten hatten, an ein Wunder. Von diesem schrecklichen Abend an war Grigorij für die Zarin ein heiliger Wundertäter.

Selbstverständlich gab und gibt es bis heute Versuche, den Heilerfolg des Starez, der sich später noch einige Male wiederholen sollte, mit reinen Zufällen, schlauen Tricks oder Hypnose zu erklären. Man sprach auch davon, dass Rasputin immer in der Phase des Krankheitsverlaufs erschienen sei, in der die Symptome auch ohne seine Hilfe nachgelassen hätten. So oder so, er handelte in einem von tiefer Religiosität[51] und Mystizismus geprägten Umfeld, in einem Land voller apokalyptischer Vorahnungen und chiliastischer Zukunftserwartungen.

Nebenbei sei bemerkt, dass die Großfürstin Olga, die in dieser Zeit praktisch jeden Tag mit Bruder und Schwägerin verbrachte, trotz aller Vermittlungsversuche keine Sympathien für den von Alix verehrten Grigorij hegte. «Sicherlich war ich beeindruckt von der Szene im Kinderzimmer, ich nahm dem Mann seine Aufrichtigkeit ab. Aber leider konnte ich mich nie dazu überwinden, ihn zu mögen», gestand sie fast fünfzig Jahre später ihrem Interviewpartner. Während einer abendlichen Teerunde begann Rasputin sie «mit den aufdringlichsten Fragen zu belästigen: Ob ich glücklich sei? Ob ich meinen Mann liebe? Warum ich keine Kinder habe?[52] Er hatte nicht das Recht, derartige Fragen zu stellen (…). Nikolaj und Alix schauten ziemlich peinlich berührt drein.» In der Tat konnte der Zar, der «erste Adelige des Landes», den seine Zeitgenossen als den wohlerzogensten Mann Russlands rühmten, diese bäuerlich-rohe Anmache kaum akzeptabel finden.

Dennoch wollte die Zarin den befreundeten Offizier ihrer Jacht «Standard», Nikolaj Sablin, überreden, den heiligen Mann in St. Petersburg zu besuchen und seinen Segen zu erbitten. Allerdings konnte der schnittige Flottenoffizier der Persönlichkeit des Starez nichts abgewinnen. Zwar wusste er, dass die Zarin in Rasputin den Retter ihres Kindes sah und an ihm festhielt «wie ein Ertrinkender an jedem Strohhalm», doch Sablin fand den Gottesmann mit seinem ungepflegten Äußeren geradezu abstoßend. Immerhin versuchte er Grigorij eines Besseren zu belehren, indem er ihm von allzu häufigen Visiten bei den Majestäten abriet. Alles in allem sei er nicht berechtigt, Einladungen des Hofes «einzufordern» und sich womöglich aufzudrängen. Darauf antwortete Rasputin achselzuckend: «Wenn man für den Thronfolger beten muss, dann rufen sie mich, und wenn man nicht muss, rufen sie mich gar nicht.» Einige Jahre später, als die Familie ihren Urlaub wieder auf der Krim verbrachte, sorgte Sablin als dienstältester Offizier auf der «Standard» dafür, dass der Starez, der sich «zufällig» ebenfalls auf der Krim aufhielt, keine Möglichkeit erhielt, die Jacht zu besuchen. Dies tat er, um «der Verbreitung aller möglichen Gerüchte vorzubeugen». Leider kam diese edle und loyale Vorsichtsmaßnahme viel zu spät.

Nachdem Grigorij Rasputin im Schloss willkommen geheißen worden war, entstanden mit der Zeit besondere Beziehungen zwischen dem Starez und der Familie Romanow. Die fünf Kinder waren von dem langen Mönch, der liebevoll mit ihnen umging, besonders angetan und wechselten gelegentlich mit ihm auch Briefe. Der kleine Alexej titulierte ihn bei der ersten Begegnung mit der Anrede «Nowyj» (der Neue), und Grigorij bat daraufhin den Zaren, seinen ursprünglichen, in Sibirien häufig vorkommenden Familiennamen, der eine Assoziation zum Wort «rasputstwo» (Unzucht) erlaubte, ablegen zu dürfen, weil er sich lieber «Grigorij Nowyj» nennen wollte. Der Zar erteilte ihm die entsprechende Genehmigung. Später fanden die meisten Begegnungen im kleinen Haus der Hofdame Wyrubowa statt, die auch ansonsten für den Kontakt mit dem Starez zuständig war. Der Palast stand Rasputin vor allem dann offen, wenn sich Alexejs Zustand verschlechterte – so während einer erneuten starken Blutung im Herbst 1909. Außerdem reiste Grigorij immer wieder in seinen sibirischen Geburtsort Pokrowskoje, wo er für sich und seine Familie – er hatte eine Frau und zwei Töchter – ein neues Haus bauen ließ.

Was die intensive Beziehung zu ihrem Wohltäter betraf, so hatten weder Nikolaj noch Alexandra über die Tatsache nachgedacht, dass das Gebiet von Zarskoje Selo – das betraf das Schloss, den Park und sämtliche Nebengebäude – aus Sicherheitsgründen von niemandem unerkannt betreten und verlassen werden konnte. Sogar Großfürsten mussten sich vorher anmelden und wurden an sämtlichen Eingängen registriert. Noch schwieriger wog der Umstand, dass sich das Zarenpaar über Rasputins Situation in der Welt außerhalb des Palastes keineswegs im Klaren war. Inzwischen hatte sich der Starez nämlich durch seinen Aufstieg etliche Feinde gemacht, unter denen sich auch manche ehemalige Gönner befanden. Vielen war seine Nähe zum Thron ein Dorn im Auge; so zeigten sich zum Beispiel die montenegrinischen «schwarzen Frauen» samt ihren großfürstlichen Gatten beleidigt, die ihn seinerzeit an den Hof vermittelt hatten und von denen er sich seitdem fernhielt. Hohe kirchliche Kreise, die ihn ursprünglich gefördert hatten, um einen gehorsamen Fürsprecher im Winterpalais zu haben, wandten sich von ihm ab und bezichtigten ihn sogar, der als ketzerisch abgelehnten Geißlersekte der «Chlysten» anzugehören, deren Gottesdienste in exaltierte Tänze und sexuelle Ausschweifungen übergingen. Obwohl die diesbezüglichen kirchlichen Ermittlungen keine positiven Beweise erbrachten, blieb an Grigorij der diffuse Verdacht des Erotomanen und Säufers haften. Ganz unschuldig an diesen sicherlich übertriebenen Gerüchten war Rasputin allerdings nicht. So hatte er längst seine frühere Abstinenz aufgegeben und verachtete weder die Zuneigung seiner zahlreichen Verehrerinnen noch die bezahlten Liebesdienste der Prostituierten. Es war nur eine Frage der Zeit, wann das offene Geheimnis über die lasterhafte Lebensweise ihres Protegés auf die zaristischen Gönner zurückfallen würde.

Im Januar 1910 bat Wladimir, der Metropolit von Kiew, um eine dringende Audienz bei Großfürst Konstantin. Er erzählte ihm «von einem heiligen Narren namens Grigorij (…), der offenbar einen großen Einfluss auf den Haushalt der Zarin hat. Ich war etwas unangenehm überrascht», bemerkte Konstantin etwas scheinheilig, «dass der Metropolit ein Thema anspricht, das uns völlig fremd ist und bei dem sich äußerst schwer unterscheiden lässt, wo die Wahrheit endet und die Gerüchte beginnen.» Offenbar war die Großfürstin Xenia konkreter darüber unterrichtet, «was in Zarskoje Selo vor sich geht», als sie Mitte März über Rasputins Besuche in ihr Tagebuch schrieb: «Er ist ständig da, geht in die Kinderzimmer, treibt sich bei Olga und Tatjana herum, wenn sie ins Bett gehen, sitzt da und redet und *streichelt* sie sogar. Es ist einfach unglaublich, und man kann es gar nicht verstehen.»

Quelle dieser Information konnte nur die Gouvernante der Zarenkinder sein, Sofia Tjutschewa. Ihr war unangenehm aufgefallen, dass der Starez zur späten Abendstunde den Schlafraum der jungen Großfürstinnen betrat. Am nächsten Morgen erstattete sie pflichtgemäß der Zarin darüber Meldung. Alix, die inzwischen von der gegen Grigorij gerichteten Kampagne Kenntnis hatte, lehnte alles, was ihr zu Ohren kam, als Verleumdung ab als «das Werk finsterer Mächte, die Rasputin ins Unglück stürzen wollen». Wahrscheinlich auf Intervention der Zarin hin wurde die Gouvernante noch am selben Tag in das Arbeitszimmer des Zaren einbestellt. Das Gespräch schilderte Tjutschewa sieben Jahre später in ihrer Zeugenaussage vor der Außerordentlichen Kommission, die von der Provisorischen Regierung zur Aufdeckung der zaristischen «Regierungskriminalität» ins Leben gerufen worden war.

NIKOLAJ *Sofia Iwanowna, Sie können sich schon denken, weshalb ich Sie habe kommen lassen. Was geht in den Kinderzimmern vor?*

Daraufhin erzählte die Gouvernante von ihrem zufälligen Zusammentreffen mit Rasputin auf dem halbdunklen Korridor, der zu den Mädchenzimmern führte. Gleichzeitig spielte sie vorsichtig auf den umstrittenen Ruf Rasputins an.

NIKOLAJ *Sie glauben also auch nicht an die Heiligkeit Grigorijs?*
TJUTSCHEWA *Nein.*
NIKOLAJ *Und was, wenn ich Ihnen sage, dass ich all diese schwierigen Jahre nur dank seiner Gebete überstanden habe?*
TJUTSCHEWA *Überstanden haben Sie sie, Majestät, dank der Gebete des ganzen russischen Volkes.*
NIKOLAJ *Ich glaube nicht an diese Geschichten über Rasputin. Der Reine zieht stets den Schmutz auf sich.*

Mag sein, dass der Zar den Gerüchten über seinen Günstling nicht so gern Glauben schenken wollte, aber völlig ignorieren konnte er sie nicht. Darauf wies seine klare Instruktion hin, dem Starez jeden Zutritt in den Wohnbereich der Kinder, außer im Falle einer Notbehandlung Alexejs, strikt zu untersagen. Dabei ging es ihm nicht so sehr um den Wahrheitsgehalt des Gemunkels, sondern eher darum, dass der Schein gewahrt blieb. Tatsächlich brauchte man nur wenig Phantasie, um sich die taktvoll mitgeteilten Klatschgeschichten in ihrer groben Wirklichkeit auszumalen. Stadtweit kursierten obszöne Erzählungen über die hübschen jungen Großfürstinnen, noch halbe Kinder, wie sie vom Starez gebadet und in ihren schneeweißen Schlafhemden ins Bett geleitet würden. Schließlich kam das ungeheuerliche Gerücht auf, die Zarin selbst sei in eine Beziehung mit dem Erotomanen verwickelt. Obwohl keines dieser Märchen je verifiziert werden konnte, erfüllten sie die ihnen zugedachte Funktion: Die Geheimnisse des Palastes drohten sich zu einer Staatsaffäre auszuwachsen.

In den Jahren nach der Revolution von 1905 beschäftigte sich der Zar aller Reußen hauptsächlich mit privaten Angelegenheiten, so mit den morganatischen Ehen und unangenehmen Scheidungen seiner Familienmitglieder und, wie bereits geschildert, mit der skandalträchtigen Präsenz des sibirischen Bauernsohns in seinen Gemächern. Diesen Luxus konnte er sich erlauben, weil er mit Stolypin über einen herausragend begabten Premier verfügte, der zu glücklicheren Zeiten ein russischer Bismarck hätte werden können. Die zwei politischen Talente der späten Zarenzeit, Graf Witte und Pjotr Stolypin, hatten gemeinsam, dass beide den Thron und die Dynastie retten und eine Revolution verhindern wollten. Was aber der 1906 in Ungnade gefallene Witte mit Hilfe der konstitutionellen Monarchie und über bürgerliche Freiheiten erreichen wollte, meinte Stolypin durch hartes Durchgreifen schaffen zu können. «Zuerst Ordnung und erst dann Reformen», lautete seine Devise. Mit mehr als tausend Hinrichtungen,[53] drakonischen Gerichtsurteilen und Verbannungen gelang es ihm, den revolutionären Terrorismus wenn auch nie vollständig, so doch einigermaßen einzudämmen. Nun konnte er zum zweiten Teil seiner Agenda übergehen. Der Schwerpunkt der Politik des früheren Provinzgouverneurs lag auf agrarischem Gebiet. Er wollte die anachronistische Dorfgemeinschaft, die «Obschina», zerschlagen und die Bauern zu Eigentümern machen. In der Tat gelang es ihm, fast fünf Millionen Kolonisten in den Besitz von freien Parzellen zu bringen – dies allerdings vorwiegend in Russlands Wildem Osten, in Sibirien. Die Stimmung des Proletariats versuchte er durch den Aus-

Abb. 12: Premier Stolypin (1906–1911):
«Zuerst Ordnung und erst dann Reformen»

bau der Sozialversicherung aufzubessern. In der letzten Phase seiner Herrschaft wollte er noch die Gleichberechtigung der jüdischen Untertanen des Reichs durchsetzen. Er war zweifellos ein Mann von despotischem Charakter, aber nicht ohne Visionen. «Gebt dem Staat zwanzig Jahre inneren und äußeren Frieden, und ihr werdet Russland nicht wiedererkennen», hieß eines seiner oft zitierten geflügelten Worte, mit denen er sich an die Duma wandte.

Allerdings stießen seine Bemühungen von Anfang an auf mehrere Schwierigkeiten. Zwar gelang es ihm, die Duma im Juni 1907 putschartig aufzulösen und mittels manipulierter Neuwahlen durch ein neues, willigeres Parlament zu ersetzen, aber den Geist der Opposition konnte er nicht mehr vertreiben. Dies galt sowohl für die rechtsradikalen Monarchisten als auch für die linksliberalen und sozialistischen Fraktionen. Zudem war es nicht mehr möglich, die mit dem Manifest vom Oktober 1905 gewährte Pressefreiheit rückgängig zu machen. Besondere Probleme hatte der Ministerpräsident, der gleichzeitig das Amt des Innenministers bekleidete, mit der Inkompetenz und Korruption innerhalb des eigenen Staatsapparats, einschließlich seines Herzstücks, der allmächtigen Geheimpolizei Ochranka.

Diese mit enormen Finanzmitteln ausgestattete Behörde verfügte über unzählige Informanten und Agenten, die sowohl die innere Opposition als auch die im Exil lebenden Sozialisten beobachteten. Eine Besonderheit der Ochranka bestand darin, dass sie mit Vorliebe ehemalige Revolutionäre nicht nur als Spitzel beschäftigte, sondern ihnen eine gewisse Handlungsfreiheit und einigen sogar eine hauptamtliche Karriere ermöglichte.[54] Zu Stolypins Amtszeit flog dank der Bemühungen des sozialistischen Spitzeljägers Wladimir Burzew mit Hilfe von entlassenen Polizeichargen der Provokateur Evno Azef auf, der zwanzig Jahre lang als Polizeiagent parallel zu seinen Spionagediensten die Terrororganisation der Sozialrevolutionäre Partei geleitet hatte und, um seine Glaubwürdigkeit vor den Genossen zu wahren, maßgeblich an der Vorbereitung von Attentaten gegen das Regime beteiligt gewesen war. Sogar Stolypins allgemein anerkannten rhetorischen Fähigkeiten reichten nicht aus, dem Skandal die Spitze zu nehmen, indem er auf der Sitzung der Duma den «esprit de corps» seiner Gendarmen beschwor, an den er allerdings selbst nicht glaubte.

Nicht zuletzt erreichten ihn Informationen über Rasputins Doppelleben und dessen regen Verkehr mit der Zarenfamilie. Mit sicherheitspolitischen Bedenken wandte er sich im Februar 1910 direkt an den Herrscher und brachte einen Bericht der Heiligen Synode mit, in dem die Lebensweise des Starez verworfen wurde. Stolypins Tochter berichtete später, Nikolaj habe daraufhin gesagt: «Ich bin mit Ihnen ganz einverstanden, Pjotr Arkadjewitsch, aber zehn Rasputins sind besser als eine hysterische Herrscherin.» Damit entließ er seinen Minister in Gnade. Dieser wiederum ließ dem Starez ausrichten, er solle

St. Petersburg schleunigst verlassen und gab zugleich der Geheimpolizei die Instruktion, ihn zu observieren. Was darauf folgte, war typisch für die russischen Zustände und trug die Handschrift der Kamarilla, möglicherweise der in ihren tiefsten Gefühlen getroffenen Zarin selbst. Der Ukas über die Observation wurde nach kurzer Zeit aufgehoben, ohne dass man zuvor Stolypin als Innenminister davon unterrichtet hätte. Die Begegnungen des Zarenpaars mit Rasputin bei der Wyrubowa setzten sich fort. Schließlich legte man Grigorij die Vorteile einer Pilgerfahrt ins Heilige Land nahe und finanzierte die Reise aus undurchsichtiger Quelle. Belegt ist, dass sich Rasputin von März bis Juni 1911 in Palästina aufhielt. Der auf diese Weise beschwichtigte Premier hätte sogar zufrieden sein können, wäre ihm nicht deutlich gewesen, dass er, ähnlich wie sechs Jahre zuvor sein Vorgänger und Intimfeind Graf Witte, nun in Ungnade gefallen war. Er ahnte jedoch noch Schlimmeres und befürchtete einen Mordanschlag – nach zehn Attentaten, die er in der Vergangenheit überlebt hatte. Im engsten Kreise sagte er: «Ich werde getötet, und töten werden mich die Mitglieder meiner Leibwache.» Am 1. September 1911 wurde Pjotr Arkadjewitsch Stolypin ermordet.

Im Stadium des Verfalls vergolden sich überlebte Regimes besonders gern mit runden Jubiläen. Im Russland der letzten Vorkriegsjahre folgten drei solcher Ereignisse aufeinander: 1911 waren seit der Aufhebung der Leibeigenschaft 50 Jahre vergangen, 1912 war der 100. Jahrestag der Schlacht bei Borodino, und 1913 jährte sich zum 300. Mal der Herrschaftsantritt der Dynastie Romanow. Die zentralen Feierlichkeiten zum historischen Datum 1911 wurden nach Kiew verlegt, wo zu diesem Anlass ein Denkmal von Nikolajs Großvater, dem «Befreier-Zaren» Alexander II., enthüllt werden sollte. Rund um diesen pietätvollen Akt fanden wie gewöhnlich Volksfeste, Militärmanöver, Empfänge von Delegationen, Bankette, Feuerwerke und Konzerte statt. Für den 1. September war eine Theatervorstellung mit geladenen Gästen vorgesehen. Am nächsten Tag sollte eine Schifffahrt der Zarenfamilie in Begleitung einer ausgewählten Entourage auf dem Dnjepr bis in die Stadt Tschernigow starten, und am Ende der Feierlichkeiten wollten die Majestäten über Kiew zum Urlaub auf die Krim weiterreisen.

Während der Vorstellung von Rimskij-Korsakows, nach Puschkins Vorlage komponierten Oper «Das Märchen vom Zaren Saltan» saß der Zar mit seinen Töchtern Olga und Tatjana in der ersten Loge, während Ministerpräsident Stolypin, Hofminister Baron Friederichs und andere hohe Würdenträger in der ersten Reihe Platz nahmen. In der zweiten Pause verließen der Zar und seine Kinder die Loge. Stolypin stand im fast leeren Zuschauerraum, seitlich angelehnt an der Balustrade des Orchestergrabens, und unterhielt sich mit Friederichs. Plötzlich erschien ein Mann im schwarzen Frack und schoss mit einem Revolver zweimal aus nächster Nähe auf Stolypin. Als Nikolaj auf den verdächtigen Laut hin wieder die Loge betrat, sah er seinen Regierungschef: «Er wandte sich langsam zu mir», schrieb der Zar in einem Brief an seine Mutter Maria Fjodorowna, «und schlug mit seiner Linken das Kreuzzeichen in die Luft. Erst da bemerkte ich, dass er sehr bleich war und auf dem rechten Ärmel seines Jacketts Blutflecken hatte.» Dann sackte er zusammen und erlag einige Tage später in einer Kiewer Privatklinik seinen Verletzungen.

Attentate im Theater haben ihre eigene Dramaturgie. Als der junge Schauspieler John Booth im April 1864 während der Aufführung der Erfolgskomödie «Our American Cousin» Präsident Abraham Lincoln in seiner Loge mit einer Kugel erschoss, sprang er danach auf die Bühne und rief dem Publikum zu: «So ergeht es jedem Tyrannen.» Dann flüchtete er aus dem Tumult des Washingtoner Ford Theaters vor das Gebäude, wo die Kutsche seiner Mitverschwörer auf ihn wartete. Erst eine Woche später wurde Booth entdeckt und in einem Feuergefecht mit der Polizei getötet. Stolypins Mörder hingegen führte man gleich vor Ort ab und unterzog ihn in einem Kellerraum des Theaters einem ersten Verhör. Um Panik zu vermeiden, begann das Orchester die Hymne «Gott bewahre den Zaren» zu spielen, und das ganze Schauspielensemble sang mit. Danach verneigte sich Nikolaj vor dem Publikum und verließ mit seinen schluchzenden Töchtern das Theatergebäude.

Bei jedem politischen Mord tauchen zwei Fragen auf – nach dem Motiv und nach den Auftraggebern. Bei Booth war der Beweggrund eindeutig: Der Schauspieler gehörte zu den Parteigängern des Südens, der soeben den Bürgerkrieg gegen den Norden verloren hatte.

Ihm ging es vor allem um die Beibehaltung der Sklavenarbeit. In diesem Sinne ähnelte sein Attentat denen der russischen Terroristen, wenn auch mit umgekehrtem Vorzeichen: Es war ein pathetischer Gewaltakt gegen die Freiheit. Komplizierter war der Hintergrund: Lincolns Ermordung stellte das erste in einer Serie von ähnlichen – allerdings misslingenden – Attentaten dar, die, ebenso wie hundert Jahre später der Mord an US-Präsident John F. Kennedy, niemals ganz aufgeklärt werden konnten und zur Quelle buntester Verschwörungstheorien wurden.

Stolypins Mörder Dmitrij Bogrow handelte scheinbar ebenso edelidealistisch wie seinerzeit der polnische Revolutionär Ignacy Hryniewiecki, der 1881 den «Befreier-Zaren» umgebracht hatte. Bis zu seiner Hinrichtung hielt der russisch-jüdische Anarchist Bogrow an der Version fest, mit seiner Tat den Erzreaktionär Nummer eins bestrafen zu wollen. Allerdings war der junge Bürgersohn mit exzellenter Bildung Diener zweier Herren – Mitglied eines revolutionären Zirkels und bezahlter Agent der Kiewer Ochranka, von der er monatlich 150 Rubel Sold erhielt. Am Vorabend der Feierlichkeiten berichtete er dem Sicherheitschef Nikolaj Kuljabko, nach heutiger Terminologie sein Führungsoffizier, er habe Informationen über ein geplantes Attentat auf Stolypin, das er vereiteln könne. Daraufhin erhielt er mit Einverständnis von Kuljabkos Vorgesetzten eine offizielle Eintrittskarte in die Oper und durfte ungehindert eine Browning in den Zuschauersaal mitnehmen – sapienti sat.

Der dem Tod Geweihte kam gemeinsam mit seinem Stellvertreter, Finanzminister Wladimir Kokowzow, in Kiew an und hatte kein gutes Vorgefühl. Der Hof hatte ihm keine Equipage zur Verfügung gestellt, und auch auf dem Schiff nach Tschernigow mit der Zarenfamilie hatte man für ihn keinen Platz gefunden. Das einzige protokollarisch nennenswerte Ereignis, an dem er in Anwesenheit des Zaren teilnehmen durfte, war der Empfang einer Delegation Kiewer Juden, die Nikolaj eine Torah überreichte – eine Geste, die offenbar das antisemitische Image des Reiches abschwächen sollte. Am wichtigsten und merkwürdigsten war jedoch die Tatsache, dass der Premier, der seit dem Bombenattentat von 1906 aus Sicherheitsgründen im Winterpalais wohnen durfte, diesmal keine Leibwächter erhielt. Die einzige Schutzmaßnahme bestand darin, dass er am 31. August in einem geschlossenen Automobil durch die Stadt fuhr. Auf Kokowzows Frage, warum er bei einem so wunderschönen Wetter nicht im offenen Wagen reise, gab er zur Antwort: Man befürchte einen Anschlag auf ihn, den er aber ausgerechnet jetzt für unwahrscheinlich halte.

Zeitzeugen und Historiker haben immer wieder die Frage gestellt, warum der Attentäter Bogrow, der sich möglicherweise durch die Tat von seinem Ruf als Polizeiagent reinwaschen wollte, mit seinem Browning nicht den Zaren in der Loge erschoss – physisch wäre dies ebenso möglich gewesen wie der Schuss auf Stolypin, und für einen echten Terroristen wäre der Ruhm des Tyrannenmörders jedes Opfer wert gewesen. Es sei erlaubt, in diesem Kontext eine andere Frage zu stellen: Wieso nahmen Russlands höchste Polizeikräfte das Risiko in Kauf, durch die Anwesenheit einer mit anarchistischen Kreisen verbundenen Person potentiell das Leben des Herrschers zu gefährden? Anders gefragt: Wussten sie, dass Stolypin zur Zielscheibe der Browning ausersehen war?

Zum vollständigen Bild gehört die Tatsache, dass sich in jenen Tagen auch Grigorij Rasputin in Kiew aufhielt. Er soll sogar die Kutsche des Premiers gesehen und dabei die prophetischen Worte ausgerufen haben: «Der Tod ist hinter ihm! Der Tod ist hinter ihm!» Obwohl diese Szene eher in eine Mussorgskij-Oper à la «Boris Godunow» passt, hielt sie der Historiker Robert Massie für glaubhaft. Nach anderen Quellen handelte es sich nicht um eine der berühmten Voraussagen des Starez, sondern um den Beweis seiner Mitwisserschaft am Komplott. Jedenfalls ist in dieser Hinsicht vieles denkbar.

Erwähnenswert ist auch eine Veröffentlichung aus demselben Jahr, ein Pamphlet Rasputins mit dem Titel: «Die großen Tage der Feierlichkeiten in Kiew. Besuch der allerhöchsten Familie. Ein Engelsgruß!» Sicherlich hatte jemand das primitive Gekritzel sauber abgeschrieben und die von Grigorij verachtete Interpunktion eingefügt, dennoch ist die dünne Broschüre fast unleserlich, ein Sammelsurium von Dithyramben auf die Dynastie und Hasstiraden gegen die Juden, die angeblich «keine Gleichberechtigung» bräuchten. Letzteres kann man auch als Anspielung auf Stolypins Emanzipationsprojekt verstehen, aber weder dessen Name noch der Tod im Theater findet Erwähnung. Das ist auch kein Wunder: Die Datierung am Ende des Textes lautet «August 1911». Es war jedoch der 1. September, an dem Nikolaj II. sein fähigster Parteigänger abhanden kam. Und da der Attentäter mit der schizoiden Seele ein Jude war, wurden drei Kosakenregimenter mobilisiert, um zu verhindern, dass die «großen Tage» des allerhöchsten Besuchs in ein blutiges Pogrom übergingen.

Wir können nur mit Indizien hantieren. Zu ihnen gehört die anekdotenhafte Erinnerung von Stolypins Nachfolger Wladimir Kokowzow. Als frischgebackener Ministerpräsident fuhr er auf die Krim, um dem Zaren sein Staatskonzept zu erörtern, das im Grunde auf die Fortsetzung der Politik seines Vorgängers hinauslief. Der Herrscher zeigte sich zufrieden, dann aber wollte auch die Zarin mit Kokowzow unter vier Augen reden und hatte Verblüffendes mitzuteilen: «Ich bemerke, dass Sie immer noch Vergleiche zwischen sich und Stolypin anstellen. Sie scheinen seinem Andenken zu viel Ehre zu erweisen und seiner Tätigkeit und Persönlichkeit zu große Bedeutung zuzuschreiben. Glauben Sie mir: es darf einem um die, die nicht mehr sind, nicht leidtun (...) Ich bin überzeugt, dass Stolypin starb, um für Sie Platz zu machen und dass dies für Russland zum Besten ist.» Es gehört nicht viel Phantasie dazu sich vorzustellen, dass der unverhüllte Hass der Zarin gegenüber Stolypin durch dessen Einmischung in ihre exklusive Beziehung zum Starez ausgelöst worden war. Gleichzeitig war dieser Anfall von Ehrlichkeit ihr erster offener Versuch, sich in die große Politik einzumischen.

Der Skandal um Rasputin schwoll weiter an und bot täglich Nahrung für die Zeitungen. Man munkelte über eine Begegnung zwischen Grigorij und seinen früheren Gönnern, nunmehr Erzfeinden: dem Bischof Hermogen und dem Mönch Iliodor. In Anwesenheit mehrerer Zeugen sollen diese ihm die Leviten gelesen, Hermogen den «Gottesmann» gar mit einem metallenen Kreuz geschlagen haben. Ihre schwerste Beschuldigung lautete, Rasputin habe eine Liebesbeziehung mit der Zarin. Gleichzeitig stellte Iliodor eine öffentliche Anprangerung in Aussicht: Er selbst sei im Besitz einiger kompromittierender Dokumente, die er vor ein paar Jahren während eines Besuchs in Pokrowskoje gestohlen oder dem betrunkenen Starez entlockt habe, darunter intime Briefe von Alix und den Großfürstinnen an Rasputin. Obwohl der Presse eine Verbreitung dieser abgeschmackten Kolportage strikt untersagt wurde, war es nicht mehr möglich, den Deckel darauf zu halten. In der vornehmen Gesellschaft zirkulierte ein hektographierter Brief der Zarin, und es drohte ein Riesenskandal,[55] der sowohl der Enthüllung des Sittenverfalls am Hofe als auch der Befriedigung der unterdrückten sexuellen Phantasien der Gesellschaft gedient hätte.

Großfürstin Xenia, Nikolajs Schwester, notierte am 25. Januar 1912 verzweifelt in ihrem Tagebuch: «Die ganze Welt weiß schon Bescheid und redet über ihn. Schrecklich, was sie alles über ihn sagen, über Alix und das ganze Treiben in Zarskoje ...» Am Tag darauf: «Wegen der Konfiszierung bestimmter Zeitungen, die über Rasputin berichtet haben, wurde in der Duma ein Antrag eingebracht und einstimmig verabschiedet; werden die unglücklichen Minister jetzt Rede und Antwort stehen müssen? Es ist schrecklich!» Einzig die Betroffenen selbst verhielten sich völlig ungeniert. So lesen wir in Nikolajs Tagebuch vom 11. Februar 1912: «Um vier Uhr traf Grigorij ein, wir und die Kinder empfingen ihn in meinem Arbeitszimmer. Es war eine Wohltat, ihn zu sehen und ihn reden zu hören.»

Der konservative Vorsitzende der Duma, Michail Rodsjanko, bat zur Schadensbegrenzung um ein Privatgespräch bei Nikolajs Mutter, um mit ihrer Hilfe eine Audienz beim Zaren durchzusetzen.

Maria Fjodorowna *Ich habe gehört, dass Sie den Zaren wegen Rasputin ansprechen wollen. Tun Sie es nicht, es wird ihn nur betrüben, und glauben wird er ihnen sowieso nicht. Er ist so reinen Herzens, dass er nicht an das Böse zu glauben vermag.*

Rodsjanko *Es ist meine Pflicht zu sprechen, meinen Zaren zu informieren. Die Angelegenheit ist zu gravierend und die möglichen Folgen sind zu gefährlich.*

Maria Fjodorowna *Ist es wirklich schon so weit gekommen?*

Rodsjanko *Eure Majestät, die Dynastie steht auf dem Spiel. Und wir Monarchisten können nicht länger schweigen. Ich erlaube mir, Sie untertänigst um Ihren Segen zu bitten.*

Maria Fjodorowna *Der Herr segne Sie. Aber verletzen Sie ihn nicht zu sehr.*

Einige Tage später suchte die verwitwete Zarin ihren Sohn und die Schwiegertochter in Zarskoje Selo auf. Xenia berichtete über das Gespräch: «Mama ist sehr froh, dass sie kein Blatt vor den Mund genommen hat. Jetzt haben sie es gehört und wissen, was allgemein geredet wird. Alix nahm allerdings Rasputin in Schutz und sagte, er sei jemand ganz Außergewöhnliches und Mama solle ihn erst einmal kennenlernen (...) Mama riet, jetzt, da die Duma auf eine Antwort warte, sollten sie ihn lieber fortschicken, worauf Nicky entgegnete, er wisse nicht, wie er das anstellen solle, während Alix sich auf den Standpunkt stellte, sie könnten nicht nachgeben.» Auch andere Interventionen halfen nicht. In einem Gespräch mit der zweiten Schwester des Zaren, Olga Alexandrowna, sagte Alix, «auf Grigorij angesprochen, sie müsse einfach an ihn glauben, da sie ja sehe, dass es dem Jungen besser gehe, sobald er in seiner Nähe sei oder für ihn bete».

Normalerweise benahm sich der damals achtjährige Zarewitsch wie jedes gesunde Kind – er kümmerte sich nicht um die Vorschriften der Etikette. Die Gattin des Großfürsten Konstantin war bei einem Mittagsmahl von Alexejs Benehmen peinlich berührt: «Er saß nicht gerade bei Tisch, aß unmanierlich, leckte seinen Teller ab und hänselte die anderen. Der Zar wandte sich häufig ab, vielleicht um nicht einschreiten zu müssen, während die Zarin ihre älteste Tochter Olga, die neben ihrem Bruder saß, rügte, dass sie ihn nicht in Schranken hielt. Aber Olga wird nicht fertig mit ihm.» Mutter, Vater und Schwester schonten den Kleinen und waren heilfroh, wenn sich keine Symptome der furchtbaren Krankheit zeigten. Denn jederzeit konnte es zu einem neuen Anfall kommen, und Rasputin war in den Augen der Eltern unentbehrlich.

Im September 1912, nach den anstrengenden Gedenktagen zum 100. Jubiläum des russischen Sieges über Napoleon, war die Familie Romanow auf dem Weg in den Urlaub. Der Weg zu ihrem Reiseziel, dem Jagdschloss Spala (heute Polen), führte über Beloweschskaja Puschtscha (heute Belarus), einen der wenigen erhalten gebliebenen europäischen Urwälder.[56] Noch in Belowesch verletzte sich Alexej am Bein und geriet dadurch in die tiefste Krise seines jungen Lebens. Die inneren Blutungen in Leistengegend und Magen hielten auch in Spala noch an, das Fieber stieg manchmal auf über 40 Grad, und die ratlosen Ärzte wähnten den kleinen Patienten in Todesnähe. Auch das Kind wünschte sich den Tod als Erlösung von seinem Leiden. Zum ersten Mal wurde ein offizielles Bulletin an die Presse gegeben, das so formuliert war, dass die Öffentlichkeit auf das Schlimmste vorbereitet wurde. Die schlaflosen und verzweifelten Eltern sahen sich bei alledem gezwungen, das Programm der ganzen Hofhaltung einzuhalten. Die Großfürstinnen Maria und Anastasia, so erinnerte sich der Hauslehrer Gilliard, führten im Speisesaal zwei kurze Szenen aus dem «Bourgeois Gentilhomme» von Molière auf, während die Diener dem Publikum Erfrischungsgetränke servierten. «Der Zar ließ sich seine Besorgnis nicht anmerken und frönte auch weiterhin seiner Jagdleidenschaft, und jeden Tag gab es die üblichen Abendgesellschaften mit zahlreichen Gästen.»

Am 5. Oktober ließ Alix ihre Freundin Anja nach Pokrowskoje telegrafieren, um «Rasputin zu bitten, er möge für den Jungen beten». Bald schon erhielten die Eltern die Antwortdepesche: «Der Kleine wird nicht sterben. Die Ärzte sollen ihn mehr in Ruhe lassen.» In den darauffolgenden Tagen begann eine langsame Besserung, auch wenn diesmal die völlige Genesung Monate in Anspruch nahm. Nikolaj und Alix war es unter solchen Bedingungen einfach unmöglich, nicht an Wunder zu glauben: Angesichts des Zustands ihres Sohnes konnten sie nur auf die übernatürliche Kraft des Gebets hoffen. Diese Hoffnung erwies sich als stärker als alle Argumente der Dynastie, der Staatsduma und der Presse zusammen.

Der Starez lebte damals zwischen Pokrowskoje und St. Petersburg unter strengster polizeilicher Observation. Kein Tag verlief unbemerkt, kein Bordellbesuch oder Saufgelage blieb ungesehen. Diesmal galt die «fürsorgliche Belagerung» aber auch seinem Schutz – Mordversuche waren nicht mehr auszuschließen. Am 29. Juni 1914 wurde Rasputin von Hionija Gussewa, einer ehemaligen Verehrerin, in Pokrowskoje mit einem Messer niedergestochen und nur durch eine rasche Operation gerettet. Auftraggeber soll angeblich der Mönch Iliodor gewesen sein. Doch die Nachricht vom Attentat, die von vielen erleichtert, vom Zarenpaar jedoch angstvoll aufgenommen wurde, büßte angesichts eines anderen Ereignisses an Sensationswert ein. Einen Tag zuvor, am 28. Juni, hatte der junge serbische Nationalist

Ein Exemplar 4 Heller.
15. Jahrgang. Nr. 5203.

Illustrierte
Kronen Zeitung

Monatlich Krone 1.20
mit Zustellung ins Haus.

Wien, Montag, den 29. Juni 1914.
Redaktion: Wien, IX/1. Canisiusgasse 28.

Administration:
Stadtbureau:

Provinz-Abonnement
vierteljährlich Kronen

Die Katastrophe von Sarajewo.

Attentat auf Erzherzog Franz Ferdinand und Herzogin von Hohenberg.

Mit Bombe und Browning.

Der Thronfolger und seine Gemalin ermordet.

Zwei Attentate.

Dem ersten entkommen, dem zweiten erlegen.

Die Attentäter verhaftet.

Von der empörten Menge blutig zugerichtet.

Rückkehr des Kaisers.

Abb. 13: Attentat von Sarajewo, Sonderausgabe der Wiener «Kronen-Zeitung»

Gavrilo Princip in Sarajevo während eines Militärmanövers der k. u. k. Armee in Bosnien den österreich-ungarischen Thronfolger, Erzherzog Franz Ferdinand und seine Gemahlin Sophie Gräfin Chotek, mit einer Pistole getötet.

Kapitel 8

Der Zar in der Julikrise

Das Sommerloch 1914 verbrachten viele Politiker, Heerführer, Regierungschefs, Großfürsten und gekrönte Häupter im Urlaub. Das Attentat von Sarajevo wurde von allen wahrgenommen und mit Bestürzung aufgenommen, ohne dass diese Nachricht auch nur annähernd mit der Aussicht eines bevorstehenden Krieges assoziiert gewesen wäre. Dennoch war mit diesem Ereignis die Zeit der Ruhe schlagartig vorbei.

Wilhelm II. befand sich an Bord seiner Jacht «Hohenzollern» auf der Kieler Woche, als am Nachmittag ein Offizier im Motorboot erschien und ihm eine Depesche über das Geschehene überreichte. Als erste Reaktion sagte er das Rennen ab und sandte ein Beileidstelegramm an Kaiser Franz Joseph in Wien. Der britische König Georg V. notierte in seinem Tagebuch: «Eine schreckliche Erschütterung für den lieben alten Kaiser», ging aber dann sofort zur Tagesordnung über, denn er hatte andere Sorgen. Das katholische Irland wollte seine staatliche Unabhängigkeit und war offenbar bereit, diese auch mittels eines Bürgerkriegs durchzusetzen.

Dem Herrscher Österreich-Ungarns werden zweierlei Reaktionen auf das Ereignis von Sarajevo zugeschrieben. Als ihm der Generaladjutant Eduard Graf Paar die Nachricht in der Sommerresidenz Bad Ischl nach dem Mittagessen auf einem Tablett übergab, soll der alte Herr der einen Version zufolge kurz angebunden gesagt haben: «Dann ist eben Krieg!», was keineswegs heißen muss, dass er an einen Weltkrieg dachte. Die zweite Variante klang kryptisch-philosophisch: «Eine höhere Macht hat wieder jene Ordnung hergestellt, die ich leider nicht zu erhalten vermochte.» Konkret handelte es sich um den

Konflikt mit seinem Neffen und Thronfolger, der seinerzeit die Sünde begangen hatte, die «einfache», also im Rang nicht ebenbürtige Gräfin Chotek geheiratet zu haben. Daraus hatte sich die Schwierigkeit ergeben, dass die Gattin Franz Ferdinands auf keinen Fall als Kaiserin hätte akzeptiert werden können. Jetzt, in der Todesstunde des ungeliebten Nachfolgers, wurde «die Ordnung hergestellt», da der nun folgende natürliche Thronerbe, der junge Erzherzog Karl, über einen einwandfreien Stammbaum verfügte. Vom Inhalt her erscheint damit der längere Satz, den man dem alten Kaiser in den Mund geschoben hat, wesentlich glaubhafter.

Die Distanz der Dynastie zu ihrem letzten bedeutenden Vertreter, der sich immerhin über den Zusammenhalt des Reiches noch Gedanken gemacht hatte,[57] entsprach dem habsburgischen Formalismus. Die von Franz Joseph zur Herzogin ernannte Sophie durfte nicht mit in die Kaisergruft, der Erzherzog hatte jedoch den Wunsch geäußert, mit ihr in einem Grab zu liegen. So entschied man sich als gemeinsame Ruhestätte für das Familienschloss der Chotek-Hohenbergs in Artstetten. Zuvor aber fand die Einsegnung in der Wiener Hofburg-Kapelle statt. Selbst bei diesem «Begräbnis dritter Klasse», so nannte es der Autor Bruno Adler, achtete man auf die Hierarchie: «Der Sarg der Herzogin muss einige Stufen tiefer stehen als der Franz Ferdinands.» Der Sekretär des Verblichenen, Nikitsch Boulles von Estenau, beobachtete den Kaiser während der Zeremonie und registrierte: «Nicht die geringste Spur von Ergriffenheit oder Trauer war in diesen steinernen Zügen zu lesen. (...) Als ihm dann seitens des Zeremonienmeisters das Ende der Einsegnungsfeierlichkeit gemeldet wurde, wandte er sich in seiner typisch raschen Weise um und verließ die Kirche, ohne auch nur mehr einen Blick auf die beiden Särge geworfen zu haben.» Fügen wir hinzu: Er beeilte sich nach Bad Ischl zu fahren, um seinen abgebrochenen Urlaub fortzusetzen.[58]

Die Zarenfamilie, gerade von der Krim zurück, war in gemütlicher Stimmung. Zuvor hatte sie auf der «Standard» Mitte Juni 1914 dem rumänischen König Carol I. und seiner Familie eine kurze Visite in Constanza gewährt. Dieser Besuch hatte gleichzeitig protokollarischen, politischen und geheimdiplomatischen Charakter. Neben den üblichen Empfängen, Gottesdiensten und Mittagessen mit Trinksprüchen sowie dem Konzert eines rumänischen Orchesters führte die staatliche Abordnung mit Außenminister Sasonow an der Spitze Verhandlungen mit Rumäniens Premier Bratianu. Es wurde sogar eine gemeinsame Autofahrt in die Karpaten unternommen.[59] Das geheimdiplomatische Ziel war diesmal besonders delikater Art: Man plante eine mögliche Heirat der neunzehnjährigen Großfürstin Olga mit dem rumänischen Prinzen und späteren König Carol II. (von Hohenzollern-Sigmaringen) – eine Herzensangelegenheit von Sasonow, der dadurch das Karpatenland enger an das Russische Reich zu binden gedachte. Der Ehebund scheiterte vermutlich an Olgas Unwillen – sie träumte von einer Liebesehe, wie es sie zwischen ihren Eltern gab, und hatte nicht den Wunsch, Russland zu verlassen. Weder der Zar noch die Zarin bedrängten sie. Kaum in Zarskoje Selo angekommen, erhielten sie die Information von der Ermordung des österreichischen Thronfolgers. «Diese Nachricht», schrieb später die Hofdame Sophie Buxhoeveden, «hat die Zarenfamilie tief erschüttert und schockiert, aber am Anfang hat niemand vorausgeahnt, dass darauf so tragische Ereignisse erfolgen sollten. Alle bereiteten sich auf den Besuch des französischen Präsidenten Raymond Poincaré vor und waren überzeugt, dass die balkanische Frage ohne Russlands Beteiligung geregelt wird. Die Herrscherin plante schon, den Herbst auf der Krim zu verbringen, und begann auch Gäste einzuladen.»

In diesem Sommer hielten sich mehrere Mitglieder des Hauses Romanow bei Verwandten auf oder waren in den Ferien. Die verwitwete Zarin Maria Fjodorowna war zu Gast in London bei ihrer Schwester Alexandra von Dänemark, Witwe des 1910 verstorbenen Königs Edward VII. Vom Marlborough House aus, wo sie wohnte, nahm sie ein ausgedehntes Kulturprogramm wahr. Sie besuchte verschiedene Theater – Maeterlincks «Monna Vanna» war der Saisonerfolg –, besichtigte Kunstausstellungen, wobei sie die Bilder «zu modern» fand, und ging manchmal auf Einkaufstour. So erwarb sie am 27. Juni eine Brosche, «sehr teuer, aber ungewöhnlich schön, einem Diadem ähnlich». Am Sonntag, dem 28., war sie im Buckingham Palace zum Frühstück eingeladen. Von dort kehrte Maria Fjodorowna erschöpft um vier Uhr am Nachmittag ins Marlborough House zurück. «Während des Teetrinkens kam die furchtbare Nachricht: In Bosnien sind Erz-

Abb. 14: Der französische Präsident Poincaré mit Nikolaj II., St. Petersburg, Juli 1914

herzog Franz Ferdinand und seine Frau ermordet worden. Was für eine Grausamkeit! Gott sei Dank waren die beiden zusammen, als sie starben.» Ohne weiteren Kommentar fuhr die alte Dame fort: «Um sieben Uhr fuhren wir zum Diner in das Königsschloss», wo sie auch auf Graf Benckendorf traf, den russischen Botschafter. «Wenig später erschien auch Schaljapin, der hervorragend gesungen hat.»

Zur selben Zeit verbrachten Xenia, die Tochter der verwitweten Zarin, und ihr Ehemann Sandro ihre Ferien in der britischen Hauptstadt. Sandro bestätigte in seinen Memoiren: «Gerüchte über einen Krieg schienen uns allen ganz unwahrscheinlich.» Er war der einzige unter den hochrangigen Touristen,[60] der als militärisch gebildeter Mensch Böses ahnte: «Ich beeilte mich, zurück nach Russland zu kommen, aber sie wollten nicht mit mir in den Orient-Express steigen und versuchten mich zu überzeugen, dass es keinen Krieg geben würde.» Er selbst verließ England bereits am 26. Juli, Maria Fjodorowna hingegen trat trotz wiederholter Warnungen des russischen Botschafters erst am 2. August die Heimreise an. Die Rückfahrt für die noblen Reisenden und ihr Dienstpersonal geriet zu einer demütigenden Odyssee. Auf deutschem Gebiet ließ man sie nicht weiterreisen und hielt sie zeitweise in einem Hotel fest. Unterwegs wurden sie von kriegsbegeisterten Deutschen angepöbelt, und erst nach langen Umwegen über Dänemark und Schweden trafen sie in St. Petersburg ein. Doch selbst diese hindernisreiche Heimkehr hatten sie nur ihrem hohen Rang und guten Kontakten zu verdanken, denn gewöhnliche Sterbliche aus einem Land des gegnerischen Lagers riskierten mitunter bis zu vier Jahre Internierung.

Der Empfang des französischen Staatspräsidenten Raymond Poincaré durch den Zaren war präzise vorausgeplant worden. Laut Drehbuch sollte das russische Kriegsschiff «Alexandria» am Peterhofer Hafen auf den Kreuzer «France» warten. Es blieben noch etwa zwei Stunden bis zur Ankunft der Gäste – genug Zeit zum Mittagessen. Dem französischen Botschafter Maurice Paléologue, der neben Außenminister Sasonow saß, gelang es dabei, ein kurzes Gespräch mit dem in Admiralsuniform erscheinenden Zaren zu führen.

NIKOLAJ *Ich habe gehört, Sie seien wegen Deutschlands Absichten beunruhigt.*

PALÉOLOGUE *Ja, Majestät, ich bin beunruhigt, obwohl ich keinen besonderen Grund habe, einen bevorstehenden Krieg vorauszusehen. Aber Kaiser Wilhelm und seine Regierung haben in Deutschland eine solche Stimmung geschaffen, dass er weder einen Rückzieher machen noch verhandeln kann, wenn irgendwo in Marokko, im Osten oder sonstwo ein Konflikt entsteht.*

NIKOLAJ *Ich kann nicht glauben, dass Wilhelm Krieg will. Wenn Sie ihn so gut kennen würden wie ich! Dann wüssten Sie, mit wie viel Heuchelei dieser Eindruck zustande kommt!*

PALÉOLOGUE *Aber wenn Krieg droht, ob er ihn wohl verhindern will oder kann? Ehrlich gesagt, Majestät, ich glaube das nicht.*

NIKOLAJ *Umso wichtiger ist es, dass wir im Ernstfall auch auf die Eng-*

länder zählen können. Wenn Deutschland nicht völlig den Verstand verliert, wagt es niemals, das verbündete Russland, Frankreich und England anzugreifen.

Dieser Dialog fand drei Wochen nach dem Attentat von Sarajevo statt, mitten in der sogenannten Julikrise, in der es zunächst um einen Konflikt zwischen der österreich-ungarischen Monarchie und dem Königreich Serbien ging. Wien forderte – durchaus zu Recht – die Untersuchung möglicher Kontakte der Verschwörer zur Belgrader Geheimorganisation «Schwarze Hand» und zu serbischen Politikern. Das mit der Forderung einhergehende Bedrohungspotential bestand darin, dass der südslawische Staat über exklusive Beziehungen zu Russland verfügte, und hätte die Doppelmonarchie versucht, ihren Ansprüchen ultimativ Geltung zu verschaffen, dann wäre sie zumindest auf St. Petersburgs Unwillen gestoßen. In diesem Fall brauchte Wien Rückendeckung durch das Deutsche Reich, seinen langjährigen Verbündeten. Berlins direktes Eingreifen hätte allerdings eine deutsch-russische Konfrontation ausgelöst. Russland wiederum war mit Frankreich und Großbritannien in der Triple Entente verbunden, die im Fall eines Angriffs von dritter Seite die Mobilmachung bei den Partnern als verbindlich ansah. In dieser Verflechtung gemeinsamer und individueller Interessen blieb nur noch die Frage offen, ob die führenden Staaten des Kontinents den Tod von Franz Ferdinand und Sophie Chotek als geeigneten Anlass betrachteten, um alte Rechnungen zu begleichen. Schließlich waren mehrere solcher Anlässe – etwa Bosniens Annexion durch Österreich oder die beiden Balkankriege – ungenutzt geblieben.

In dem teils öffentlichen, teils topgeheimen simultanen Schachspiel der Diplomaten, Regierungschefs, Generalstäbe sowie der durch die Presse fanatisierten jeweiligen Zivilgesellschaften wurde Europas Monarchen, ob sie nun einer konstitutionellen Verfasstheit angehörten oder Alleinherrscher waren, eine eher nachgeordnete Rolle zugewiesen. Anfang Juli waren sie noch Teil der Hinhaltetaktik und hüteten sich vor allzu verbindlichen Äußerungen. Selbst der ansonsten militant auftretende Wilhelm erklärte am 6. Juli: «An große kriegerische Verwicklungen glaube ich nicht. Der Zar wird sich nicht auf die

Seite der Prinzenmörder stellen. Außerdem sind weder Russland noch Frankreich zum Krieg bereit. Um keine Beunruhigung zu schaffen, werde ich auf Rat des Reichskanzlers die Nordlandreise antreten.» In der Tat bestieg er am nächsten Morgen mit der gewöhnlichen Entourage sein Schiff «Hohenzollern» und begab sich wie jedes Jahr in die von ihm so bewunderten norwegischen Fjorde. Seine Sommerfahrt sollte einerseits der Öffentlichkeit Sicherheit suggerieren, andererseits entsprach sie dem Ziel von Kanzler Bethmann-Hollweg, ihn vom direkten Entscheidungsprozess diskret fernzuhalten.

Dies gelang auch tatsächlich: Ermuntert durch den deutschen Verbündeten, verfasste die Wiener Diplomatie ein Ultimatum an die serbische Regierung. Unter anderem enthielt es die Forderung, österreichische Behörden auf serbischem Gebiet an den Ermittlungen zu den Hintergründen des Attentats zu beteiligen, was einer offenen Verletzung von Serbiens Souveränität gleichkam. Der Text lag fertig vor und war auch von deutscher Seite abgesegnet worden. Mit der Veröffentlichung wartete man jedoch, bis der französische Präsident Poincaré aus St. Petersburg wieder abgereist war, damit Russland und Frankreich nicht stante pede ihr gemeinsames Vorgehen koordinieren konnten. Am 23. Juli überreichte der Belgrader Botschafter der Doppelmonarchie dem serbischen Regierungschef Nikola Pašić die unannehmbare Forderung[61] und versah sie mit einer Beantwortungsfrist von 48 Stunden. Pašić antwortete am 25. Juli, eine Stunde vor Ablauf der Frist, mit einer mehr als versöhnlichen Note, in der zehn Punkte der Österreicher angenommen und lediglich zwei, die mit der serbischen Verfassung und dem Strafgesetzbuch unvereinbar erschienen, in höflichster Form abgelehnt wurden. Tatsächlich hatte die k. u. k. Botschaft bereits Tage zuvor ihr Archiv evakuiert, und in der Stunde der Begegnung beider Diplomaten stand am Belgrader Bahnhof der abfahrbereite Sonderzug, mit dem das Personal Serbien verlassen sollte.

Merkwürdigerweise fand Kaiser Wilhelm auf seiner «Hohenzollern», von der aus er konstante Funk- und Telegramm-Verbindung mit dem Festland hielt, die serbische Antwort zufriedenstellend und war von ihr angetan. Jedenfalls notierte er an den Rand der serbischen Note: «Brillante Leistung für eine Frist von bloß achtundvierzig Stunden! Das ist mehr als man erwarten konnte! Ein großer moralischer Erfolg für Wien; aber damit fällt jeder Kriegsgrund fort, und Giesl hätte ruhig in Belgrad bleiben sollen. Daraufhin hätte ich niemals Mobilmachung befohlen!» Vielleicht hat der Kaiser in einem nüchternen Moment seiner unruhigen Seelenregungen eingesehen, dass er wegen Serbien und Sarajevo nun doch nicht die Rolle des Kriegstreibers auf sich nehmen sollte. Nur: Die Randnotiz blieb rein privat und wurde niemals zielführend weitergeleitet. Ein anderer Urlauber, Franz Joseph in Bad Ischl, erhielt inzwischen die Falschinformation über einen angeblichen serbischen Angriff auf seine Armee und setzte daraufhin seine Unterschrift auf das von seinem Außenminister Graf Berchtold vorgelegte verhängnisvolle Stück Papier. Auf das serbische «Jein» folgte Wiens Mobilmachung, die Wilhelms Nordlandidylle ein jähes Ende setzte. Der österreichisch-serbische Krieg war damit eine vollendete Tatsache, und man hätte sich höchstens noch fragen können, ob man es nicht dabei belassen konnte.

An diesem Wendepunkt kam Reichskanzler Bethmann-Hollweg auf die Idee, die familiären Beziehungen der Cousins Wilhelm und Nikolaj diplomatisch zu verwerten. So entstand der berühmte Telegrammaustausch der beiden Souveräne, der nicht so sehr der wirklichen Entspannung und Abwehr der Katastrophe als vielmehr der Rechtfertigung der eigenen Handlungsweise und der Zuweisung von Verantwortung an den jeweils anderen diente. Sicherlich zeugten die zunächst mit der Hand und später mit der Schreibmaschine verfassten Depeschen nicht nur von der individuellen Schreibkunst ihrer Autoren. Hinter dem Kaiser stand wahrscheinlich Außenminister von Jagow, während dessen russischer Kollege Sasonow dem Zaren die Feder führte. In dieser völlig sinnlosen Korrespondenz standen Wilhelm und Nikolaj zum letzten Mal direkt in Kontakt.

WILHELM (28. JULI) *Eingedenk der herzlichen Freundschaft, die uns beide seit langer Zeit mit festem Band verbindet, setze ich (...) meinen ganzen Einfluss ein, um Österreich-Ungarn dazu zu bestimmen, eine offene und befriedigende Verständigung mit Russland anzustreben. Ich hoffe zuversichtlich, dass Du mich in meinen Bemühungen, alle Schwie-*

rigkeiten, die noch entstehen können, zu beseitigen, unterstützen wirst. Dein sehr aufrichtiger und Dir ergebener Freund und Vetter, Willy.
NIKOLAJ (28. JULI) *Ich bin erfreut, dass Du in Deutschland bist. In diesem so ernsten Augenblick bitte ich Dich, mir zu helfen. Ein schmählicher Krieg ist einem schwachen Land erklärt worden, die Entrüstung hierüber, die ich teile, ist in Russland ungeheuer. Ich sehe voraus, dass ich sehr bald dem Druck, der auf mich ausgeübt wird, nicht mehr werde widerstehen können und gezwungen sein werde, Maßregeln zu ergreifen, die zum Kriege führen. Um einem Unglück, wie es ein europäischer Krieg wäre, vorzubeugen, bitte ich Dich im Namen unserer alten Freundschaft, alles Dir Mögliche zu tun, um Deinen Bundesgenossen davon abzuhalten, zu weit zu gehen.*
WILHELM (29. JULI) *Ich habe Dein Telegramm erhalten und teile Deinen Wunsch nach Erhaltung des Friedens. Jedoch kann ich Österreich-Ungarns Vorgehen nicht als «schmählichen Krieg» betrachten. Meiner Ansicht nach ist Österreich-Ungarns Vorgehen als ein Versuch zu betrachten, volle Garantie dafür zu erhalten, dass Serbiens Versprechungen auch wirklich in die Tat umgesetzt werden. In dieser Hinsicht werde ich bestärkt durch die Erklärung des österreichischen Kabinetts, dass Österreich-Ungarn keinerlei territoriale Eroberungen auf Kosten von Serbien beabsichtige.*[62] *Ich meine daher, dass es für Russland durchaus möglich ist, dem österreichisch-serbischen Krieg gegenüber in der Rolle des Zuschauers zu verharren, ohne Europa in den schrecklichsten Krieg hineinzuziehen, den es jemals erlebt hat.*
NIKOLAJ (29. JULI) *Danke für Dein versöhnliches und freundschaftliches Telegramm. Dagegen war die heute von Deinem Botschafter meinem Minister übergebene offizielle Mitteilung in einem ganz anderen Ton gehalten.*[63] *Ich bitte Dich, diese Unterschiedlichkeit aufzuklären. Es würde sich empfehlen, das österreichisch-serbische Problem der Haager Konferenz*[64] *vorzulegen. Ich vertraue auf Deine Weisheit und Freundschaft. Dein Dich liebender Nicky.*
WILHELM (30. JULI) *Wenn Russland (...) gegen Österreich-Ungarn mobil macht, so wird die Vermittlerrolle, mit der Du mich in freundschaftlicher Weise betrautest, (...) gefährdet, wenn nicht unmöglich gemacht. Die ganze Schwere der Entscheidung ruht jetzt auf Deinen Schultern, sie haben die Verantwortung für Krieg oder Frieden zu tragen.*

NIKOLAJ (30. JULI) *Ich danke Dir von Herzen für Deine rasche Antwort. (...) Die jetzt in Kraft tretenden militärischen Maßnahmen sind schon vor fünf Tagen beschlossen worden, und zwar aus Gründen der Verteidigung gegen die Vorbereitungen Österreichs. Ich hoffe von ganzem Herzen, dass diese Maßnahmen in keiner Weise Deine Stellung als Vermittler beeinflussen werden, die ich sehr hoch schätze.*

NIKOLAJ (31. JULI) *Ich danke Dir von Herzen für Deine rasche Antwort. Es ist technisch unmöglich, unsere militärischen Vorbereitungen einzustellen (...). Solange wie die Verhandlungen mit Österreich über Serbien andauern, werden meine Truppen keine herausfordernde Mission übernehmen. Ich gebe Dir mein festes Wort darauf. (...) Dein Dir herzlich ergebener Nicky.*

WILHELM (31. JULI) *Die Verantwortung für die Sicherheit meines Reiches zwingt mich zu defensiven Gegenmaßnahmen. Ich bin mit meinen Bemühungen um die Erhaltung des Weltfriedens bis an die äußerste Grenze des Möglichen gegangen. Nicht ich trage die Verantwortung für das Unheil, das jetzt die ganze zivilisierte Welt bedroht. Noch in diesem Augenblick liegt es in Deiner Hand, es abzuwenden. (...) Die Freundschaft für Dich und Dein Reich ist mir immer heilig gewesen, und ich habe treu zu Russland gestanden, wenn es in schwerer Bedrängnis war, besonders in seinem letzten Kriege.*[65] *Der Friede Europas kann von Dir erhalten werden, wenn Russland sich entschließt, die militärischen Maßregeln einzustellen.*

Trotz sichtbarer Einmischung fremder Mitverfasser zeigt die Korrespondenz auch stilistische Eigenheiten des früheren Briefkontakts zwischen den Cousins. Wilhelm verhielt sich aggressiv, oberlehrerhaft und zynisch, Nikolaj war scheu, wohlwollend und hatte schlechtere Nerven als der preußische Vetter. Nach einem Telegramm aus Berlin hatte er sogar Kriegsminister Wladimir Suchomlinov[66] telefonisch gefragt, ob die Mobilmachung nicht zu stoppen oder wenigstens auf eine partielle reduziert werden könnte. Der erfahrene General antwortete – aus seiner Sicht völlig zutreffend –, dass die Mobilmachung keinen Mechanismus habe wie ein Auto, das man jederzeit zum Stehen bringen und dann wieder losfahren lassen könne. Dies traf allerdings auch auf den Automatismus der Kriegspsychose zu.

Emil Ludwig, ein bekannter Publizist und Autor der Reportage «Juli 1914», versuchte Nikolajs Lage mit literarisch-psychologisierenden Mitteln zu erklären. Das Argument des Zaren, dass auf ihn Druck ausgeübt werde, kommentierte er wie folgt: «Ist der Satz, mit dem der mächtigste Monarch der Welt, der letzte Alleinherrscher der Geschichte, seine Ohnmacht eingesteht, eher rührend oder eher lächerlich? (...) Was vermag dieser Zar gegen die Tigerblicke des Großfürsten, seines Onkels, wenn ihm kein friedliches Kabinett, wenn nicht einmal Rasputin ihm beisteht?» Die Frage lässt sich fortsetzen: Was vermögen all die Akteure der Weltpolitik gegen unerwartete und ungeplante Folgen ihres eigenen langjährigen Tuns oder Versäumnisses, was vermögen sie gegen den Krieg, der wortwörtlich ausgebrochen, aus ihrer Art von Frieden ausgebrochen ist, weil er ihm längst innegewohnt hat? Die Frage der Verantwortung kann man so spezifizieren: Sicherlich beschleunigte das österreichische Ultimatum und dessen deutsche Unterstützung die Ereignisse. Maßgeblich war Englands doppelgesichtige Haltung: Hätte das Empire klipp und klar erklärt, dass jeder Angriff auf einen seiner Verbündeten automatisch eine Kriegserklärung der Briten gegen Deutschland zur Folge haben würde, hätte das Deutsche Reich vielleicht von jeglichem Abenteuer abgesehen. Schließlich machte Wilhelm mit der Okkupation[67] Luxemburgs und Belgiens Anfang August jede Friedenshoffnung zunichte. Diese scheinbar gegeneinander wirkenden Faktoren bildeten einen zusammenhängenden Komplex.

2. August 1914: «Auf dem Platz vor dem Winterpalais drängt sich eine gewaltige Menschenmenge mit Fahnen, Ikonen und Zarenbildern. Der Zar tritt auf den Balkon. Plötzlich sinken alle auf ihre Knie, und es ertönt die russische Hymne. In diesem Augenblick erscheint der Zar für die sich auf den Boden werfenden Massen in der Tat wie ein von Gott gesalbter Herrscher, ein militärischer, politischer und religiöser Führer seines Volkes, Herr eines jeden Körpers und jeder Seele.» Der Augenzeuge Paléologue gibt hier eher das Oberflächliche, theatralisch Inszenierte des Moments wieder.[68] Wichtiger war, dass Nikolaj in eine für ihn höchst schmeichelhafte historische Kontinuität eingetreten war. Soeben hatte er im St. Georgs-Saal des Winterpalais

Abb. 15: Nikolaj II. als Kriegsherr

in seinem Manifest an das Volk über den Kriegseintritt den feierlichen Eid geleistet: «Ich schließe keinen Frieden, solange sich ein einziger feindlicher Soldat auf dem Boden unserer Heimat befindet.» Dies war eine fast wörtliche Wiedergabe des berühmten Schwurs von Zar Alexander I., nachdem dieser im Mai 1812 die Nachricht vom Angriff der Grande Armée Napoleons erhalten hatte. Für die Familie Romanow war die deutsche Kriegserklärung erschütternd. Der Hauslehrer Pierre Gilliard war dabei, als Nikolaj ihnen die Nachricht überbrachte: «Die Zarin begann zu weinen, und die Großfürstinnen brachen ebenfalls in Tränen aus, als sie den Kummer ihrer Mutter sahen.» Vor allem die beiden jüngeren, Maria und Anastasia, verstanden nicht, wie der nette Onkel Wilhelm ihnen so etwas Böses antun konnte. Für Alix bedeutete der Kriegsausbruch vor allem die Trennung von ihren Darmstädter Angehörigen und die Angst, dass männliche Mitglieder der Familie einberufen würden und im feindlichen Heer kämpfen müssten. Eine Loyalitätsverpflichtung gegenüber dem Deutschen Reich verspürte die Zarin mitnichten. Als Tochter aus einem hessischen Haus und Enkelin der britischen Königin Victoria war sie hiervor gefeit. Gleichzeitig kam ihre übereifrige Identifizierung mit allem Russischen zum Tragen. In diesen Tagen der Kriegseuphorie suchten alle Mitglieder der Dynastie ihre Rolle gebührend zu erfüllen: Die Männer, die meistens eine militärische Ausbildung besaßen, drängten an die Front, und die Frauen wollten sich hauptsächlich in den Feldlazaretts oder bei der Versorgung der Soldaten einbringen. Selbst Nikolaj war bereit, sich den erhöhten Erwartungen der Zeit zu stellen. Als er seinen Onkel, Großfürst Nikolaj Nikolajewitsch («Nikolascha») zum Oberbefehlshaber ernannte, fügte er dem Ukas hinzu: «Bis zu dem Zeitpunkt, an dem ich selbst bei der Armee sein kann.» Ohnehin war er aufgrund seiner Position als Monarch zum Kriegsherrn geworden, eine Rolle, die er bereits während des Krieges mit Japan aufgrund seiner mangelnden militärischen Vorbildung und seines wankelmütigen Charakters weder erfolgreich noch für die Öffentlichkeit überzeugend ausfüllen konnte.

Kapitel 9

Der ratlose Kriegsherr

Russlands Beteiligung am Weltkrieg begann mit einer Niederlage. Bei Tannenberg gelang es am 30. August 1914 den von Hindenburg und Ludendorff geführten Armeen, die in Ostpreußen vorrückende 2. Russische Armee einzukesseln. Die Verluste betrugen ca. 30 000 Tote und Verwundete sowie 95 000 Kriegsgefangene. Zwar wiesen spätere Schlachten weitaus höhere Opferzahlen auf und auch russische Waffen konnten dem Gegner noch empfindliche Rückschläge versetzen,[69] trotzdem erlebte die Öffentlichkeit das allererste Fiasko als besonders tragisch. Hierzu trug der zunächst verschwiegene, später jedoch weitverbreitete Umstand bei, dass der Oberbefehlshaber, General Alexander Samsonow, sich angesichts der Vernichtung der ihm anvertrauten Armee erschoss. «Der Zar hat an mich geglaubt», soll er kurz vor dem Selbstmord seinen Offizieren gesagt haben, «wie kann ich ihm nach diesem Unglück in die Augen schauen?»

Allerdings trug der General für die missglückte Operation zumindest nicht allein die Verantwortung. Vielmehr zeigten sich darin sämtliche Probleme der russischen Kriegsführung. Kaum war die Mobilisierung abgeschlossen, begann man mit der Offensive in Ostpreußen. Der vielversprechende Vorstoß war aber logistisch schlecht abgesichert – die Eliteeinheiten und der Kommandeur befanden sich von dem Kern der Truppe etwa eine Tagesfahrt entfernt, die technische Ausrüstung und Verpflegung konnte kaum nachgeholt werden, und der lange Fußmarsch auf dem unwegsamen masurischen Gelände erschöpfte die Soldaten. Auf der anderen Seite nutzten die Generäle Hindenburg und Ludendorff die ihnen wohlbekannten Mängel des Gegners aus. Außerdem konnten sie durch Abhören der offenen Funkkontakte die russischen Truppenbewegungen exakt verfolgen.[70] Als besonders verhängnisvoll erwies sich jedoch die diffuse Ausrichtung der Offensive, hinter der wiederum die Unklarheit der russischen Kriegsstrategie steckte.

«Ich schließe keinen Frieden, solange sich ein einziger feindlicher Soldat auf dem Boden unserer Heimat befindet.» Nikolajs feierliches Versprechen vom August 1914 beinhaltete bereits eines der Kriegsziele: die Abwehr der deutschen und österreich-ungarischen Angriffe. Rein chronologisch gesehen handelte es sich hierbei um einen Verteidigungskrieg, da die Kriegserklärung von der anderen Seite kam. Allerdings geriet der Begriff «Heimat» etwas unpräzise, denn die Kampfhandlungen entfalteten sich auf dem Gebiet eines Landes, das einmal Polen hieß und mehrheitlich von Polen bewohnt war. Als weiterer Casus Belli sollte der Angriff der Doppelmonarchie auf Serbien gelten, der die angeblichen Verpflichtungen gegenüber Russlands slawischen Brüdern aktualisierte – angesichts der innerslawischen Balkankriege ein eher abstrakt-moralisches Engagement. Am 1. November erklärte Russland dem Osmanischen Reich den Krieg und ergänzte damit die historische Wunschliste um die Beherrschung der Dardanellen und sogar den Besitz von Istanbul – des ehemaligen Konstantinopels. Der Traum von der Wiedererrichtung des Kreuzes auf der Hagia Sophia war ideologisch inspiriert – Russland begriff sich als Rechtsnachfolger des 1453 von den Osmanen eroberten Byzantinischen Reichs.

Da aber Russland nicht allein, sondern in Koalition mit Großbritannien und Frankreich seine Soldaten auf die Schlachtfelder schickte, mussten in der gemeinsamen Strategie auch die jeweiligen Kriegsziele berücksichtigt und die Kampfhandlungen dementsprechend koordiniert werden. Insbesondere war Russland gefragt, wenn es darum ging, massive Militärkräfte der Zentralmächte an der Ostfront zu binden, um den unerträglichen und bereits die Stadt Paris bedrohenden deutschen Druck zu verringern. Die Erste Hilfe von russischer Seite bestand jeweils darin, enorme Truppenkontingente an der Ostfront in Bewegung zu setzen. Das menschliche Material, das Kanonenfutter, war der einzige Vorteil des Zarenreiches gegenüber anderen kriegführenden Staaten.

Nach der Schlacht bei Tannenberg stieß man auf der Suche nach Sündenböcken zuerst auf den Oberbefehlshaber der Nordwestfront, General Jakow Schilinski, der die Schuld auf den toten Samsonow abzuwälzen suchte – vergeblich. Er wurde bald darauf gefeuert. Der Nächste auf der Abschussliste war General Rennenkampff, dessen baltendeutscher Name eine passende Zielscheibe bot. Nachdem er mit seiner 1. Russischen Armee Mitte September die Schlacht bei den Masurischen Seen verloren hatte, wurde er nicht nur vom Dienst suspendiert, sondern klammheimlich sogar des Landesverrats verdächtigt. Solche Bauernopfer befriedigten das patriotische Publikum zu wenig. Früher oder später musste in den St. Petersburger Salons der Name des Oberkommandierenden der Armee, des Großfürsten und Generalissimus, Onkel des Zaren, Nikolaj Nikolajewitsch erwähnt werden. So begann ein kleiner, nur vom engen Kreis wahrgenommener Krieg gegen die zweitwichtigste Person der Öffentlichkeit.

Die Korrespondenz der Zarin mit ihrem Mann trug einen betont intimen Charakter. Wenn sich der Zar im Hauptquartier in Baranowitschi oder auf Truppenschau aufhielt, schickte Alix täglich per Kurier ihre Briefe, und Nikolaj antwortete, wenn er konnte, postwendend. Außerdem wechselten sie immer wieder auch Telegramme. Besonders die Herrscherin fand es wichtig, ihren Gefühlen in blumigem, sinnlich gefärbtem Stil mit gewissen Redundanzen Ausdruck zu verleihen. «Ich segne Dich, küsse Dein teures Antlitz, Deinen Hals und Deine Hände mit aller Glut eines unsäglich liebenden Herzens», klang die eine Abschiedsformel, die andere: «Ich sehne mich nach Deinen Küssen und Umarmungen, mit denen jedoch Du, schüchterner Junge, mich erst im Dunkel beschenkst.» Selbst über ihre Monatsregel berichtete sie, allerdings benutzte sie die vereinbarten Codeworte: «Madame Becker hat mich besucht» oder «Der Mechaniker ist angekommen». Ständig informierte die Frau den Mann über ihre Tätigkeit als Schwester der Barmherzigkeit in den Lazaretten, erzählte Einzelheiten über den Alltag der Familie, schilderte Alexejs Gesundheitszustand, und ab zu teilte sie ihre Meinung zu aktuellen Kriegsereignissen mit. Aber von Anfang an enthielten ihre Sendungen auch Informationen, welche die Äußerungen einer dritten Person wiedergaben. So etwa am 20. September (3. Oktober) 1914:

«Unser Freund freut sich darüber, dass Du zum Hauptquartier verreist bist. Er war sehr froh über die gestrige Begegnung mit Dir. Er befürchtet ständig, dass der Bonheur, beziehungsweise eigentlich die Krähen[71] wollen, dass er den Thron in Polen beziehungsweise in Galizien besteigt, aber ich sagte ihr, sie sollte ihn beruhigen, es sei völlig undenkbar, dass Du irgendwann so etwas riskieren würdest. G. liebt Dich eifersüchtig, und es ist für ihn unerträglich, dass Nikolascha irgendeine Rolle spielt.» Die rätselhaft erscheinenden Sätze lassen sich ungefähr so übertragen: Rasputin, mit dem der Zar am Vorabend seiner Abfahrt nach Baranowitschi zusammengekommen war, hatte davor Angst, dass Nikolaj dem «Bonheur», dem Großfürsten Nikolaj Nikolajewitsch, unter Umständen erlauben würde, den Thron von Polen oder Galizien (sic!) zu erklimmen, wozu den Generalissimus die «Krähen», also seine Frau Stana und deren Schwester Milica überreden sollten. Die komplette Verschwörungstheorie erzählte der «Starez» jedoch nicht dem Zaren bei ihrer Begegnung, sondern ließ sie ihm über eine dritte Person vermitteln. Diese «sie», welche nach Aussage der Zarin Grigorij bezüglich der Standhaftigkeit des Zaren beruhigen sollte, war keine andere als Anja Wyrubowa. Damit war das Trio von Zarskoje Selo wieder versammelt.

Nachdem er dank einer raschen Operation die Messerstichattacke durch Hionija Gussewa glücklich überlebt hatte, tauchte der «Gottesmann» in St. Petersburg bzw. Petrograd wieder auf und führte das fort, womit er in Pokrowskoje hatte zwangsweise aufhören müssen. Seine Wohnung in der Gorochowskaja-Straße war einer der Mittelpunkte des sozialen Lebens, und die nächtlichen Ausschweifungen nährten den Sensationshunger der besseren Gesellschaft. Seine enge Beziehung zur Herrscherfamilie blieb, nunmehr in diskreterem Rahmen, weiter bestehen. Neu an der Situation war, dass Rasputin, der vorher die Politik lediglich als potentielle Bedrohungsquelle für seinen Einfluss auf das Zarenpaar betrachtet hatte, jetzt ein spezielles Interesse an ihr zu entwickeln begann. Auch die Herrscherin begnügte sich nicht mehr mit der Rolle der passiven Beobachterin des Weltgeschehens. Ihre ursprünglich allgemein gehaltenen Kommentare konzentrierten sich nach und nach auf ein einziges Thema: «Nikolascha», und ihre Feder schien der kaum schreibkundige Muschik zu führen.

Ende November, nach dem Zusammenbruch der Offensive in Ostpreußen, formulierte sie noch vorsichtig: «Ich glaube nicht dem Stadtgeschwätz, ich glaube nur, was Nikolascha veröffentlicht. Trotzdem bat ich Anja Wyrubowa an unseren Freund zu telegrafieren, dass die Nachrichten sehr böse seien und wir um seine Gebete bäten.» Einige Monate später wurde die empfindlichste Schwachstelle, die Eitelkeit des Zaren, getroffen: «Anja bat mich Dir zu sagen, dass Du in Deinem Manifest nicht ein einziges Mal den Oberbefehlshaber erwähnen darfst, es muss einzig von Dir an das Volk gerichtet sein.» Am 1. April 1915: «Wenn auch Nikolascha so hochgestellt ist, Du stehst über ihm. Unseren Freund wie auch mich hat verletzt, dass Nikolascha sich in seinen Telegrammen (...) in Deinem Stil ausdrückt.» Am 6. April, als der Zar die eroberten Festungen Premysl und Lemberg besuchen wollte: «Ich werde unseren Freund bitten, für Dich zu beten. Aber vergib, dass ich Dir das sage: Es ist nicht Nikolaschas Sache, Dich zu begleiten. Du musst der Chef sein, wenn Du Dich zum ersten Mal der Truppe zeigst.» Am Tag darauf mit Nachdruck: «Es gefällt Ihm nicht, dass Nikolascha mit Dir geht. Er hält es immer für besser, wenn Du allein gehst.»

Später, als sich die Einnahme der beiden Festungen als Pyrrhussieg entpuppte, Warschau fiel und die Armee praktisch das ganze ehemalige Russisch-Polen räumen musste, wurden Alexandras ansonsten immer noch von Liebe und Sehnsucht erfüllte Botschaften aggressiver. 10. Juni: «Nikolascha hat nur an die Armee und den Erfolg zu denken. Du trägst die innere Verantwortung auf Jahre hinaus. Wenn er Fehler macht, dann musst Du sie später in Ordnung bringen. Hör auf unseren Freund, glaub an ihn, ihm liegt Dein und Russlands Interesse am Herzen.» 12. Juni: «Wäre Nikolascha nur ein anderer Mensch und hätte sich nicht gegen einen Mann Gottes gewandt, was immer seiner Arbeit Unglück bringt! Und diese Weiber – Stana und Milica – verhindern, dass er sich ändert.» 13. Juni: «Nikolascha ist durchaus nicht klug, er ist eigensinnig und wird von anderen geleitet. Ist er nicht der Feind unseres Freundes, was Unglück bringt?» 24. Juni: «Gehe zu den Truppen, sage Nikolascha kein Wort. Du hast falsche Skrupel, wenn Du sagst, es sei nicht aufrichtig, ihm nichts zu sagen. (...) Nur, wenn Du es Nikolascha sagst, werden die Spione, die im

Hauptquartier sind, es sofort die Deutschen wissen lassen und dann wieder ihre Aeroplane an die Arbeit gehen lassen ...»

Die fast täglichen Briefbomben aus Zarskoje Selo transportierten einen rein persönlichen Hass. Rasputin war ursprünglich der Günstling von Nikolascha und dessen montenegrinischer Frau und Schwägerin, das Zarenpaar hatte den Starez ihnen zu «verdanken». Nun aber intrigierten sie von ihrem Schloss Znamenka aus mit allen Mitteln gegen den Parvenü. Nachdem Rasputin in die Hauptstadt zurückgekehrt war, wäre er am liebsten zum Hauptquartier gefahren, um seine Predigtkünste vor der kämpfenden Truppe zu demonstrieren, aber der Oberbefehlshaber ließ auf seine Sondierungsversuche hin ausrichten, dass er ihn sogleich aufhängen lassen würde. Diese Demütigung erwies sich als Hauptbeweggrund der mit fanatischer Ausdauer betriebenen Kampagne des Starez. Man muss kein Tiefenpsychologe sein, um die Zerstörungswut des Nachfahren von Leibeigenen zu verstehen – hier wurde es einer weltlichen und kirchlichen Elite mit der Rachsucht des Bauernführers Pugatschow[72] und der Arglist des Gogol'schen Hochstaplers Chlestakow heimgezahlt. Dennoch: Im Unterschied zu Gogols falschem Revisor, der das dumme und korrupte Milieu der Kleinstadt zynisch ausnutzt, war der Starez von seiner Berufung wahrscheinlich überzeugt, und sollte er tatsächlich über hypnotische Fähigkeiten verfügt haben, dann war sein größter Erfolg die Autosuggestion des eigenen Ichs als Russlands Retter.

Nikolaj Nikolajewitschs Sturz als Generalissimus war sicher nicht das alleinige Werk von Rasputin und der Zarin. Die anfängliche Euphorie der russischen Gesellschaft war schon lange der Ernüchterung gewichen, und der Glaube an einen raschen Sieg hatte sich längst verflüchtigt. Die Versorgungspannen sowohl an der Front als auch im Hinterland lösten zunächst eine Pogromstimmung gegen die deutsche Minderheit – die von der rechten Boulevardpresse als «innere Deutsche» verunglimpft wurde – sowie eine Spionagehysterie aus.[73] Dabei ging es immer häufiger darum, das deutsche Element in den führenden Kreisen für die Fiaskos verantwortlich zu machen. Bei den Moskauer Ausschreitungen vom Juni 1915 wurde Alix' Schwester, die Großfürstin Elisabeth[74] (Ella), auf offener Straße angepöbelt. Zu dieser Zeit neigte sich die «heilige Einigung» zwischen der Regierung und der Staatsduma bereits ihrem Ende zu; vor allem die ultramonarchistische und rechtsnationale Opposition machte den Herrschenden viel zu schaffen. Allerdings trug die Art der Ablösung des Oberbefehlshabers ziemlich eindeutig die Handschrift des Starez.

Ende August beschloss der Zar, die Führung der Armee angesichts der ernsthaften Lage persönlich zu übernehmen, während Nikolascha, um dessen Gesicht zu wahren, zum Statthalter und Oberkommandierenden an der kaukasischen Front ernannt wurde. Um die Geschäfte zu übernehmen und die Agenda mit dem frisch gekürten Stabschef Alexejew zu koordinieren, fuhr der Zar zum neuen Hauptquartier in Mogiljow. Alix jubelte: «Du hast diesen großen Kampf für Dein Land und Deinen Thron ausgefochten – allein und mit Tapferkeit und Entschlossenheit. Du musst Herrschertum zeigen, als Alleinherrscher auftreten, sonst kann Russland nicht bestehen!»

Ohne Zweifel war die Zarin hauptsächlich durch Rasputins Charisma motiviert. Ihr tiefer Glaube an den Wundertäter und Retter ihres Sohnes konnte durch keine andere, den Starez noch so kompromittierende Information erschüttert werden. Parallel zu dieser beinahe mystischen Bindung war sie von einem enormen Assimilierungsdrang beseelt: Das Mädchen aus dem kleinen hessischen Provinznest erlag dem Sog des Russischseins, dem Wunsch, von der Bevölkerung des damals mächtigsten Landes der Welt akzeptiert zu werden. Sie glaubte mehr als viele die eigene Gesellschaft kritisch betrachtenden Russen an die kindliche Liebe ihrer Untertanen, an die Idylle, die nur ein paar hergelaufene Duma-Abgeordnete, Intriganten, Journalisten und Juden zu stören schienen.

Und der Zar? Warum hat er dem Druck seiner Frau ausgerechnet in dieser schwerwiegenden Entscheidung nachgegeben, obwohl er manchmal ihre brieflichen Instruktionen ignorierte? Sicher hatte er Angst vor Alix' Wutausbrüchen und Weinkrämpfen und wollte ein guter Ehemann sein. Ganz überzeugt war er von der Richtigkeit seiner Handlung nicht. In seinem ersten Brief an Alix aus Mogiljow gab er dies auch ehrlich zu: «Nun beginnt eine neue, weiße Seite, und was darauf geschrieben wird, weiß nur der allmächtige Gott allein. Ich unterschrieb meinen ersten Befehl und fügte mit ziemlich zitternder Hand einige Worte hinzu.» In demselben Brief bedankte er sich bei seinem «Liebling Sunny», dass diese zugesagt habe, ihn in der Zeit seines Aufenthalts im Hauptquartier gewissermaßen zu ersetzen. «Wie schade, dass Du diese Pflicht nicht schon lange übernommen hast, oder wenigstens jetzt, während des Krieges», schmeichelte er Alix, ohne zu ahnen, wie frei sie mit diesem Mandat umgehen würde.

Trotzdem wäre es ungerecht, in Nikolaj nur den Pantoffelhelden zu sehen. In der Aussprache mit der Regierung und auch im Gespräch mit seiner Mutter, die den Beschluss eindeutig auf Rasputins und Alix' Einfluss zurückführte und verhängnisvoll fand, behauptete er hartnäckig, in der jetzigen Situation bei der kämpfenden Truppe gebraucht zu werden – ein Argument, das selbst den eher skeptischen Sandro zu überzeugen schien: «Obwohl man an der Nützlichkeit seines langen Fernbleibens von der Hauptstadt für die Innenpolitik zweifeln konnte, war die Annahme dieses verantwortungsvollen Postens für die Armee absolut richtig. Niemand konnte besser als der Zar unsere Armee zu neuen Heldentaten anspornen und das Hauptquartier von dort herumwimmelnden unfähigen Generälen und Politikern säubern.» Natürlich wusste Sandro, dass sein Schwager außer der Stärkung der Kampfmoral nichts anzubieten hatte, allerdings hoffte er auf die diesbezüglichen Fähigkeiten des Stabschefs Alexejew, der für ihn «obwohl kein Napoleon und nicht einmal ein Ludendorff, aber ein guter Stratege war».[75]

Jedenfalls tat die Abreise aus Zarskoje Selo der Stimmung des Zaren gut. Der liberale Duma-Politiker Miljukow schilderte etwas gallig, aber glaubhaft in seinen Memoiren den Alltag des neuen Oberbefehlshabers in Mogiljow: «Weder die Intrigen und Klatschgeschichten im Petersburger Hof noch die Kanonenschüsse an der Front erreichten ihn. Um zehn Uhr ging er zum Stabschef, General Alexejew (...). Alexejew erstattete ihm vor einer großen Wandkarte mit Hilfe von Fähnchen Bericht über die Truppenbewegungen der letzten 24 Stunden und entfaltete seine Überlegungen in Bezug auf weitere Operationen. Dies war eher eine Information als eine Konferenz, und man brauchte vom Zaren nur dessen Einverständnis. Nach dem Bericht begann das Frühstück, auf das Frühstück folgte das Teetrinken. Nach sieben Uhr abends traf die Post aus Petersburg mit den Briefen der Herrscherin ein, in denen sie alltäglich über die politischen Er-

Abb. 16: Nikolaj II. mit dem Zarewitsch Alexej an der Front (1916)

eignisse berichtete, Ratschläge erteilte, welche in ihrer Bestimmtheit keineswegs Alexejews Plänen nachstanden.»

Diese relative Distanz gewährte dem tatsächlich überforderten Herrscher eine angenehme Ruhepause, sogar Tage der wolkenlosen Freude, besonders als er Ende September auch den Thronerben ins Hauptquartier mitnahm, um ihn der Truppe präsentieren zu können. Der damals elfjährige Alexej, ein charmanter und aufgeweckter Junge, erlebte in diesen Tagen ein von der Hofetikette befreites unbeschwertes Zusammensein mit seinem Vater, der wiederum sein rein privates Glück per Kurier nach Zarskoje Selo mitteilte: «Es ist schrecklich gemütlich, nebeneinander zu schlafen, ich bete seit der Zugfahrt jeden Abend mit ihm, er sagt das Gebet viel zu schnell, und man kann ihm kaum folgen. Die Parade gefiel ihm ungeheuer gut, er folgte mir und stand die ganze Zeit während des Vorbeimarsches, der ausgezeichnet war. Diese Parade werde ich niemals vergessen.» Der Zar fühlte sich im siebten Himmel – zur gleichen Zeit aber war in der Hauptstadt seines Reiches die Hölle los.

Noch im März 1915 amüsierte sich Rasputin im Separee des Moskauer Nobelrestaurants «Jar». Später, bereits betrunken, erzählte er seinen Gästen, unter ihnen zwei Journalisten, brisante Einzelheiten seiner Liebesaffären, wobei auch Namen von Frauen aus der «besseren Gesellschaft» fielen. Er rühmte sich mit seinen exzellenten Beziehungen zur Zarin, die er als «das alte Weib» apostrophierte. Schließlich belästigte der Starez die Zigeunerinnen der Tanzgruppe. Auf den Lärm hin verließen viele konsternierte Gäste das «Jar» – sie wollten nicht das Erscheinen der Polizei abwarten. Die Boulevardpresse machte den skandalösen Fall landesweit bekannt. Der Zar wurde von General Dschunkowskij informiert, dem Chef der Gendarmerie, der gleich danach abgelöst und an die Front geschickt wurde. Trotzdem ließ Nikolaj, offensichtlich unter dem Druck der bevorstehenden Eröffnung des Staatsduma, bei der durchaus peinliche Interpellationen zu erwarten waren, dem Starez die Empfehlung ausrichten, nach Pokrowskoje zurückzureisen.

Sobald jedoch Seine Majestät Zarskoje Selo verlassen hatte, erschien der scheinbar aus dem Verkehr Gezogene wieder in der Hauptstadt. Diesmal waren es allerdings nicht die Boulevardblätter, die Alarm schlugen, sondern die seriös-konservative «Birschewije Wedomosti» (Börsen-Mitteilungsblatt). Hier begann der Journalist Wenjamin Borissow mit seiner Enthüllungsserie «Lebenslauf des Starez Rasputin», in der es neben den bereits bekannten Skandalgeschichten um die hohen Kontakte Grigorijs ging. Obwohl weder die Zarin noch der Zar erwähnt wurden, fand der französische Botschafter Paléologue die Zulassung dieses Artikels erstaunlich, denn vorher wurden Aufsätze mit ähnlichen Inhalten sogleich konfisziert.[76] Er vermutete, dass der kurz zuvor ernannte Innenminister, Fürst Nikolaj Scherbatow, nach diesem Skandal sein Amt nicht mehr lange behalten würde.

Der Diplomat erwies sich als Prophet: Scherbatow erhielt nur einige Wochen später vom Zaren die «seidene Schnur» – er wurde vom Dienst suspendiert.

Mit Entlassungen und Neuernennungen konnte man allerdings in Russland damals niemanden überraschen. Zeitgenossen und Historiker hielten ganz genau fest, dass in den letzten anderthalb Jahren des zaristischen Regimes vier verschiedene Ministerpräsidenten, fünf Innenminister, vier Landwirtschaftsminister und drei Kriegsminister einander ablösten. Diese von dem Duma-Abgeordneten Wladimir Purischkewitsch sarkastisch als «Ministerbockspringen» bezeichnete außergewöhnliche Fluktuation der Amtsinhaber wurde sowohl damals als auch rückblickend in erster Linie der Clique Rasputin–Wyrubowa–Zarin zugeschrieben. In der Tat kamen in Alix' Briefen in das Hauptquartier beinahe alle Namen der führenden Politiker, Militärs und kirchlichen Würdenträger vor, und fast immer mit direktem oder indirektem Hinweis «auf den Wunsch von unserem Freund». Dieser schien sich sogar um inhaltliche Kleinigkeiten zu kümmern, so bat er Nikolaj über die Zarin, «dem König von Serbien ein Telegramm zu schicken, da er sehr fürchtet, dass Bulgarien mit ihnen kurzen Prozess macht». Alix fand den Vorschlag dermaßen wichtig, dass sie gleich ein paar Blanko-Telegramme mit dem Briefkopf des Zaren per Kurier nach Mogiljow sandte, was selbst für russische Verhältnisse ein unerhörter Eingriff in die amtlichen Vorgänge war. Nicht von ungefähr entstand für die über private Kanäle informierte Öffentlichkeit der Eindruck, dass sich Russlands Schicksal in den Händen eines primitiven Bauern und einer «deutschen» Zarin befinde, die das Land ins Verderben stürzten.

Rasputin trug hierzu massiv bei, und zwar nicht nur durch betrunkene Prahlereien mit seiner Nähe zu «Papa» und «Mama», sondern auch durch seine enorme Aktivität. Nach den Geheimberichten der Polizei, die ihn mit elf Agenten Tag und Nacht observieren ließ, empfing er in seinem Haus täglich zwischen achtzig und hundert Bittsteller – von Bettlern bis zu Ministern. In der Folge entstanden seine berühmten «Zettel», die von orthographischen und syntaktischen Fehlern nur so wimmelten und sowohl Bagatellen als auch staatswichtige Angelegenheiten betrafen. Ein Kassiber an Ministerpräsident Gore-

Abb. 17: Die Hofdame Anna («Anja») Wyrubowa und die Zarin

mykin lautete: «Mein Lieber bitte dem Überbringer dieser Zeilen in Gottes Namen erhören soll er doch Deine Ratschläge folgen und vor Deiner Klugheit beugen Rasputin.»

An den Palastkommandanten Wojejkow: «Mein Teurer lieber Sohn es wird dieser Ingenieur Kultschinskij beleidigt obwohl Du mit ihm wie ich gehört habe sympathisieren solltest er hat meine 150 Armen untergebracht bitte ihn an der Stelle des entlassenen Ingenieurs Borissow bei der Eisenbahndirektion ernennen Grigorij.» In anderen Fällen enthielt das Gekritzel Drohgebärden, wie etwa an Sasonow: «Hör zu Minister ich schickte zu Dir eine Frau ich weiß nicht was alles du für Geschwätz ihr sagtest hör damit auf und unterbringe sie dann ist alles in Ordnung, wenn nicht dann rede ich schlecht über Dich mit dem der dich liebt.» In der Tat – ob nun auf Rasputins Betreiben oder nicht, lässt sich dahinstellen – wurde der Außenminister im August 1916 während seines Kuraufenthaltes in Finnland gefeuert. «Hier herrscht der Zar, aber die Zarin regiert auf Rasputins Einflüsterung hin», kommentierte er melancholisch und fügte als rechtgläubiger Orthodoxer hinzu: «Gott schütze uns!»

Sicher spielte dieser politische Surrealismus eine Rolle beim Untergang des Systems, ebenso wie das «Ministerbockspringen», das die ohnehin nur mit Ach und Krach funktionierende Bürokratie zerrüttete. Es ist aber schlicht unvorstellbar, dass drei Personen allein ein Reich zum Sturz bringen können. Zudem befand sich Russland im letzten vollen Jahr der Existenz seiner Monarchie noch nicht ganz am Abgrund. Im militärischen Bereich waren sogar einige Besserungen zu verbuchen. Brussilows erfolgreiche Offensive im Sommer und Frühherbst 1916 brachte die Armee der österreich-ungarischen Grenze wieder nahe, und selbst dem an die kaukasische Front verbannten Großfürsten Nikolascha gelang es – allerdings handelte es sich wohl eher um das Verdienst seines Stabschefs General Nikolaj Judenitsch –, die 3. Türkische Armee zu schlagen und Erzurum einzunehmen: Der Weg nach Anatolien war offen. Außerdem gewann die Entente zwei vorher neutrale Staaten – Italien und Rumänien – mit allerlei territorialen Versprechungen hinzu, während die Zentralmächte lediglich mit Bulgariens Kriegseintritt rechnen konnten. Trotz dieser relativ günstigen Vorzeichen herrschte in Russland ein Vorgefühl der Katastrophe.

Die düstere Ahnung war von Anfang an da und hing neben der mit Japan gemachten schlechten Erfahrung mit der Person des Zaren zusammen. Einerseits galt Nikolaj II. für weite Kreise der Bevölkerung nach wie vor als Alleinherrscher von Gottes Gnaden, andererseits sahen in ihm viele aufgrund seiner aufeinander folgenden Fiaskos einen Pechvogel, dem sogar seine Handlinie kein Glück voraussagte. So drückte es ein Informant des französischen Botschafters Paléologue aus und fügte auf den erstaunten Blick des Diplomaten hinzu: «Was haben Sie erwartet, Monsieur l'Ambassadeur? Wir sind Russen und deshalb abergläubisch.» Und er listete alle Unglücksfälle auf, vom Massensterben während der Krönung über die Hämophilie des Thronerben bis zur Ermordung des eigenen Premiers in Anwesenheit des Zaren und vergaß auch nicht, Nikolajs Ehefrau zu erwähnen, die «unglückliche Neurotikerin, die eine Atmosphäre der Rastlosigkeit und Unruhe um sich verbreitet».

Indessen tat Nikolaj II. selbst, obwohl er zum Fatalismus neigte und sich immer wieder daran erinnerte, am Tag von Hiob geboren zu

Abb. 18: «Das russische Herrscherhaus»: Der Zar und die Zarin als Puppen in Rasputins Hand. Zeitgenössische Karikatur

sein, sein Bestes, um nach außen den Eindruck eines seelenruhigen Optimisten zu vermitteln. Noch Ende November 1914, nachdem die russische Offensive in Ostpreußen zusammengebrochen war, sprach er mit dem französischen Diplomaten, dem er feine türkischen Zigaretten anbot – ein Geschenk des inzwischen zum Erzfeind gewordenen Sultans Mehmed V. – , darüber, ob nach dem Sieg die Hauptstadt der aus Europa zu verdrängenden Türkei Ankara oder lieber Konya sein sollte und ob es vielleicht bedenkenswert wäre, Hannovers Souveränität wiederherzustellen. Nun war der gemütliche Weltverteiler in Sorge um sein eigenes Land. Seine Untertanen waren allmählich von Kriegsmüdigkeit und Hoffnungslosigkeit erfüllt. Die Bilanz war ernüchternd: zu viel Blut für zu wenig Quadratkilometer Eroberung.

Das Trio von Zarskoje Selo baute, wie es der russische Historiker Aron Awrech beschrieb, auf ein künstlich geschaffenes Freund/Feind-Bild. Sie handelten nach dem einfachen Schema: Wer mit dem Starez zusammenarbeitete, war als «gut» einzuschätzen, während alle, die ihn an seinem gottesgefälligen Tun hinderten, automatisch zur Welt des Bösen gehörten. Während Wyrubowa eher eine technische Rolle als Informationsträgerin spielte, handelten die beiden anderen nach einem gemeinsamen Plan, der hauptsächlich personalpolitische Entscheidungen betraf. Obwohl diese nach außen von der Zarin getragen wurden, hing ihre Verwirklichung letztendlich vom Zaren ab – es gab keinen einzigen Ukas mit Alix' Unterschrift. Nikolaj verließ sich bei seinen Aktionen auf gehorsame Höflinge wie den Palastkommandanten Wojejkow und Hofminister Friederichs, die keine direkten Klienten des Starez waren, wohl aber wussten, was der Herrscher und noch mehr die Herrscherin von ihnen erwartete. Alix, Anja und Grigorij ähnelten den assoziierten Mitgliedern einer GmbH, ohne deren Tätigkeit formal bestimmen zu können. Der Zar selbst wiederum war von Kräften abhängig, über die er immer weniger oder eben keine Kontrolle mehr besaß: von den Mitgliedern der Dynastie, von der Heeresleitung, der Duma-Opposition und nicht zuletzt von dem gestern noch begeisterten und getreuen, aber heute zur Rebellion neigenden Volk.

Irgendwann in den späten achtziger Jahren des 19. Jahrhunderts spickten die Terroristen der Narodnaja Wolja ihre Bomben mit Strychnin-Lösung (Rattengift), um auch bei einer leichten Veretzung den Tötungszweck zu erreichen. Symbolisch ähnlich verfuhren Rasputins Charaktermörder, indem sie ihre üblichen, nicht besonders wirksamen Anschuldigungen – Diebstahl, Ketzerei, Geldgier, Erotomanie – um den Verdacht ergänzten, der Starez sei ein geheimer Freund der «Germanen», in seinem Umfeld wimmele es nur so von deutschen Spionen, und er bereite den Separatfrieden mit Wilhelm II. vor, was zweifelsohne dem Hochverrat gleichkam. Unter anderem erinnerte man an ein angebliches Telegramm von Grigorij, in welchem er den Zaren im späten August 1914 vor dem Eintritt in den Krieg warnte, der nach seiner Überzeugung nur mit dem Untergang der Monarchie enden konnte.[77] Ungeachtet seiner späteren eindeutigen Unterstützung des «Krieges bis zum siegreichen Ende» wurde er nun zur Zielscheibe nicht nur fanatischer Teutonenfresser, sondern auch all derjenigen liberalen Politiker der Duma, die zunehmend Druck ausübten, um eine Regierung aus «Personen des öffentlichen Vertrauens» bilden zu können. Sie wussten sehr wohl, dass jeder Angriff auf Rasputin, unabhängig davon, ob er begründet war oder nicht, die Position der Zarin schwächen würde. Der unpolitische Hauslehrer des Thronerben, der Schweizer Gilliard, durchblickte Alix' prekäre Situation in diesem Konflikt: «Natürlich ist es immer einfacher, eine Frau in Verruf zu bringen, vor allem dann, wenn es sich um eine Ausländerin handelt.»

Trotzdem muss – bei allem Verständnis für die Lage der Zarin – betont werden, dass diese Frau geradezu blindlings das Verhängnis gegen sich selbst und ihre Familie herausforderte. In den letzten Monaten des Jahres 1916 wehrte sie alle Ermahnungen der Mitglieder der Dynastie ab, zu Rasputin auf Distanz zu gehen und sich aus der Politik zurückzuziehen. Weder Xenia und deren Mann Sandro noch der Großfürstin Elisabeth gelang es, sie zu besserer Einsicht zu bringen, wobei der Besuch von Ella laut Gilliards Schilderung besonders dramatisch verlief: «Sie flehte die Zarin an, auf ihre Warnungen zu hören, um ihre Nächsten und ihr Land retten zu können. Die Zarin blieb unerschütterlich; sie verstand das Gefühl, das ihrer Schwester diesen Schritt diktierte, aber sie spürte eine unendliche Bitterkeit darüber, dass auch ihre Schwester denjenigen glaubte, die den Starez zugrunde richten wollten, und bat sie deswegen, auf das Thema nicht mehr zurückzukommen. Als sie sah, dass die Großfürstin weiterhin hierauf bestand, brach die Zarin das Gespräch ab. So erwies sich die Begegnung als nutzlos.» Fügen wir hinzu: Dies war die letzte Begegnung der in ihren Jugendjahren unzertrennlichen Schwestern, die anderthalb Jahre später ungefähr zeitgleich dem roten Terror zum Opfer fielen.

Sogar noch Mitte Dezember traktierte Alix ihren Mann mit Durchhalteparolen wie dieser: «Sei Peter der Große, Iwan der Schreckliche, Zar Paul[78] – zermalme sie unter Dir», und verlangte geradezu hysterisch, die Führer der Opposition nach Sibirien zu verbannen und den sozialistischen Duma-Abgeordneten Kerenskij aufhängen zu lassen. Diesmal reagierte Nikolaj mit einem bei ihm seltenen ironischen Stoßseufzer: «Mein Liebes, zärtlichen Dank für Deine strenge Strafpredigt (...) Dein ‹armer, kleiner, schwacher› Nicky.» Er wusste nun die Lage besser einzuschätzen.

Am 1. November 1916 hielt der liberale Parteiführer Pawel Miljukow in der Staatsduma eine Rede. Er begann mit der Auflistung der Fehltritte der aktuellen Regierung unter Führung von Boris Stürmer, dessen Kandidatur seinerzeit die Zarin ihrem Mann mit den Worten empfahl: «Er schätzt Grigorij sehr, was viel wert ist.» Nun kam Miljukow auf die Probleme an der Front und im Hinterland zu sprechen und stellte nach jeder Mitteilung die rhetorische Frage: «Ist das Dummheit oder Verrat?» Er sprach von «finsteren Kräften», nannte auch Namen, unter ihnen den von Rasputin. Dann folgte ein Kunstgriff: Plötzlich zitierte der Redner in Deutsch aus dem Kommentar der Wiener Zeitung «Neue Freie Presse», Stürmers Ernennung sei «ein Sieg der Hofpartei, welche sich um die junge Zarin gruppiert».

Zwar verletzte er mit dem Übergang in die Fremdsprache die Regel, nach der in der Staatsduma nur Russisch geredet werden durfte, doch konnte der irritierte Vorsitzende ihm nicht rechtzeitig das Wort entziehen. Es war geschehen: Der Name der Zarin wurde zum ersten Mal öffentlich vor allen Abgeordneten, in der Loge sitzenden Diplomaten und Journalisten im negativen Kontext ausgesprochen. Obwohl man anschließend verbot, den Volltext von Miljukows Rede in der Presse zu drucken, galt der Redner selbst als Held des Tages und beinahe als Revolutionär. Am Tag darauf verlangte der Nationalist Wassilij Schulgin, «den Kampf gegen diese Regierung zu führen, solange sie nicht weggeht». Der Monarchist Purischkewitsch wiederum appellierte an die patriotischen Gefühle der Minister: «Fahren Sie zum Hauptquartier und werfen Sie sich dem Zaren zu Füßen. Haben Sie Mut ihm zu sagen, dass die Menge vor Zorn kocht. Es droht eine Revolution, und ein obskurer Muschik soll Russland nicht mehr regieren.»

Der junge, dandyhafte Felix Jussupow, Sprössling einer der reichsten Adelsfamilien Russlands, beschloss, Rasputins «Regieren» ein

Abb. 19: Fürst Jussupow, Rasputins Mörder (Gemälde von Serow)

jähes Ende zu setzen. Wann genau er diese schicksalhafte Entscheidung traf, geht aus seinen Memoiren nicht hervor, offensichtlich war er aber von dem Pogrom gegen die Moskauer Deutschen im Juni 1915 mit inspiriert, einer dreitägigen Orgie von Zerstörung, Brandstiftung und Plünderei, die Jussupows Vater, Felix Jussupow senior, seines Zeichens Stadtgouverneur von Moskau, widerstandslos toleriert haben soll – jedenfalls wurde er wegen seiner Passivität vom Zaren abgelöst. Was er über die Beweggründe seines Mordplans in seinen Exilmemoiren erzählt, passt hervorragend in den verschwörungstheoretischen, spekulativen Diskurs der russischen Gesellschaft am Vorabend des Untergangs des Systems:

«Deutschland schickte damals in das Umfeld des ‹Starez› Spione aus Schweden und korrupte Bankiers. Der betrunkene Rasputin wurde geschwätzig und schwätzte ihnen ungewollt oder aber auch gewollt alles der Reihe nach aus. Ich denke, auf diesem Wege erfuhr Deutschland den Tag der Ankunft von Lord Kitchener bei uns. Das Schiff von Kitchener, der mit dem Ziel nach Russland kam, den Zaren zu überzeugen, dass man Rasputin verbannen und die Zarin von der Macht beseitigen müsse, wurde am 6. Juni 1916 versenkt.»[79] Rasputin hingegen soll einen Putsch geplant haben, um «den kranken Zarewitsch auf den Thron zu setzen, die Zarin zur Regentin zu erklären und mit Deutschland einen separaten Frieden zu schließen».

Abgesehen davon, dass der ehemalige Oxford-Student Jussupow in seinen Memoiren nicht viel intelligenter formulierte als der Starez auf seinen berüchtigten Zetteln, fällt auf, welch nebulöse und teilweise aus der Luft gegriffenen Indizien er für jene Tat hatte, die sich im Nachhinein als wichtigstes, wenn nicht eben einzig wichtiges Ereignis seines langen Lebens (1887–1967) entpuppte. Zur Erklärung sei gesagt, dass die physische Vernichtung Rasputins jahrelang in dynastischen, militärischen und intellektuellen Kreisen als Option erwogen wurde. Selbst ehemalige Günstlinge wie der Innenminister Alexej Chwostow versuchten ihn aus dem Weg zu räumen. So rannte der Fürst auf der Suche nach Verbündeten offene Türen ein: Einer der Komplizen war Purischkewitsch, den Jussupow nach seiner Duma-Rede angesprochen hatte, der zweite Großfürst Dmitrij Pawlowitsch. Hinzu kamen noch die technischen Helfershelfer, insgesamt fünf bis sechs Personen. Mitwisser gab es aber viel mehr, unter ihnen Mitglieder der Dynastie – Felix erzählte den Plan seiner Frau Irina, die wiederum Tochter von zwei Rasputin-Gegnern, von Xenia und Sandro war. Höchstwahrscheinlich war auch die Ochranka informiert, die Rasputin rund um die Uhr im Auge hatte und ihm sogar empfahl, das Haus an der Gorochowaja möglichst nicht zu verlassen.

Das Ziel der geplanten «patriotischen Heldentat» war weder den Beteiligten noch denjenigen, die sich mit ihnen solidarisierten, völlig klar. Es war eher, wenn es so etwas geben kann, eine kollektive Affekthandlung der Gesellschaft, um sich mit einem Schlag von der unerträglichen Spannung der vorangegangenen Jahre zu befreien. Der Schlag hätte in zweiter Reihe die Zarin und den Zaren treffen und auch als Startschuss für einen Staatsstreich dienen können. Aber nichts dergleichen hatten die Verschwörer im Kopf. Einer der klügsten Gegner der Hofclique, Schulgin, merkte dies an, als Jussupow ihn in das Attentat einweihen und ihn dafür gewinnen wollte. Das Gespräch fand im Taurischen Palais, dem Sitz des Staatsduma, statt.

PURISCHKEWITSCH *Am 16. Dezember bringen wir ihn um.*
SCHULGIN *Wen?*
PURISCHKEWITSCH *Grischka.*
SCHULGIN *Tun Sie es nicht.*
PURISCHKEWITSCH *Was sind Sie doch für ein Feigling, Schulgin!*
SCHULGIN *Vielleicht, vielleicht aber auch nicht. Ich glaube nicht, dass Rasputin wirklich so viel Einfluss hat.*
PURISCHKEWITSCH *Und wieso nicht?*
SCHULGIN *Das ist alles Quatsch (…) Er besitzt Bauernschläue, ja, aber sonst …*
PURISCHKEWITSCH *Sie sind also der Meinung, dass Rasputin der Monarchie nicht schadet?*
SCHULGIN *Er schadet ihr nicht nur, er bringt sie um.*
PURISCHKEWITSCH *Dann verstehe ich Sie aber nicht …*
SCHULGIN *Schauen Sie! (…) Die Kabinettsumbildung findet entweder statt, weil es niemanden gibt, den man ernennen kann, oder weil man – egal, wer ernannt wird – nicht jeden zufriedenstellen kann. Denn das Land kann das Gerede über die sogenannten Leute des öffentlichen Vertrauens nicht mehr hören, und der Zar hat sowieso kein Vertrauen in sie … Rasputin hat damit überhaupt nichts zu tun. Selbst wenn Sie ihn umbringen – Sie werden nichts verändern.*
PURISCHKEWITSCH *Die Monarchie rennt in ihr Verderben (…) Ich werde ihn töten wie einen tollen Hund …*

Der Skeptiker konnte den Patethiker nicht überzeugen. Jussupow hatte sich bereits seit geraumer Zeit beim Starez eingeschmeichelt und konnte den merkwürdig Ahnungslosen in der Nacht vom 16. auf den 17. Dezember in seinen Palast an der Mojka zu einem geselligen Zusammensein verlocken. Die Verschwörer waren am Ziel.

Allerdings traten sie mit ihrer Tat eine Lawine los.

Kapitel 10
Der Sturz

«Unser Freund ist verschwunden. Gestern hat ihn Anja Wyrubowa gesehen, und er sagte, Felix Jussupow habe ihn gebeten, nachts zu kommen, ein Auto würde ihn abholen, um Irina, Jussupows Frau, zu treffen.[80] Ein Auto (…) mit zwei Zivilisten hat ihn geholt, und er ist abgefahren.» Der Brief von Alix erreichte den Zaren in den Abendstunden des 18. Dezembers 1916. Er befand sich gerade im Hauptquartier der Armee in Mogiljow und hatte den Vorsitz auf der Konferenz der Frontbefehlshaber, die der Vorbereitung der Frühlingsoffensive 1917 gewidmet war. Auf die böse Nachricht der Gattin hin verließ er jedoch die Versammlung und reiste nach Zarskoje Selo zurück. Inzwischen hatte man den Leichnam des Starez aus der Newa geborgen und auch die an dem Mord Beteiligten identifiziert: Felix Jussupow, Wladimir Purischkewitsch, Großfürst Dmitrij Pawlowitsch und den Militärarzt Stanislaw Lasowert, der das Zyankali besorgt hatte und auch den Eintritt des Todes feststellen sollte. Als das Gift in Wein und Kuchen nicht wirken wollte, griffen zuerst der Fürst und dann der Duma-Abgeordnete zu einer Schusswaffe, und als Rasputin in seiner unverwüstlichen Vitalität immer noch Lebenszeichen von sich gab, schlug man ihm mit einem Schlagring gegen die Schläfe. Großfürst Dmitrij war behilflich, indem er mit seinem eigenen Auto den so Zugerichteten auf eine Newa-Brücke brachte. Dort warfen sie den Leichnam in den eisigen Fluss. Immerhin hatten die Verschwörer dem Großfürsten erspart, bei der Tötung des unliebsamen Grigorij selbst Hand anlegen zu müssen, damit er, der aus Russlands edelster Familie stammte, seine Hände nicht mit Blut besudeln musste.[81]

Neben der Verwendung des Autos als Hilfsmittel zum politischen

Mord lag das eigentlich Neue in der Tatsache, dass Angehörige des Herrscherhauses, bisher potentielle Opfer von Terrorakten, nunmehr selbst in das blutige Geschäft eingestiegen waren. Allerdings unterschied sich ihr Verhalten grundlegend von dem der Anarchisten, Nationalisten und Sozialisten. Sie zeigten sich nämlich keineswegs bereit, die Folgen ihrer Tat, die sie zunächst auch spontan leugneten, auf sich zu nehmen. Ganz anders verhielten sich diesbezüglich die Attentäter aus dem Bürgertum wie etwa Kaljajew, Gavrilo Princip, ja sogar der Ochranka-Agent Bogrow und nicht zuletzt der Kriegsgegner Friedrich Adler, der im Oktober 1916 den österreichischen Regierungschef Graf Stürkgh in einem Wiener Restaurant erschoss und dabei Lynchjustiz oder ein Todesurteil riskierte. Die feinen adeligen Auto- oder, wie man sie damals nannte, Motorfahrer fanden sogleich Zuflucht in ihrem Milieu. Dies hing allerdings auch damit zusammen, dass ein Teil der Öffentlichkeit auf die Beseitigung des Starez euphorisch reagierte – angefangen von einfachen Bürgern bis hin zu Mitgliedern der Zarenfamilie.

Die Zarin stand unter Schock und reagierte dennoch erstaunlich handlungsorientiert auf die Untat im Jussupow-Palais: Vor allem befahl sie die Verhaftung von Großfürst Dmitrij Pawlowitsch und den Beginn der polizeilichen Ermittlungen auch gegen die anderen Beteiligten. Dies war ein unüberlegter Schritt. Einerseits wäre es die elementare Pflicht der Behörden gewesen, auch ohne äußere Intervention die notwendigen Maßnahmen einzuleiten. Vom rechtlichen Standpunkt aus gesehen hatten hier russische Untertanen einen russischen Untertanen getötet – Mord und Totschlag mussten von Amts wegen verfolgt und geahndet werden. Gleichzeitig hatte die Zarin keinerlei Befugnis, Instruktionen dieser Art zu geben. Dementsprechend reagierten die Befehlsempfänger aus ihrem gesunden Sicherheitsbedürfnis heraus weder adäquat noch blitzschnell, weil sie sich vorerst nirgendwo rückversichern konnten. Zunächst wurde Dmitrij in seinem Palais auf dem Newskij-Prospekt unter Hausarrest gestellt, während Jussupow nur eine Anhörung erdulden musste und Purischkewitsch ungehindert, obwohl von Agenten der Ochranka beschattet, mit dem von ihm kommandierten Sanitätszug an die bessarabische Front zurückkehren konnte.

Eine famose «Gerechtigkeit» ließ der nach Zarskoje Selo zurückgekehrte Nikolaj walten. Nachdem Rasputin, den er als «den unvergesslichen Grigorij» bezeichnete, heimlich in einer Ecke des Schlossparks beerdigt worden war – außer der Zarenfamilie waren noch Innenminister Protopopow, der von Rasputin geförderte Erzbischof Pitirim sowie Anna Wyrubowa anwesend –, traf der Zar eine Art rechtsfreier Entscheidung. Dmitrij sollte unverzüglich an die persische Front abkommandiert und Felix auf seinen Grundbesitz im Gouvernement Kursk verbannt werden. Sicher war der Zar über das Geschehene empört, er war jedoch bestrebt, durch diese relativ milde Strafe auch Loyalität gegenüber der Dynastie unter Beweis zu stellen, da er keinem Romanow eine zivile Anklage zumuten wollte. Falls er aber mit der Dankbarkeit des Clans gerechnet hatte, so musste er in der unmittelbar folgenden Zeit eine herbe Enttäuschung hinnehmen.

Angesichts ihrer abgestraften Verwandten übte die Romanow-Sippe den engen Schulterschluss. Zunächst mahnten Einzelne wie Dmitrijs Vater, Großfürst Pawel und Schwager Sandro den Zaren, «Gnade» walten zu lassen, danach wandten sich fünfzehn Großfürsten und Großfürstinnen in einer Petition an ihn. Erklärtes Ziel war, angesichts des dortigen «harten Klimas» Dmitrij aus Persien zurückzubeordern[82] und – wenn Verbannung schon unbedingt sein musste – das nahe Moskau gelegene Schloss Iljinskoje als Ort zu bestimmen. Diesen Ausbruch kollektiven Mitgefühls lehnte der Zar schroff ab und schrieb an den Rand des Briefes die Notiz: «Niemand hat das Recht, sich mit Mordtaten zu beschäftigen. Ich weiß, dass viele in Gewissensnöten sind und dass Dmitrij Pawlowitsch nicht als einziger in diese Sache verwickelt ist. Ich wundere mich über Euer Ersuchen.»

Dieser markige Ton zeugte nicht nur davon, dass Nikolaj die Bittschrift schlicht als unmoralisch empfand, sondern auch, dass er in dem Vorstoß der Familienangehörigen eine Bedrohung erblickte. Die Versammlungen, deren Produkt dieser Brief war, fanden im Palais von Dmitrijs Schwester statt, der Großfürstin Maria Pawlowna, und die Gespräche, an denen auch Nikolajs Jugendfreund Sandro beteiligt war, drehten sich um russische Innenpolitik, insbesondere um die Person der verhassten Zarin.

Diese wiederum hatte man von einem durch die Geheimpolizei abgefangenen Telegramm unterrichtet, in dem ihre Schwester Ella dem Großfürsten Dmitrij zu seiner «patriotischen Tat» gratulierte. Die Motive der an den Intrigen Beteiligten waren unterschiedlich: Einige fühlten sich von Alix oder Nikolaj zu verschiedenen Zeitpunkten und Anlässen beleidigt oder benachteiligt, andere hätten sich gerne selbst an Nikolajs Stelle auf dem Thron gesehen. Zudem blieben die Anfeindungen keinesfalls im geschützten Rahmen der Salons. «Tout Petersburg» tratschte über ein geplantes Komplott, dessen Minimalprogramm darin bestand, die Zarin in ein Kloster einzusperren und den Zaren zur Abdankung zugunsten seines Sohnes zu zwingen.[83] Die Zarin wähnte sich von offenen und versteckten Feinden umgeben, und dies war wahrhaftig keine Paranoia. Sie suchte Schutz bei ihrem Gatten. So schrieb sie ihm ausgerechnet am 16. Dezember, dem Vortag von Rasputins Ermordung: «Ein privater Ehemann würde solcherart Angriffe nicht eine Stunde lang dulden. (...) Heute treffen mich die irdischen Dinge nicht mehr tief, nur sollte mein Nicky sich wirklich etwas mehr für mich einsetzen ...»

Wie bereits dargelegt, hatten die Täter in der Annahme gehandelt, durch den Mord an Rasputin den Monarchen vor bösen Einflüssen und somit Russland vor dem Verderben zu retten. Grigorij war für sie ein deutscher Spion, der über die «deutsche» Zarin das Riesenreich einer Niederlage oder, was noch schlimmer gewesen wäre, einem schändlichen Separatfrieden mit Deutschland zugeführt hätte. Diese Vorstellung war, was die wirkliche Macht des Starez betraf, stark übertrieben, und was eine mögliche Spionagetätigkeit in Wilhelms Dienst anbelangt, völlig aus der Luft gegriffen. Falsche Prämissen einer Handlung ergeben jedoch oft unerwünschte Konsequenzen. Rasputins erbärmlicher Tod konnte die Erosion des Systems nicht aufhalten, sondern hat sie vielmehr beschleunigt.

Klarsichtige Duma-Politiker wie Rodsjanko, Gutschkow, Schulgin oder Miljukow glaubten gewiss nicht daran, dass der Starez, die Zarin oder ihre Schützlinge im Machtbereich tatsächlich für den Erzfeind arbeiteten, aber sie wussten wohl, dass dieses Argument einen wunden Punkt des Regimes treffen würde. Minister mit Namen wie Trepow oder Stürmer boten im parlamentarischen Kampf eine gute Zielscheibe. Der «deutsche Spion» sollte für alle Misserfolge an der Front und für das Elend im Hinterland herhalten. Dabei definierte sich die nationalistische, konservative und liberale Opposition eindeutig als patriotisch und mehr oder weniger als monarchistisch. Inzwischen gelangte sie aber immer mehr zu der Einsicht, dass die Monarchie mit genau diesem Monarchen keinen Bestand haben würde. Das Konzept, auf das die Oppositionellen hinauswollten, hieß «Regierung des öffentlichen Vertrauens», ein Euphemismus für eine konstitutionelle Staatsform, die von einer auf Grundlage freier Wahlen entstandenen verfassunggebenden Versammlung legitimiert werden sollte. Allerdings war bei einer solchen Innovation kein Platz mehr für den Alleinherrscher aus Gottes Gnaden.

Im Verlauf des Januar 1917 versuchten Botschafter der Alliierten, Mitglieder der Dynastie und Abgeordnete der Duma, Zar und Zarin zum letzten Mal von der Notwendigkeit einer politischen Wende zu überzeugen, doch alle verließen Zarskoje Selo mit leeren Händen. Nikolaj reagierte höflich ausweichend, die Zarin gereizt. Zu einem Eklat kam es, als Sandro mit Alix in ihrem Schlafzimmer ein offenes Gespräch führen wollte, bei dem auch der Zar anwesend war. Der Großfürst behauptete, die Bevölkerung sei von revolutionärer Propaganda durchdrungen, womit er vor allem die vehemente Kritik von Presse und Opposition an all den Skandalen bei Hofe verstand. Deshalb sei die Nation gegen den Zaren gestimmt. Die einzige Rettung könne sein, die Verantwortung von Nikolajs Schultern zu nehmen und einer für die Duma akzeptablen Regierung zu überlassen.

Alix *Die Nation ist immer noch loyal ihm gegenüber. Nur die verräterische Duma und die St. Petersburger Gesellschaft sind meine und seine Feinde.*

Sandro *Die Nation ist ihrem Zaren gegenüber loyal, aber die Nation ist ebenso indigniert über den Einfluss, den dieser Rasputin ausgeübt hat. (...) Deine Einmischung in die Staatsangelegenheiten fügt sowohl Nickys Ruf als auch der allgemeinen Vorstellung von einem Herrscher Schaden zu. (...) Du hast eine wunderbare Kinderschar, warum kannst du dich nicht auf Dinge konzentrieren, die Frieden und Harmonie ver-*

sprechen? (...) Eine radikale Veränderung unserer Politik würde dem Volkszorn ein Ventil schaffen.
ALIX *Dein Gerede ist lächerlich. Nicky ist absoluter Herrscher. Wie kann er seine von Gott verliehenen Rechte mit einem Parlament teilen?*
SANDRO *Ich sehe, dass du untergehen willst und dass dein Mann ebenso empfindet, aber was ist mit uns? Müssen wir alle für deine blinde Halsstarrigkeit büßen? Nein, Alix, du hast kein Recht, deine Familie mit in diesen Abgrund zu reißen! Du bist unglaublich selbstsüchtig!*
ALIX *Ich weigere mich, diese Diskussion fortzusetzen.*

Am schmerzlichsten empfand der Großfürst, der hier gewissermaßen als Ombudsmann der Dynastie auftrat, die Haltung seines Sandkastenfreundes aus dem goldenen 19. Jahrhundert. Selbst im französischen Exil tat ihm die Erinnerung daran noch weh: «Nicky rauchte weiter, sagte nichts und rauchte weiter. Es ist mir höchst unangenehm, aber wenn ich über das Verhalten des letzten Zaren in angespannten Momenten spreche, bleibt mir nichts anderes übrig, als immer wieder denselben dummen Satz zu wiederholen: Er sagte nichts und rauchte weiter.» Zeitzeugen und Historiker erklärten diese an Autismus grenzende Passivität Nikolajs mit seiner fatalistischen Einstellung und dem festen Glauben an Prädestination. Doch ein sehr konkretes Gefühl kam noch hinzu: Der Zar hatte schlicht Angst. Als Sandro zornesrot das Schlafzimmer verließ, sah er zu seinem Erstaunen im benachbarten «malvenfarbenen Salon» den Adjutanten Linewitsch, der mit den Zarentöchtern Olga und Tatjana Puzzle spielte. Der junge Offizier erzählte Anja Wyrubowa im Nachhinein, er sei «absichtlich geblieben, und sein Schwert sei bereit gewesen, die Zarin zu jeder Zeit vor Beleidigungen oder einem Attentatsversuch zu retten». In der Tat war das Zarenpaar zu dieser Zeit auf alles gefasst und misstraute grundsätzlich allen und jedem. Verlass gab es höchstens auf den toten Starez.

«Ich kann nichts weiter tun, als für Dich beten und beten», schrieb Alix in einem Brief, den sie Nikolaj am 22. Februar auf seine Reise nach Mogiljow mitgegeben hatte. «Unser lieber Freund tut das auch in seiner jenseitigen Welt – dort ist er uns noch näher, obwohl man sich danach sehnt, seine Stimme zu hören.» Bei aller Verzweiflung bewahrte sich die Zarin doch ihren gewohnten pädagogischen Eifer, um ihrem Gatten Mut und Haltung einzuflößen: «Mein Liebster, bleibe nur fest, zeige die starke Hand des Herrn, das ist es, was die Russen brauchen. (…) Sie bitten selbst darum – wie viele haben mir das gesagt! ‹Wir wollen die Peitsche spüren.› Es ist seltsam, so ist die slawische Art, großes Stehvermögen, Härte sogar – und warme Liebe.» Nachdem Nicky in Mogiljow angekommen war, antwortete er besänftigend: «Was Du über das Stehvermögen schreibst, werde ich nicht vergessen, aber ich muss nicht jeden Augenblick die Leute rechts und links von mir ankläffen. Eine ruhige, scharfe Bemerkung reicht sehr häufig aus, um den einen oder anderen auf seinen Platz zu verweisen.»

Die sechs Wochen, die der Zar nach Rasputins Ermordung in Zarskoje Selo verbrachte, waren für ihn eine lang ersehnte Ruhepause. Er gab Audienzen, eröffnete den Neujahrsempfang im Winterpalais und gab ein Festessen[84] für die Bevollmächtigten der Alliierten, aber am liebsten beschäftigte er sich mit seinen Kindern und spielte mit ihnen an den langen Winterabenden Puzzle. Nur das Puzzle des eigenen Schicksals konnte er nicht aus den einzelnen Informationen und Gerüchten, die ihn erreichten, zusammenfügen. Möglicherweise nahm er die Berichte des Geheimdienstes, in denen eine zunehmende Kriegsmüdigkeit und Unzufriedenheit des Volkes zur Sprache kam, schlicht nicht zur Kenntnis. Auch in der kämpfenden Truppe begann es zu gären, und dies stellte eine größere Gefahr für seine Herrschaft dar als dynastische Intrigen oder oppositionelles Treiben.

Umso erstaunlicher schien seine plötzliche Entscheidung, sich wieder zum Hauptquartier zu begeben – bis heute sind die Gründe dafür ungeklärt. Nicht alle waren von dieser Idee begeistert. Der getreue Palastkommandant und ewige Begleiter Wojejkow[85] befragte Innenminister Protopopow nach den Risiken der Reise. Dieser soll dem Zaren angeblich versichert haben, in St. Petersburg herrsche Ruhe – eine Behauptung, die zu jener Zeit kaum der Wahrheit entsprochen haben kann. Doch hatte der Zar keine aktuellen politischen Bedenken, als sein blauer Sonderzug am Mittwoch, dem 22. Februar um 14 Uhr mit dem kompletten Begleittross von rund vierzig Personen vom Nikolaj-Bahnhof aus losfuhr. Seine Sorge galt vielmehr der

Tatsache, dass die Kinder alle hintereinander an Masern erkrankt waren und mit hohem Fieber das Bett hüten mussten. Am Tag der Abfahrt verabschiedete sich der Palastkommandant vom Zarewitsch Alexej und erinnerte sich später: «Ungeachtet seines hohen Fiebers war er zu mir sehr lieb und freundlich. Nie mehr habe ich ihn wiedergesehen.»

Nüchtern betrachtet musste diese Reise früher oder später stattfinden: Der Zar als Oberbefehlshaber konnte sich kein allzu langes Fernbleiben vom Hauptquartier erlauben. Zudem war Stabschef General Alexejew soeben von einer Erholungskur auf der Krim zurückgekehrt und hatte um eine Konsultation gebeten. Ansonsten gab es «im Westen nichts Neues»,[86] die Kampfhandlungen waren zum Erliegen gekommen. Russlands Westgrenze stand unter dem Schutz von «General Winter», der anno 1812 auch Napoleons Grande Armée abzuwehren vermocht hatte. Dem ruhmreichen Sieg gegen den Franzosenkaiser galt auch der Besuch Nikolajs in der Gedenkkapelle nahe Mogiljow, die zum hundertsten Jahrestag der Schlacht von Borodino erbaut worden war. Der pietätvolle Akt war Teil eines Autoausflugs, den der Zar am 25. Februar mit seinem Gefolge unternahm. Gegen sechs Uhr abends kehrten sie in das Hauptquartier zurück. Der Zar bekam einen Brief seiner Gattin, in dem diese über Brotknappheit und damit zusammenhängende Unruhen in Petrograd berichtete, wobei sie diese als Ausschreitungen jugendlicher Rowdies abtat. Noch am selben Abend ließ Nikolaj per Ukas die Sitzungen der Duma bis auf Weiteres aussetzen, ohne jedoch das Parlament aufzulösen.

Dieser Schritt gehörte zur Kategorie unvermeidlicher Fehler, die Herrschende begehen, wenn sie von Panik erfasst werden. Allzu sehr war Nikolaj auf das von ihm selbst durch das Manifest von 1905 ins Leben gerufene und verhasste Parlament fixiert, sodass er dessen Gefährlichkeit in Wirklichkeit nicht einzuschätzen vermochte. Bei aller verbalen Aggressivität im Taurischen Palais funktionierte die Duma nicht einmal als Legislative, von irgendeinem Einfluss auf die Exekutive gar nicht zu reden. So erwies sich die Maßnahme, die Sitzungen auszusetzen, als völlig unangemessen und goss nur weiteres Öl ins Feuer. Das bemerkten sogar Teile der Dynastie, unter ihnen Großfürst und Generalmajor Andrej Wladimirowitsch, wie aus einer Tagebuchnotiz vom 1. März 1917 deutlich wird: «Die Duma ist natürlich ein Dreckshaufen – trotzdem sollte sie meines Erachtens nach nicht dichtgemacht werden, ebenso wie man nicht ungestraft den Arsch eines Menschen zunähen kann, nur weil er stinkt. Die Organismen müssen über Ausgänge verfügen, physiologische ebenso wie staatliche. Aus der Geschichte weiß man wohl, dass Parlamente niemals einen wirklichen Nutzen gebracht haben.» Dies waren ohne Frage drastische und zynische Worte, sie bildeten jedoch sicherlich einen allgemeinen Konsens in weiten Teilen der adeligen Herrschaftsschicht ab.[87]

Was den Zar selbst betrifft, der nicht so schlicht gestrickt war und in moralischen Begriffen dachte, so konnte offenbar weder sein Verstand noch sein Gefühl die Tragweite des Geschehens erfassen. Umso wachsamer reagierte sein Körper. «Heute früh», schrieb er am 26. Februar an Alix, «spürte ich während des Gottesdienstes einen abscheulichen Schmerz in meiner Brust, der eine Viertelstunde anhielt. Ich konnte kaum stehen, und meine Stirn war mit Schweißtropfen bedeckt. Ich habe keine Ahnung, was das war, denn ich hatte kein Herzklopfen, aber es kam und ging sofort, als ich vor dem Bild der Jungfrau kniete!» Kurz darauf traf ein Telegramm von Rodsjanko ein, dem Vorsitzenden der Duma, in dem dieser in düsteren Tönen die Lage schilderte: «Demütigst berichte ich Eurer Majestät, dass die Unruhen in der Bevölkerung bedrohliche Ausmaße angenommen haben. Die Gründe sind Brotmangel und eine unzureichende Versorgung mit Mehl, die Panik verursachen, vor allem aber ein vollständiger Mangel an Vertrauen in die Führung. Unter diesen Umständen wird es mit Sicherheit eine Explosion der Ereignisse geben (...). Die Bewegung könnte sich auf die Eisenbahnen ausdehnen (...). Die Gärung ist bereits auf die Armee übergegangen (...). Die Regierung ist vollständig gelähmt und völlig unfähig, die Ordnung wiederherzustellen. Eure Majestät, retten Sie Russland vor der drohenden Demütigung und Schande. Ernennen Sie unverzüglich eine Person, der das ganze Land vertraut, und beauftragen Sie sie damit, eine Regierung zu bilden, zu der die gesamte Bevölkerung Vertrauen haben kann.»

Obwohl der Zar den «dicken Rodsjanko» nie leiden konnte, muss er dessen Einschätzung, die auch durch andere Quellen bestätigt wurde, Glauben geschenkt haben. Seinen Wissensstand von Sonntag,

Abb. 20: Aufständische in Petrograd, März 1917

dem 27. Februar, fasste er im Tagebuch wie folgt zusammen: «Vor einigen Tagen haben in Petrograd ernsthafte Unruhen begonnen, und was die Lage noch verschlimmert, die Truppen haben sich angeschlossen. Es ist ein schreckliches Gefühl, so weit weg zu sein und nur Bruchstücke von schlechten Nachrichten zu erhalten! Nach dem Abendessen entschloss ich mich, sobald wie möglich nach Zarskoje Selo zurückzureisen.» Jedenfalls befahl er General Chabalow, dem Militärgouverneur von Petrograd, kategorisch, den Unruhen in der Hauptstadt, «die in diesen schweren Zeiten des Krieges mit Deutschland und Österreich unerträglich sind», ein Ende zu setzen, und zwar «morgen». Für alle Fälle ließ er auch Einheiten von der Front abziehen. Unabhängig vom Handeln seiner Generäle kehrte am Sonntag, dem 28. Februar, wieder relative Ruhe in der Hauptstadt ein – wie sich herausstellen sollte, nur die Ruhe vor dem Sturm. Dennoch entschied sich der Zar zu einer raschen Rückkehr – vielleicht hörte er diesmal im wörtlichen Sinne auf sein Herz, das ihm vor ein paar Tagen während des Gottesdienstes eine Hiobsbotschaft telegrafiert hatte.

Der Sonderzug mit dem Zaren und seiner Suite brach in den frühen Morgenstunden des 28. Februars in Richtung Zarskoje Selo auf und kam bis zum Bahnhof Malaja Wischera, der rund hundertsechzig Kilometer von Zarskoje Selo entfernt war. Hier ereilte Nikolaj die Nachricht, dass die nun vor ihm liegende Station Tosno von Aufständischen besetzt sei und folglich dort auch keine Depeschen empfangen werden konnten. Man entschied sich nach einigem Zögern, den Weg nach Pskow zu nehmen, dem Hauptquartier der nördlichen Front. Entmutigt und ratlos schrieb Nikolaj in den späten Abendstunden in sein Tagebuch: «Es ist nicht möglich, nach Zarskoje Selo durchzukommen, obwohl alle meine Gedanken ständig dort sind! Wie schwierig muss es für die arme Alix sein, all dies durchstehen zu müssen!» Nun zeigte er sich zähneknirschend dazu bereit, einer der Duma verantwortlichen Regierung zuzustimmen und ließ Rodsjanko nach Pskow bitten. Gleichzeitig schickte er über General Alexejew eine telegraphische Anfrage an die Oberbefehlshaber von allen fünf Fronten, wie sie die Lage einschätzten und welche Schritte sie ihm vorschlügen. Als er am 2. März in Pskow eintraf, war das niederschmetternde Echo dort bereits angekommen: Vier von den fünf Oberbefehlshabern forderten in höflichen, ja untertänigsten Sätzen seine Abdankung,[88] die ihrer Meinung zufolge der einzige Weg war, Russland vor der Anarchie zu retten. Und Rodsjanko ließ sich gar nicht erst blicken. In diesen entscheidenden Tagen wollte er St. Petersburg nicht verlassen und das Terrain anderen Politikern preisgeben, sondern schickte zwei Emissäre, die Abgeordneten Gutschkow und Schulgin, die mit Nikolaj Gespräche führen sollten, deren Thema nur die Abdankung des Zaren sein konnte.

Ohne einer der vielen gängigen Verschwörungstheorien in Bezug auf Nikolajs Entthronung das Wort zu reden, muss doch darauf hingewiesen werden, dass das Verhängnis des Zaren eine merkwürdig perfekte Dramaturgie hatte, und zwar beginnend mit dem Tag der Abreise, dem 22. Februar. Weder in St. Petersburg oder Zarskoje Selo noch in Mogiljow wollte ihn irgendein maßgeblicher Akteur von diesem Schritt abhalten. In den kritischen Tagen, als die Hungerrevolte in Revolution umschlug, war der Zar unterwegs, genauer gesagt in seinem Sonderzug isoliert, von jeglicher Information abgeschnitten.

Besonders wichtig war der Umstand, dass er in all dieser Zeit keine Tuchfühlung mit seiner Frau aufnehmen konnte. Damit war der Störfaktor Nummer eins ausgeschaltet. Und als die Telegramme seiner Generäle ihm die Abdankung nahelegten, wusste er, dass das Spiel aus war und formulierte im Waggon des Sonderzuges die erste Fassung seines Manifestes, in dem «Nikolaj II., Zar aller Reußen, Zar von Polen, Großfürst von Finnland, etc. etc.» seine Bereitschaft mitteilte, zugunsten seines Sohnes Alexej auf den Thron zu verzichten. Als Regenten für den Minderjährigen sah er seinen Bruder Mischa vor. Auf die Frage des verblüfften Palastkommandanten Wojejkow nach den Gründen für den Rücktritt gab er zur Antwort: «Was bleibt mir sonst übrig, da mich alle verraten haben?»

Die Emissäre der Duma waren noch unterwegs und gewährten damit Nikolaj eine Denkpause. Aus einer Unterredung mit dem Leibarzt Dr. Fjodorow war ihm klargeworden, dass Alexej, wenn er auch nach dem damaligen Stand der Medizin ein hohes Alter erreichen konnte, von der Hämophilie ein Leben lang bedroht sein würde. Nachdem der Zar ein Exemplar des Manifestes bereits General Alexejew überreicht und dieser sofort Petrograd unterrichtet hatte, begann er nun eine Ergänzung zu formulieren. Die endgültige und zur Veröffentlichung bestimmte Instruktion lautete: «Da Wir nicht wünschen, von Unserem geliebten Sohn getrennt zu werden, übergeben Wir Unsere Nachfolge an Unseren Bruder, den Großfürsten Michail Alexandrowitsch, und geben Ihm Unseren Segen für die Thronbesteigung. Wir bitten ihn, in engstem Einklang mit den Repräsentanten der Nation zu regieren, die in den gesetzgebenden Versammlungen sitzen, und vor ihnen seinen unverletzlichen Eid im Namen des geliebten Landes zu leisten.» Als die Duma-Delegierten am darauffolgenden Tag im Salonwagen des Zaren erschienen, gab es nicht mehr viel zu besprechen.

Großfürst Michail, seines Zeichens Generaladjutant und Mitglied des Staatsrates, ein freundlicher Mann im Alter von neununddreißig Jahren, der gegen den Willen seines Bruders morganatisch verheiratet war mit der bürgerlichen und zweifach geschiedenen Natalja Brassowa, begriff sogleich, als ihn Nikolajs Telegramm erreichte, dass der ihm dargebotene Thron unter den gegebenen Umständen nur ein Schleudersitz sein konnte. Auf Rodsjankos Einladung hin erschien er in der Duma, die damals noch bereit war, das Prinzip Monarchie durch eine Art zaristischen Strohmann zu retten. Allerdings wollte er die Annahme der Zarenkrone, der berühmten «Mütze von Monomach», von der Entscheidung der künftigen Verfassunggebenden Versammlung abhängig machen – ein Vorbehalt, der den russischen Staat automatisch zum Interregnum führte. Die Mitglieder der Duma, Kern der ausgerufenen Provisorischen Regierung, wussten Michails Zurückhaltung zu würdigen. Die Verfassunggebende Versammlung kam erst im Januar 1918 zustande und wurde von der Sowjetregierung sofort gewaltsam aufgelöst.

Das Zwischenspiel in Pskow war nur von kurzer Dauer, der Zar reiste zurück nach Mogiljow, um sich von seiner Armee zu verabschieden. Die neuen Herren von Petrograd hinderten ihn nicht daran und lockerten auch die Kontaktsperre. Nikolajs Botschaften erreichten nun wieder das Schloss in Zarskoje Selo, sie enthielten nichts Politisches: «Endlich kam diese Nacht Dein Telegramm. Bin verzweifelt, nicht bei Dir zu sein», und dann: «Bin wieder im Zug. Schneesturm. In Gedanken und Gebeten immer zusammen. Nicky.» Der erste Brief von Alix beginnt mit einer Mitteilung, den nur die beiden dekodieren konnten: «Die Lady geht erst heute statt gestern.» Die Lady ist eine der zahlreichen Pseudonyme für Alix' Periode. So verwandelten sich die beiden allmählich von Zar und Zarin in Mann und Frau. Ansonsten kommentierte Alix die Abdankung: «Wie sie Dich gedemütigt haben, indem sie diese beiden Wilden geschickt haben!» Am wichtigsten für sie war jedoch, dass mit der Übergabe des Throns an Michail wenigstens Alexej aus dem Spiel war.

In Mogiljow wurde der – nun bereits ehemalige – Monarch von seinen Waffenbrüdern empfangen, insgesamt etwa hundertfünfzig Personen. Er wurde soldatisch begrüßt, und der diensthabende ranghohe Offizier erstattete ihm Rapport. Ansonsten gab es viel Hurra, überall einen warmen Händedruck, Tränen in den Augen. «Alles wie gehabt», bemerkte ein Anwesender in seinem Tagebuch. Aber das Heer und die Stadt gehörten Nikolaj nun nicht mehr. Auf der Hauptstraße marschierte das George-Bataillon, das Militärorchester spielte die Marseillaise. Einige Offiziere entfernten rasch das zaristische

Monogramm von ihrer Uniform – sie hatten Angst vor ihren Soldaten, die sie laut einem Dekret der neuen Regierung nun nicht mehr duzen durften. Aus dem Begleittross des ehemaligen Zaren verschwand nach und nach das subalterne Personal. Anderen, wie zum Beispiel Hofminister Friederichs und Palastkommandanten Wojejkow, wurde von General Alexejew empfohlen, sich lieber nicht mehr in der Nähe Nikolajs blicken zu lassen. Auch Grotesk-Anekdotisches gab es: Eines Morgens weigerte sich der Hoffriseur, den ehemaligen Zaren zu rasieren, sodass man gezwungen war, einen privaten Coiffeur aus der Stadt einzuladen.

Am 4. März traf der Sonderzug der verwitweten Zarin Maria Fjodorowna aus Kiew ein. Die alte Dame wurde von ihrem Schwiegersohn Sandro begleitet, als sie in ihrem Salonwagen auf Nikolaj traf. Sandro hatte offenbar noch nicht die Bitterkeit ihrer letzten Begegnung in Zarskoje Selo vergessen und nahm nun seinem Schwager den Thronverzicht übel: «Er war blass, aber sonst verriet nichts seine Autorschaft bezüglich dieses schrecklichen Manifests. Er blieb für zwei Stunden mit der alten Zarin unter vier Augen. Über den Gegenstand des Gesprächs hat sie mir nie etwas gesagt. Als ich eingeladen wurde, mich zu ihnen zu gesellen, saß sie in einem Sessel und schluchzte laut, während er reglos dastand, seine Füße betrachtete und, natürlich, rauchte.»

Offenbar enthielt das Gespräch zwischen Mutter und Sohn kein Wort, das einem mittelmäßigen Romancier nicht eingefallen wäre. Wir lesen in ihrem Tagebuch: «Der arme Nicky erzählte mir von all den tragischen Ereignissen, die in den letzten zwei Tagen passiert waren. Rodsjanko schlug Nicky vor – unglaublich! –, auf den Thron zu verzichten zugunsten seines Sohnes. Aber Nicky konnte sich natürlich nicht von seinem Sohn trennen. Alle Generäle telegraphierten ihm und rieten dasselbe, sodass er schließlich nachgab und das Manifest unterzeichnete.»

Zum Abschied umarmten und küssten sie sich und wussten wahrscheinlich genau, dass dies ihre letzte Begegnung war.

Bei aller Melodramatik dieser Tage bewahrte Nikolaj, nunmehr völlig auf sich gestellt, so viel Nüchternheit, dass er durch General Alexejew als Mittelsmann der Provisorischen Regierung einen Forderungskatalog zukommen ließ. Die darin enthaltenen vier Garantien sollten quasi als Gegenleistung für die friedliche Übergabe der Macht erfüllt werden. Es ging darum, ihn und seine Begleitung ungestört nach Zarskoje Selo reisen zu lassen, dort bis zur Genesung der Kinder Sicherheit zu gewähren, danach die Familie nach Murmansk reisen zu lassen und ihr schließlich nach Kriegsende den Aufenthalt als Privatpersonen in Schloss Livadia auf der Krim zu gestatten.

Besonders interessant in dieser Wunschliste war das Reiseziel Murmansk, das auf die bereits verbal geäußerte und seitens der neuen Herrscher offensichtlich akzeptierte Absicht verwies, das Land zu verlassen. Murmansk war Russlands nördlichster eisfreier Hafen an der Barentssee, wo unter Umständen auch ein britisches Kriegsschiff anlegen konnte, um die Schiffbrüchigen der Weltgeschichte aufzunehmen. Das wäre eine politisch korrekte Lösung gewesen, doch es sollte anders kommen. Kurz vor der geplanten Rückreise am 8. März nach Zarskoje Selo teilte General Alexejew seinem ehemaligen militärischen Vorgesetzten mit: «Von nun an können Sie sich als verhaftet betrachten.»

Kapitel 11

Die Tragödie des Bürgers Romanow

Während sich der Zar, der bereits abgedankt hatte, in Begleitung einiger Duma-Abgeordneter auf dem Weg von Mogiljow nach Zarskoje Selo befand und schon Klarheit über seinen Status als Verhafteter hatte, erschien im Schloss General Lawr Kornilow, Oberbefehlshaber des Petrograder Militärbezirks,[89] und überbrachte der Zarin höflich den Haftbefehl der Provisorischen Regierung. Alix nahm die Nachricht ruhig auf, denn sie war heilfroh, dass Nikolaj bald wieder zu Hause sein würde. Allerdings sorgte sie sich, wie die neue Situation ihren immer noch an Masern kränkelnden Kindern möglichst schonend mitgeteilt werden könnte. Während sie selbst mit den vier Mädchen sprach, hatte der Hauslehrer Gilliard die heikle Aufgabe übernommen, Alexej zu informieren. Dies schilderte er in seinen Memoiren:

«Ich ging zu Alexej Nikolajewitsch und sagte ihm, dass der Zar morgen aus Mogiljow heimkehre und nie mehr dorthin zurückfahre. ‹Warum?› – ‹Weil Ihr Vater nicht mehr Oberbefehlshaber sein will.› Diese Nachricht machte ihn sehr traurig, weil er sehr gern mit dem Vater ins Hauptquartier fuhr. Nach einigen Sekunden fügte ich hinzu: ‹Wissen Sie, Alexej Nikolajewitsch, Ihr Vater will nicht mehr Zar bleiben.› Er blickte mich erstaunt an und versuchte das, was geschah, von meinem Gesicht abzulesen. ‹Wie das denn? Warum?› – ‹Weil er sehr müde ist und viel Anstrengendes in letzter Zeit vollbracht hat.› – ‹Ach ja! Mama erzählte mir, dass man seinen Zug aufgehalten hat, als er hierherkommen wollte. Aber wird Papa dann trotzdem wieder Zar?› Ich erklärte ihm, dass der Herrscher auf seinen Thron zugunsten des Großfürsten Michail Alexandrowitsch verzichtet hatte, was dieser aber seinerseits ablehnte. ‹Wer wird dann Zar?› – ‹Ich weiß nicht, zunächst niemand!› Er sagte kein Wort über sich selbst, über seine Rechte als Thronerbe, war stark errötet und aufgeregt. Nach einigen Sekunden Schweigens stellte er die Frage: ‹Wenn es keinen Zaren gibt, wer wird dann Russland führen?›»

Nicht weniger ratlos waren die Akteure, die soeben dabei waren, aus der Duma-Opposition eine provisorische Regierung zusammenzuzimmern. Die meisten von ihnen dachten an eine konstitutionelle Monarchie nach britischem Muster, aber die in den Sowjets versammelten Massen, die zunächst noch hinter ihnen standen, konnten, wenn überhaupt, nur eine Republik als Staatsform akzeptieren, und ein Teil der rebellierenden Arbeiter, Soldaten und Bauern hätte dieser gern das Wort «sozialistisch» vorangestellt. Rechtlich gesehen entstand ein Interregnum, historisch jener «Machiavelli-Moment», in dem die Macht auf der Straße liegt und dringend jemanden sucht, der sie aufhebt. Zudem verfügte das neue System, das sich zähneknirschend als «revolutionäre Demokratie» definierte, über einen abgedankten, aber physisch existierenden Nikolaj Romanow und dessen Familie, die in ihrer Symbolhaftigkeit die unzufriedene und ungeduldige Öffentlichkeit magnetisch anzog. Kurz gesagt, stellte sich für die neuen Machthaber die Frage: Wohin mit dem Zaren?

Noch in Mogiljow schien eine politische Lösung möglich: Die Familie sollte nach Nikolajs Rückkehr von Zarskoje Selo aus über den kürzesten Weg nach Murmansk fahren, wo sie von einem britischen Kreuzer aufgenommen und nach England verschifft worden wäre, um dort die verwandtschaftliche Gastfreundschaft des Cousins Georg V. zu genießen. Genau diese erbat der frischgebackene Außenminister Miljukow, als er dem britischen Botschafter Sir George Buchanan den Plan unterbreitete. Dieser nahm Kontakt zu seiner Regierung auf und erhielt prompt eine positive Antwort – der Zar und seine Familie seien willkommen. Nun war die Provisorische Regierung am Zuge, um den Transport zu organisieren. Eine solch schonende Lösung konnte aber nur ein Mann mit einwandfreier revolutionärer Reputation vertreten: Die Rolle übernahm Alexander Kerenskij, Justizminister der Provisorischen Regierung und Oberster Staatsanwalt, Mitglied der Sozialrevolutionären Partei und des Petrograder Sowjets – ein Mann, der als linker Duma-Abgeordneter noch vor ein paar Monaten die physische Beseitigung des Zaren für möglich gehalten hatte und von der Zarin Alexandra in einem Brief an ihren Gatten als Kandidat für den Galgen bezeichnet worden war.

Am 3. März (16. März) fuhr Kerenskij nach Moskau, um vor dem dortigen Sowjet die Perspektiven der Revolution zu erörtern. Auf die Frage des mehrheitlich proletarischen und soldatischen Publikums: «Wo sind die Romanows?» gab laut einem Pressebericht «der todesbleiche, mit einem roten Band dekorierte» und sichtbar aufgeregte Redner zur Antwort: «Nikolaj II. wurde von allen verlassen, hat sich unter die Obhut der Provisorischen Regierung begeben, und ich als Oberster Staatsanwalt habe sein Schicksal und das seiner Dynastie in der Hand. Aber unsere erstaunliche Revolution begann unblutig, und ich will kein Marat der russischen Revolution werden. Ich begleite Nikolaj II. in einem Sonderzug bis zu einem gewissen Hafen und schicke ihn weg nach England. Gebt mir hierzu Macht und Mandat!» (Ovation. Kerenskij verlässt die Versammlung.)

Der neue Justizminister, der eigentlich die parallele Macht der Sowjets in der Regierung vertrat, war tatsächlich kein Marat, sondern, wenn wir dem französischen Modell folgen, eher ein Mirabeau des Umsturzes, der feurige Reden mit vorsichtigem Taktieren zum Schutz der gestürzten Dynastie Capet zu kombinieren suchte. Zur List Kerenskijs und seiner Regierung gehörte ebenso die Verhaftung des Zarenpaares, die sowohl der Beschwichtigung der Sowjets als auch dem Schutz des Zaren und der Zarin in ihrem gut bewachten Schloss diente. Der Arrest wurde mit keinerlei Verdachtsmomenten hinsichtlich irgendwelcher Delikte verbunden und noch weniger mit Fluchtgefahr begründet. Vielmehr gehörte er zur Vorbereitung des Projekts «Murmansk». Die Schwierigkeit einer solchen Aktion, die für den 10. (23.) oder 11. (24.) März geplant wurde, schilderten Ministerpräsident Fürst Lwow und Kerenskij später gleichlautend. Ihren Informationen zufolge hatten die Sowjets vor, sämtliche Bahnhöfe zu blockieren, und ihre Vertreter erschienen sogar in Zarskoje Selo, um sich von der Anwesenheit der Majestäten zu überzeugen. Wie gefährlich zu dieser Zeit die bewaffneten Einheiten der Arbeiter- und Soldatendeputierten tatsächlich waren, lässt sich heute schwer feststellen. Sicher ist jedoch, dass sich die Regierung bei der Ausführung ihrer Pläne selbst ein Bein stellte.

Angesichts der Tatsache, dass die Öffentlichkeit in den vorrevolutionären Monaten fast ausschließlich mit Rasputin, der Hofclique und deren angeblich verräterischen Beziehungen zu Deutschland beschäftigt war, forderte man nun einen entsprechenden Prozess und eine Verurteilung, radikalere Gruppen verlangten sogar direkt die Hinrichtung von Nikolaj und Alexandra. Um diesem Druck teilweise nachzugeben, rief die Provisorische Regierung am 4. (17.) März eine Außerordentliche Untersuchungskommission zur Aufklärung der Verantwortung führender Persönlichkeiten des Ancien Regime ins Leben. Juristisch gesehen wäre die Arbeit eines solchen Ausschusses ohne Anhörung der beiden Kronzeugen jeder Authentizität beraubt gewesen. Wie hätte man beispielsweise einen Ministerpräsidenten wie Stürmer schuldig sprechen können, ohne den Zaren, der ihn ernannt oder die Zarin, die ihn für das Amt vorgeschlagen hatte, zu befragen?

Ein anderes, weitaus gewichtigeres Problem hinsichtlich der geplanten Verbannung stellte jedoch die Haltung der britischen Seite dar. Ursprünglich hatte der König, sicher nicht ohne Inspiration durch seinen Privatsekretär Baron Stamfordham, am 6. (19.) März ein Telegramm an seinen Cousin geschickt, in dem er sein Mitgefühl ausdrückte: «Die Ereignisse der letzten Woche deprimieren mich zutiefst. Meine Gedanken sind immer bei Dir, und ich werde immer Dein treuer und ergebener Freund sein, der ich, wie Du weißt, in der Vergangenheit stets gewesen bin.» So schrieb Georgie an Nicky, anders handelte er aber in seiner Rolle als Georg V. Bereits am 9. März ließ er seine Bedenken Außenminister Arthur Balfour durch Stamfordham übermitteln: «Seine Majestät hören nicht auf, Zweifel zu quälen, und zwar nicht nur wegen der Sicherheit einer solchen Schiffsreise,[90] sondern auch überhaupt in Bezug auf deren Zweckmäßigkeit. Er macht sich Gedanken, ob es vernünftig ist, der Zarenfamilie ausgerechnet in diesem Land Asyl zu gewähren.»

Ein paar Wochen später berichtete Balfour Premierminister David Lloyd von der wachsenden Unruhe des Königs: «Sie verstehen, in welch schreckliche Situation unsere königliche Familie gerät, die sowohl zum Zaren als auch zur Zarin enge Beziehungen pflegt.» Und er schlug vor, über Botschafter Buchanan der Provisorischen Regierung nahezulegen, ein anderes Exilland für die Familie zu suchen. Den Politikern ging es hauptsächlich darum, nicht durch eine direkte Rücknahme ihrer ursprünglichen Einladung Britanniens Glaubwürdigkeit zu beschädigen. Obwohl, wie neueste Dokumenten zeigen, in dieser unrühmlichen Geschichte Georg V. die Hauptrolle spielte, hatte der König dieselbe Angst vor dem Anlanden der Romanows wie die politische Elite insgesamt. Sie wollten es gern vermeiden, die ohnehin kriegsmüde und dem Zarismus gegenüber feindselig eingestellte Gesellschaft, speziell die Arbeiterschaft, zu reizen. Gegen die Aufnahme der Zarenfamilie in England sprach sich sogar die den Tories nahestehende Tageszeitung «The Daily Telegraph» in ihrem Leitartikel «Respektvoller Protest» aus:

«Wir hoffen ehrlich, dass die britische Regierung nicht die Absicht hat, dem Zaren und seiner Frau in England Asyl zu gewähren. Es tut uns leid, über diese exaltierte Dame sprechen zu müssen, die in so naher Verwandtschaft zum König steht. Aber wir können eine Tatsache nicht vergessen: Die Zarin stand im Mittelpunkt und war sogar Inspiratorin der prodeutschen Intrigen. (...) Die Gattin des russischen Zaren konnte niemals vergessen, dass sie eine deutsche Fürstin ist (...). Die Zarin würde England in einen Standort neuer Intrigen verwandeln (...). Wenn die Zarenfamilie nach England kommt, entsteht damit eine furchtbare Gefahr für das Königshaus.» Neben der landläufigen Behauptung, die Zarin sei deutschfreundlich gesinnt – was übrigens sogar von der Untersuchungskommission der Provisorischen Regierung dementiert wurde –, «vergaß» der Verfasser des Leitartikels, dass es sich bei Alix nicht zuletzt um eine Enkelin von Königin Victoria handelte. Wichtig für die Stimmung war die Verunsicherung des Königs. Englands damals populärster Autor, Herbert George Wells, protestierte am 8. (21.) April in der «Times» gegen den «Import der Dynastie» und empfahl zugleich, «auch England von alten Attributen wie Thron und Zepter zu befreien».[91] Einige Monate später distanzierte sich die britische Regierung auch offiziell von ihrer Einladung.

Von all diesen Querelen wusste Nikolaj zunächst nichts. Ebenso wie ihm das Telegramm von Georg V. niemals ausgehändigt wurde,

Abb. 21: Kerenskij als Chef der Provisorischen Regierung im Winterpalais

hielt man ihn auch nicht über die Pläne in Bezug auf seine nähere Zukunft auf dem Laufenden. So schrieb er am 11. (24.) März ahnungslos in sein Tagebuch: «Ich begann alles einzupacken, was ich mitnehmen will, wenn wir nach England reisen müssen.» Dabei wurde das Thema bei Kerenskijs erster Visite in Zarskoje Selo am 27. März gar nicht erörtert. Erst der Hauslehrer Gilliard fand das Schweigen auffällig: «Kein Wort über unsere Abfahrt ins Ausland», schrieb er in seinen Memoiren. Zehn Tage später versuchte der Leibarzt Dr. Botkin mit einer schlau gemeinten Frage den Minister aus der Reserve zu locken: «Wäre es nicht möglich, die Zaren-Familie nach Livadia zu schicken, um den Gesundheitszustand der Kinder zu verbessern?» Kerenskijs Antwort: «Zur gegebenen Zeit ist das völlig unmöglich.» Gilliard begriff den tieferen Sinn des Satzes: Die Reise ins Ausland stand nicht mehr auf der Agenda.

Kerenskij hinterließ im Übrigen bei Nikolaj einen eindeutig positiven Eindruck. Dies verdankte er seiner höflichen, freundlichen, beinahe vertraulichen Art, mit der er sogar unangenehme Dinge vermitteln konnte. Nikolaj war immer mehr der Ansicht, Kerenskij sei «der richtige Mann am richtigen Ort. Je mehr Macht er hat, desto besser ist es für Russland». Unter vier Augen sagte er wiederholt: «Wir glauben Ihnen.» Der Minister, später Ministerpräsident, fühlte sich tief geschmeichelt: «Unsere Blicke trafen sich. Vielleicht las er in meinen Augen die Genugtuung. Der Zar, der so selten anderen Menschen glaubte und Verrat durch ihm Nahestehende erlebt hatte, drückte jetzt einem Menschen sein Vertrauen aus, den seine Frau noch kurz zuvor am liebsten am Galgen sehen wollte.» In diesen Sätzen schwingt die Eitelkeit und der Snobismus des Revolutionärs gegenüber dem Monarchen mit – allerdings auch ein anständiges Verhalten des Siegers gegenüber dem Besiegten.

Die Monate nach dem Thronverzicht in Zarskoje Selo verliefen, wie Gilliard berichtete, recht monoton: «Ein Tag vergeht wie der andere, ohne Veränderungen, mit Unterrichtsstunden und Spaziergängen.» Monsieur Gilliard brachte den Kindern Französisch bei, Mr. Gibbs lehrte sie Englisch. Spaziergänge waren beschränkt auf den zu diesem Zweck abgetrennten Teil des Parks, zu sportlichen Zwecken übte man sich im Holzhacken und schaufelte Schnee. All dies geschah unter Beobachtung durch bewaffnete Schützen. Nach dem Abendessen stickte Alix, während Nikolaj aus einem Buch vorlas. In einer Woche war dies Arthur Conan Doyles «Studie in Scharlachrot» im englischen Original, in einer anderen «Der Graf von Monte Christo» von Alexandre Dumas, natürlich auf Französisch. Diese Leseabende ersetzten der Familie die langersehnte und immer wieder verschobene Abreise, wobei die romantische Flucht von Edmond Dantès aus dem Kerker Château d'If nach vierzehn Jahren unschuldiger Haft sicherlich Assoziationen mit dem eigenen Los zuließ.

Dabei war der «goldene Käfig» nobel und reich ausgestattet, ganz anders als Edmond Dantès' Zelle. Für die Familie war gesorgt, sie hatte alles – außer ihrer Freiheit. Allen war strikt untersagt, das Schloss zu verlassen, Kontakte zur Außenwelt zu pflegen oder ohne Bewachung im Park spazieren zu gehen. Die ein- und ausgehende

Korrespondenz wurde vom Schlosskommandanten durchgesehen, und ohne Kerenskijs direkte Genehmigung durfte niemand zu Besuch kommen. Er selbst erschien uneingeladen, aber die Formen der Etikette blieben ansonsten erhalten: Der Bürger Alexander Fjodorowitsch ließ seinen Besuch durch den Lakaien beim Bürger Nikolaj Alexandrowitsch melden. Der Diener kam mit der Botschaft zurück: «Ihre Majestät ist einverstanden, Sie zu empfangen.»

Obwohl Kerenskijs taktvolles Verhalten die Familie vor einigen Unannehmlichkeiten bewahrte, mussten sie doch alle mit der Zeit spüren, dass ihr alter Status der Vergangenheit angehörte. Vor allem die einfachen wachhabenden Soldaten benahmen sich ungeniert gegenüber den ehemals als Halbgötter Gefeierten. Während eines Spaziergangs hinderte einer von ihnen Nikolaj mit dem Bajonett am Weitergehen, damit er nicht die Grenze des für das Flanieren vorgesehenen Terrains überschritt. Ein anderes Mal verweigerte ein Offizier dem Zaren den Händedruck. Die dramatischste Episode – schon im Sommer 1917 – erzählte jedoch Gilliard: «Alexej hatte mit seinem kleinen Gewehr gespielt, auf das er große Stücke hielt, denn der Zar hatte es von seinem Vater geschenkt bekommen, als er ein Junge war. Ein Offizier trat zu uns. Er sagte mir, die Soldaten hätten beschlossen, dem Zarewitsch das Gewehr abzunehmen und seien schon unterwegs. Als er das hörte, legte Alexej das Gewehr nieder und ging zur Zarin, die einige Meter von uns entfernt im Gras lag. Einen Augenblick später kam der diensthabende Offizier mit zwei Soldaten und verlangte die Übergabe der ‹Waffe›. Ich versuchte mich einzumischen und ihnen zu erklären, dass es sich um ein Spielzeug handle. Es hatte keinen Zweck: Sie nahmen sie in Besitz. Alexej begann zu schluchzen.» Erst dem Kommandanten Kobylinskij gelang es, das Spielzeuggewehr mit List zurückzuerobern. Derselbe wohlwollende Offizier bat nun den Zaren, «den Offizieren nicht mehr die Hand zu reichen, wenn andere dabei sind, und die Wachen nicht zu grüßen». Der Bürger Romanow resignierte und floh wieder in Dumas' Erzählwelten. Vor dem Einschlafen notierte er noch: «Heute beendete ich die Lektüre von ‹Der Graf von Monte Christo›.» Vielleicht dachte er über den letzten Satz des Romans nach: «Hoffen und Harren.»

Indessen wurde die Arbeit der von der Provisorischen Regierung ins Leben gerufenen Kommission weiter fortgesetzt. Wegen einiger erforderlicher Dokumente erschien Kerenskij sogar selbst in Zarskoje Selo und nahm diese mit. Allerdings wies das Archiv inzwischen einige Lücken auf. Alexandra und Anja Wyrubowa hatten eine Unmenge von Schriftstücken verbrannt, unter ihnen zum Leidwesen späterer Historiker auch die dynastische Korrespondenz von mehreren Jahrzehnten. Gnade fanden zum Glück die Briefe der Zarin an den Zaren und dessen Antworten. Die ansonsten alles andere als naive Alix hoffte darauf, mit Zitaten aus diesen Briefen während eines eventuellen Prozesses den Patriotismus ihres Mannes nachweisen zu können. Ein Punkt der Ermittlungen betraf aber die Familie direkt: Anna Wyrubowa[92] wurde als Kronzeugin im Themenkomplex «Rasputin» nach Petrograd gebracht und konnte daher den Kontakt mit ihrer hochwohlgeborenen Freundin nur noch sporadisch brieflich fortsetzen. Wahrscheinlich aber rettete diese damals von ihr und der Zarin als Unglück empfundene Abreise aus Zarskoje Selo ihr das Leben. Aus Petrograd konnte sie nach Finnland fliehen, wo sie ihre Memoiren schrieb und 1964 in hohem Alter verstarb.

Erst im Juni erhielt die verwitwete Mutter des Zaren, die mit mehreren anderen Mitgliedern der Dynastie unter lockerer Bewachung auf der Krim lebte, von Besuchern aus Petrograd die Mitteilung, dass ihr Sohn und seine Familie in Zarskoje Selo lebten und unversehrt waren. Einigermaßen beruhigt durch diese Nachricht, erreichte sie Anfang August durch ihre Schwiegertochter, Fürstin Irina Jussupowa, die soeben aus der Hauptstadt kam, eine wahrlich dramatische Information: «Mein armer lieber Nicky ist zusammen mit seiner Familie nach Sibirien geschickt worden. Ich war von dieser Geschichte so schockiert, dass ich fast eine Herzattacke kriegte, aber ich hoffe jedenfalls, dass sie sich dort in größerer Sicherheit befinden als in Zarskoje, wo sie alltäglich schikaniert und gedemütigt wurden. (...) Dabei machten ihnen diese Schurken Hoffnungen darauf, dass sie sie nach Livadia schicken würden ...»

In der Tat hatte Kerenskij noch Anfang Juli das eindeutige Versprechen einer baldigen Abreise in den Süden gemacht. «Wir denken daran und sprechen alle über die bevorstehende Reise», schrieb der Zar und wartete ungeduldig auf den nächsten Besuch seines Protektors, «um endlich zu erfahren, wann und wohin gefahren wird». Dass man Zarskoje Selo verlassen musste, war eindeutig. Anfang Juli wurde in Petrograd ein von den Bolschewiken initiierter Aufstand blutig unterdrückt, Kerenski wurde Ministerpräsident, gleichzeitig Kriegs- und Flottenminister, und an der Westfront begann die letzte Offensive, die bald darauf zusammenbrach. Das Fiasko an der Front hing mit einem Phänomen zusammen, das die Bewohner des abgeriegelten Schlosses am eigenen Leib zu spüren bekamen: Die anarchische Soldateska akzeptierte keine Offiziersbefehle mehr, was die für jede Armee unentbehrliche Subordination zerstörte. Nicht einmal die Wiedereinführung der Todesstrafe[93] konnte die erforderliche Disziplin garantieren.

Spätestens in dieser Endphase zeigte sich eklatant ein der Revolution innewohnender Widerspruch: Ihr hauptsächlicher Auslöser war, ähnlich wie während des russisch-japanischen Krieges 1904–1905, die Kriegsmüdigkeit von Millionen, die nicht zuletzt mit den Misserfolgen an der Front zusammenhing. Wenn aus diesem Grund ein System gestürzt wird, dann ist der Friede die einzige Lösung, die stabilisierend wirken kann – und sei es mit einem Ausstieg aus den bisherigen Koalitionen. Die im Februar an die Macht gekommene Elite konnte diese einfache Wahrheit nicht begreifen, sie war vielmehr ihren eigenen Verschwörungstheorien – etwa der niemals bewiesenen Spionage von Rasputin und angeblichen Separatfriedensplänen der Zarin – auf den Leim gegangen. Viele dieser neuen Politiker glaubten, die revolutionären Energien in erhöhte Kampfbereitschaft ummünzen zu können und beriefen sich auf das Beispiel der Französischen Revolution, die das Land gegen eine europäische Koalition verteidigt hatte. Allerdings war diese Revolution nicht inmitten eines Krieges mit anderen großen Mächten ausgebrochen und hatte anfänglich auch noch nicht die Eroberung fremder Staaten zum Ziel. In Russland hingegen verfolgte sogar ein intelligenter Politiker wie Außenminister Pawel Miljukow[94] die Schnapsidee, Konstantinopel zu besetzen, während er gleichzeitig nicht einmal in der eigenen Hauptstadt zuverlässig die militärische Kontrolle garantieren konnte. Einzig die Bolschewiken, die damals noch eine winzige Minderheit in den Sowjets darstellten, wussten den in der Bevölkerung weit verbreiteten Friedenswunsch richtig einzuschätzen und in ihre eigenen Zielsetzungen zu integrieren.

Offenbar sah sich Kerenskij psychisch nicht in der Lage, der Zarenfamilie die bittere Wahrheit direkt zu sagen. Er wandte sich zunächst am 28. Juli (10. August) an Hofmarschall Graf Benkendorff, um Nikolaj und Alexandra zu raten, für die bevorstehende Reise genügend warme Kleidung einzupacken, denn ihr neuer Aufenthaltsort würde nicht auf der Krim, sondern in einem Gouvernement liegen, das von der Hauptstadt drei bis vier Reisetage Richtung Osten entfernt sei. «Dabei hatten wir so sehr auf einen langen Aufenthalt in Livadia gehofft!», so der Stoßseufzer des Zaren. Es war ein Sonntag, der dreizehnte Geburtstag des Zarewitschs. Kurz vor der Abfahrt, als bereits alle Gepäckstücke bereitgestellt waren, genehmigte der Ministerpräsident eine letzte Begegnung mit Nikolajs Bruder Mischa, Michail Nikolajewitsch, der nur für ein paar Stunden Zar aller Reußen gewesen war und für diesen zweifelhaften Genuss letztendlich mit seinem Leben bezahlte. Kerenskij musste, wie er sich erinnerte, bei diesem Abschied anwesend sein, obwohl er – auch dies spricht für ihn – fühlte, wie überflüssig er war: «Beide waren sichtlich und tief erregt (...), schwiegen lange, fanden keine Worte. Dann begann ein brüchiges Gespräch mit kurzen, unbedeutenden Phrasen (...) Wie geht es Alix? Was macht Mütterchen? Wo fährst du jetzt hin? Und so weiter. So standen sie nebeneinander, ein Bein ungeschickt über das andere kreuzend, einander an der Hand (...) fassend (...).» Hofmarschall Benkendorff: «Großfürst Michail ging weinend hinaus und sagte mir, er sei nicht einmal in der Lage gewesen festzustellen, ob der Zar gut aussah oder nicht.»

Die Endstation der darauf folgenden ermüdenden Reise war die sibirische Kleinstadt Tobolsk.

Kerenskij wollte das Beste, als er mitten in der Nacht die Waggonreihe mit Nikolaj II. und seiner Entourage, getarnt als Zug des Internationalen Roten Kreuzes, in die verschlafene Provinzstadt zwischen den Flüssen Tobol und Irtysch schickte. Als geübter und erfolgreicher Rhetoriker[95] hielt er eine Rede vor den beiden begleitenden Bataillonen: «Ihr werdet die Zarenfamilie in Tobolsk bewachen. Sie werden auf Befehl der Provisorischen Regierung dorthin übergesiedelt. Vergesst nicht: Am Boden Liegende tritt man nicht. Vergesst nicht, dass der Zar ein ehemaliger Herrscher ist. Weder ihm noch seiner Familie darf ein Haar gekrümmt werden.» Er hatte volles Vertrauen zum Kommandeur Kobylinskij, der die Familie bisher bewacht hatte, und zu dem später hinzugekommenen Kommissar Pankratow,[96] einem Sozialrevolutionär und Opfer des Zarenregimes, der sich im Rahmen seiner Verpflichtungen korrekt und gegenüber Alexej sogar freundlich verhielt. Was aber Kerenskij Anfang August nicht ahnen konnte, war der Umstand, dass die «revolutionäre Demokratie» nur noch drei Monate dauern und durch die Machtübernahme der Sowjets und der Bolschewiki das stille Nest Tobolsk für seine Schützlinge zur Falle werden sollte.

«Um den 2. (15.) November herum erfuhren wir», erinnerte sich Gilliard, «dass die Provisorische Regierung abgesetzt worden war und die Bolschewiki (...) an die Macht gekommen waren. Aber dieses Ereignis hatte keine unmittelbaren Auswirkungen auf unser Leben.» In der Tat beließen die neuen Machthaber auch die mehrheitlich nichtbolschewistische Wache im ehemaligen Sitz des Gouverneurs, nunmehr umbenannt in «Haus der Freiheit». Das erste Kabinett Lenins bestand aus einer Koalition von Linksparteien – Bolschewiki, Sozialrevolutionären und «internationalistischen Menschewiki» – das Einparteiensystem wurde erst im Juli 1918 eingeführt. In den Tagen nach der bolschewistischen Machtübernahme wurde der gefangenen Zarenfamilie eine private Freude zuteil: sie erhielt gleich mehrere Briefe von Xenia, der verwitweten Zarin und von Anja Wyrubowa. Der ansonsten eher wortkarge Nikolaj reagierte in seinem womöglich längsten an seine Schwester Xenia gerichteten Brief vom 5. (18) November, indem er sowohl auf das Geschehen seit seiner Abdankung als auch auf die aktuelle Situation einging – wegen der Zensur, der er unterlag, gänzlich ohne politische Anmerkungen.[97] Nur einige wenige Anspielungen bezogen sich auf die deutsch-russische Feuerpause vom 20. November, die der Vorbereitung des Friedens von Brest-Litowsk diente.

Die Frage nach dem Schicksal der Zarenfamilie und insgesamt der Dynastie beschäftigte Lenins Regierung zunächst kaum. Obwohl das französische Modell es naheliegend erscheinen ließ, einen großen

Schauprozess zu veranstalten, waren die damit verbundenen Schwierigkeiten nicht zu unterschätzen. Mit der Einführung der Zensur (1991 wurde sie wieder abgeschafft) und der gewaltsamen Auflösung der Verfassunggebenden Versammlung (die neue Duma wurde 1992 eröffnet) löste die Sowjetregierung einen Bürgerkrieg aus, der mehr Tote und Verwundete forderte als die Teilnahme Zarenrusslands am Ersten Weltkrieg. Obwohl die Sowjetmacht nach und nach ihren territorialen Einflussbereich erweiterte, blieben riesige Gebiete des Landes außerhalb ihrer Kontrolle und wurden von der weißen Bewegung und dem Rest der bürgerlichen und gemäßigt sozialistischen Parteien dominiert. Eine öffentlichkeitswirksame Gerichtsverhandlung sollte möglichst schnell in dem inzwischen zur Hauptstadt deklarierten Moskau stattfinden. Der Weg von Tobolsk dorthin bedeutete nicht nur 2300 Kilometer Reisestrecke, sondern barg zudem dieselben Risiken, die Kerenskij schon auf dem Hinweg hatte in Kauf nehmen müssen. Auch die Anklage musste im Abgleich mit den vorausgegangenen Verdächtigungen umformuliert werden. Eine Regierung, deren Mitglieder teilweise im verplombten Waggon der Reichsbahn in Russland eingetroffen waren und den Friedensvertrag mit Wilhelms Deutschland geschlossen hatten, konnte schwerlich den künftig Angeklagten «deutsche Spionage» oder «Separatfrieden» vorwerfen – auch die Rabulistik des als Chefankläger vorgesehenen Trotzkij hätte hier wenig ausrichten können. Eines schien jedoch sicher: Ein Prozess dieser Art konnte für den Zaren und die Zarin nur mit einem Todesurteil enden. Dies war einerseits in der jakobinischen Tradition begründet, in deren Erbfolge sich der Bolschewismus sah, und andererseits von der Absicht geleitet, der Monarchie als Idee und Herrschaftsform den entscheidenden tödlichen Schlag zu versetzen.

Anfang April 1918, Russland war inzwischen zur europäischen Zeitrechnung übergegangen, ließ der nominelle Staatschef Jakow Swerdlow den Bolschewiken Konstantin Mjatschin – eines seiner vielen Pseudonyme war Wassilij Jakowlew – zu sich in den Kreml bitten. Mjatschin-Jakowlew war ein mit allen Wassern gewaschener Abenteurer,[98] der für die Partei heikle Aufgaben erledigte, vor allem bewaffnete Angriffe auf Postkutschen, um die darin vorhandenen Barschaften zu «requirieren». Gleichzeitig war er ein Mann von Welt.

Nachdem er vor den zaristischen Behörden ins Ausland geflüchtet war, hatte er in Maxim Gorkijs Villa auf der Insel Capri die Parteischule besucht. Nun wurde er für eine besondere Mission gebraucht. Swerdlow schickte ihn nach Tobolsk mit dem Auftrag, die Zarenfamilie nach Jekaterinburg zu überführen. Während nämlich Tobolsk als Hort der Konterrevolution galt, war die nach Katharina der Großen benannte, exakt an der Grenze zwischen Europa und Asien liegende Stadt als «Metropole des roten Urals» zu Ruhm gekommen. Möglicherweise sah man Jekaterinburg aber auch als Zwischenstation auf dem Weg nach Moskau, wo der große Prozess stattfinden sollte. Jedenfalls schickte Swerdlow seinen Duzfreund mit Sondervollmachten, 200 Soldaten und viel Geld nach Tobolsk, um den Umzug zu realisieren.

In Tobolsk angekommen, stellte Jakowlew fest, dass der Zarewitsch krank und damit transportunfähig war. Dementsprechend gestaltete sich sein Gespräch mit Nikolaj.

JAKOWLEW *Ich habe Ihnen als Sonderbeauftragter zu sagen, dass ich Sonderbevollmächtigter des Zentralen Exekutivkomitees in Moskau bin und meine Vollmachten darin bestehen, Ihre ganze Familie aus Tobolsk fortzubringen. Da aber Alexej Nikolajewitsch zu krank ist, bin ich angewiesen worden, mit Ihnen allein loszufahren.*
NIKOLAJ *Ich werde nirgendwo hinfahren.*
JAKOWLEW *Davon bitte ich Abstand zu nehmen. Wenn Sie sich weigern zu fahren, bin ich gezwungen, entweder Gewalt anzuwenden oder meinen Auftrag zurückzugeben. Dann wird man statt meiner möglicherweise einen anderen, weniger humanen Menschen herschicken. Seien Sie unbesorgt. Für Ihr Leben bürge ich mit meinem Kopf. Wenn Sie nicht allein fahren möchten, können Sie mitnehmen, wen Sie wollen. Halten Sie sich bereit. Morgen um vier Uhr brechen wir auf.*

Da der Zar sich durchaus einen «weniger humanen» Kommissar vorstellen konnte, entschied er sich nach einem langen und bitteren Familienrat, Alix und die kleine Maria mitzunehmen. Die Zarin merkte in ihrem Tagebuch an: «Ich entschloss mich, ihn zu begleiten, da ich ihm nützlich sein konnte.» Die Reise erwies sich diesmal als besonders kompliziert, und zwar wegen der Rankünе zwischen Jakowlew und dem Jekaterinburger Sowjet, der offensichtlich den Ruhm der Hinrichtung des Zarenpaars ernten wollte, was zu diesem Zeitpunkt der Moskauer Direktive nicht entsprach. Jakowlew verzögerte die Abfahrt, weshalb er von den Jekaterinburgern des Verrats bezichtigt wurde. Er befand sich bereits in der Nähe der Uralstadt, als er dem Zugführer den Befehl gab, nach Omsk[99] abzubiegen und dort die Entscheidung des Kremls abzuwarten. Erst nachdem Swerdlow und Lenin nach zahlreichen Gesprächen mit Direktverbindung Garantien vom lokalen Sowjet in Jekaterinburg eingeholt hatten, weder das Zarenpaar zu töten noch Jakowlew als Verräter zu betrachten, war dieser bereit, seine in den Telegrammen als «Gepäck» oder «Hauptgepäckstück» codierten Gefangenen beim Jekaterinburger Sowjetführer Beloborodow abzuliefern. Unterdessen bereitete man die von dem Ingenieur Ipatjew requirierte Villa zum Empfang des Zarenpaares und der kleinen Großfürstin Maria vor. Die anderen Familienmitglieder sollten später nachkommen, sobald sich Alexejs Zustand verbessert hatte und auch die Witterung etwas günstiger war. Diese letzte Bleibe der Romanows erhielt in dem frühen Neusprech der Sowjetmacht die Bezeichnung «Haus zur besonderen Verwendung».

Auch dieses Haus konnten die Verbannten nur auf Umwegen erreichen. Am Hauptbahnhof wurden sie von einer erregten Menschenmenge erwartet. Man hörte drohende Rufe: «Nikolaj soll herauskommen und sich zeigen. Erwürgen muss man die! Endlich sind sie in unserer Hand!» Sogar der Stationsvorsteher, der den Kommissar persönlich kannte, rief ihm zu: «Jakowlew! Bring den Romanow raus! Ich will ihm in die Visage spucken!» Es herrschte, wäre dieses Wort nicht anderen Situationen vorbehalten, eine wahre Pogromstimmung. Swerdlows Sonderbeauftragter befahl daraufhin die möglichst schnelle Rückführung der Romanows zum Güterbahnhof. Am nächsten Morgen erschien die Tobolsker Stadtzeitung mit der fett gedruckten Erfolgsmeldung: «In der Nacht vom 25. zum 26. April wurde vom Genossen Kommissar Jakowlew der ehemalige Zar Nikolaj Romanow aus Tobolsk abtransportiert. Mit ihm fuhren auf eigenen Wunsch die ehemalige Zarin und ihre Tochter Maria (...). Die Abreise war gut organisiert, alles verlief ohne unnötiges Aufsehen ...» Ebenfalls ohne

Aufsehen wurde einige Wochen später der Rest der Familie nachgeholt. Allerdings trennte man einige wichtige Bezugspersonen von ihnen, vor allem die Lehrer Gilliard und Gibbs sowie die Hofdame Buxhoeveden, die man alle drei als ausländische Staatsbürger des Landes verwies. Verhaftet und später erschossen wurden Fürst Taschitschew, Hofmarschall Wassilij Dolgorukow, die Hofdame Gräfin Hendrikowa und die Hoflehrerin Jekaterina Schneider. Diese Mordtaten, die in der Geschichtsschreibung gewöhnlich nicht der späteren Ausrottung der Familie und ihres Umfelds zugerechnet werden, dienten offensichtlich dem banalen Zweck, Zeugen aus dem Weg zu räumen.

In Jekaterinburg war die Situation der Romanows weit schlechter als in Tobolsk. Die Versorgung war erbärmlich, die Behandlung rüder und der Bewegungsspielraum noch enger – sogar Gottesdienste hielt ein dazu eingeladener Geistlicher im Haus ab. Die karge Ernährung wurde von den Nonnen des nahe gelegenen Klosters mit Milch, Eiern und Früchten ergänzt. Daneben versuchte sich die Familie durch Beibehaltung ihrer Gewohnheiten bei Laune zu halten. Die Mädchen spielten, wie einst in Zarskoje Selo, Szenen aus französischen Komödien, und Nikolaj nahm seine Vorleseabende wieder auf. Eine letzte gemeinsame Lektüre war der Roman der Baronesse Emma Orczy «Die scharlachrote Blume». Dem Helden dieses Erzählwerks, einem britischen Edelmann, gelingt es während der französischen Revolution, unter dem Pseudonym «Der rote Pimpernell» mit viel List und Mut Aristokraten vor dem Terror, manchmal direkt vor der Guillotine zu bewahren. Dieser Retter kam jedoch nicht bis Jekaterinburg.

Zwar planten monarchistische Kreise in Tobolsk, vor allem junge Kadetten, eine Befreiung der Zarenfamilie und nahmen sogar Kontakt mit dem Arzt Dr. Derewenko auf, der ihnen eine exakte Beschreibung des Hauses besorgte, aber mangels Geld und Waffen konnten sie ihren Plan nicht umsetzen. Ein späterer Versuch, nun bereits in Jekaterinburg, stammte von einer Person, die sich als «Offizier» bezeichnete. Dieser hatte ein Drehbuch entwickelt, das stark an den «Grafen von Monte Christo» erinnerte. Dementsprechend sollte die Familie auf ein Signal von außen hin folgendermaßen verfahren: «Verschließen und verbarrikadieren Sie mit Möbeln die Tür, die Sie von der Wache trennt, welche innerhalb des Hauses ausgeschaltet und unschädlich gemacht wird. Mit einem speziell dazu angefertigten Strick lassen Sie sich aus dem Fenster herab, unten werden Sie erwartet, der Rest ist nicht schwer, an Fahrzeugen ist kein Mangel (...). Eine wichtige Frage ist, ob der Kleine herabgelassen werden kann ...» Der Zar und die Zarin antworteten spontan mit einem Satz: «Bitte nichts zu unternehmen.» Vielleicht dachten sie an das Hirngespinst eines Phantasten. Aber es war viel schlimmer. Den französischen Brief hatte der Altbolschewik Pjotr Wojkow[100] diktiert, seinerzeit Mitarbeiter der Uraler Tscheka, der die Ermordung der Zarenfamilie mit vorbereitete. Offensichtlich wollte man das Zarenpaar aus dem Ipatjew-Haus locken und die Methode «auf der Flucht erschossen» anwenden.

Dokumentarisch belegt ist, dass Wladimir Iljitsch Lenin noch am 4. Juni 1918 auf einen öffentlichen Moskauer Prozess gegen die Dynastie hoffte. Gleichzeitig wusste er, dass Koltschaks Weiße Armee und deren Verbündete, die aus k. u. k.-Kriegsgefangenen gebildeten tschechischen Legionen, immer näher an die «Hauptstadt des roten Urals» heranrückten. Die Goldreserven der Stadt waren bereits ausgelagert worden. Nun wollte Moskau genau wissen, wie lange sich Jekaterinburg im Falle eines Angriffs halten konnte. Drei bis fünf Tage, hieß die Antwort. Ein Abtransport der Zarenfamilie während einer solchen militärischen Bedrohung betrachtete der Uraler Sowjet als riskant. Zur gleichen Zeit trafen sich diejenigen Akteure in Jekaterinburg, die eine sofortige Hinrichtung in die Wege leiten wollten: Beloborodow, Vorsitzender des Uralsowjets, Jurowskij, Chef der örtlichen Tscheka, sowie Kriegskommissar Goloschokin. Sie nahmen die letzten Vorbereitungen sowohl für die Hinrichtung als auch für die geheime Beseitigung der Leichen vor. Auch das Erschießungskommando stellten sie zusammen, hauptsächlich aus österreichisch-ungarischen Kriegsgefangenen. Jedem hatte man ein exaktes Schussziel zugewiesen und dahingehend instruiert, ins Herz zu treffen, um zu viel Blutvergießen zu vermeiden. Die letzte als menschlich bewertbare Handlung des Planungsstabs bestand darin, dass sie den Küchenjungen Ljonja Lednew, Alexejs Spielkameraden, am Tag vor der Exekution unter einem Vorwand aus dem Ipatjew-Haus entfernten.

Was dann folgte, ist tausendfach beschrieben worden. Am 17. Juli

Abb. 22: Eines der Opfer eigener Treue: Leibarzt der Zarenfamilie, Dr. Botkin, ermordet in Jekaterinburg

1918 um zwei Uhr nachts befahl Jurowskij dem Arzt Botkin, alle Bewohner des Hauses zu wecken. Mit der Begründung, dass ein feindlicher Angriff drohe, wurden sie aufgefordert, von der oberen Etage nach unten zu kommen. Dann wurden sie in einen leeren Kellerraum geführt. Nikolaj trug seinen Sohn auf dem Arm. Alexandra fragte nach einer Sitzmöglichkeit, woraufhin ihnen zwei Stühle gebracht wurden. Jurowskij las einen kurzen Text vor: «Nikolaj Alexandrowitsch, Ihre königlichen Verwandten im In- und Ausland haben versucht, Sie zu befreien, und der Sowjet der Arbeiterdeputierten hat Befehl erteilt, Sie alle zu erschießen.»[101] – «Was? Wie?», soll der Zar gefragt und instinktiv mit einer Hand die Zarin, mit der anderen den Zarewitsch geschützt haben. Dann wurde das Feuer eröffnet.

Am Vortag hatte Lenin im Kreml das Ersuchen der dänischen Zeitung «National Tidende» erreicht, zu verschiedenen Gerüchten über eine angebliche Ermordung der Romanows Stellung zu nehmen. Seine englischsprachige handschriftliche Antwort hieß: «Das Gerücht ist unwahr, der Ex-Zar in Sicherheit. Alle Gerüchte kommen von der kapitalistischen Presse. Lenin.» Am nächsten Tag meldete sich auf der Sitzung des Rates der Volkskommissare Jakow Swerdlow mit einem Sonderbericht, demzufolge der Uraler Sowjet «angesichts des Vorrückens des Feindes und der Aufdeckung einer großen weißgardistischen Verschwörung den ehemaligen Zaren in eigener Verantwortung erschießen ließ». Auf diese propagandistisch gefärbte, aber im Kern wahre Information folgte eine glatte Lüge: «Seine Familie ist an einen sicheren Ort evakuiert worden.» Man entschied sich, den Bericht ohne weitere Aussprache zur Kenntnis zu nehmen. Lenin schlug vor, die Versammlung mit dem Verlesen eines Gesetzesentwurfs über das Gesundheitswesen fortzusetzen. Dabei war jedem politisch Denkenden klar, dass eine Entscheidung solcher Tragweite wie die Erschießung des Zaren die Genehmigung des Regierungschefs voraussetzte. Dies bezeugte auch Lew Trotzkij, der sich an den entscheidenden Tagen an der Front aufhielt und erst nach seiner Rückkehr dem Hauptverantwortlichen in Moskau, dem nominellen Staatschef, die richtigen Fragen stellte.

Trotzkij *Ja, und wo ist der Zar?*
Swerdlow *Natürlich erschossen.*
Trotzkij *Und die Familie, wo ist die?*
Swerdlow *Mit ihm erschossen.*
Trotzkij *Alle?*
Swerdlow *Alle.*
Trotzkij *Und wer hat das entschieden?*
Swerdlow *Wir alle. Iljitsch war der Ansicht, dass wir ihnen kein lebendiges Banner überlassen dürfen.*

Und Trotzkij war mit allem einverstanden.

Lügen haben lange Beine. Die Eliminierung der Familie, insbesondere der Kinder, warf einen dunklen Schatten auf den Sowjetstaat.

Diplomaten wurden instruiert, diesbezügliche Gerüchte zu dementieren. Karl Radek, Leiter der Europaabteilung des Rates der Volkskommissare, beruhigte am 20. Juli den geschäftsführenden deutschen Diplomaten, die Familie sei am Leben, und es sei durchaus möglich, sie «aus humanitären Gründen» freizulassen. Am 23. Juli versicherte der Volkskommissar für Äußeres, Georgij Tschitscherin, dem deutschen Gesandten, dass sich die Zarin und ihr Sohn in Sicherheit befänden, und schließlich kam am 29. August Radek mit dem gewagten Vorschlag heraus, die Zarenfamilie gegen Kriegsgefangene auszutauschen. Die ganze Wahrheit wurde schließlich durch die britische Militäraufklärung ans Licht gebracht, aber sowjetische Eingeständnisse der furchtbaren Einzelheiten waren erst nach 1924 zugelassen, nachdem im Westen und bei russischen Exilverlagen der Bericht des Juristen Nikolaj Sokolow veröffentlicht worden war. Dieser war von Admiral Koltschak mit der Untersuchung über den Verbleib der Zarenfamilie beauftragt worden.

Was die Mörder betrifft, so wäre es viel leichter, diejenigen von ihnen aufzuzählen, die *nicht* im Zuge der Stalin'schen Säuberungen ums Leben kamen. Die zumeist fanatisierten Täter schlossen sich mehrheitlich linksradikalen Strömungen der Partei an und eigneten sich deshalb vorzüglich für die Rolle der «trotzkistischen» Angeklagten. Fast beispielhaft war der Fall des Organisators des Massakers, Alexander Beloborodow. Nachdem er wegen seiner trotzkistischen Beziehungen verhaftet worden war, versuchte er dem mehr als sicheren Todesurteil zu entgehen, indem er in einem Brief an Stalin andere Gesinnungsgenossen anschwärzte. Der Diktator reagierte darauf mit einer sarkastischen Notiz am Rand: «Man könnte meinen, dass das Gefängnis für Beloborodow eine Art Tribüne sei, von der aus er Reden schwingt, die allerlei Personen betreffen außer ihm selbst. Wäre es nicht höchste Zeit, auf diesen Herrn ein wenig Druck auszuüben, um ihn zu zwingen, von seinen eigenen schmutzigen Angelegenheiten zu erzählen? Wo sitzt er denn – im Gefängnis oder in einem Hotel?» Noch im selben Jahr wurde Beloborodow erschossen. 1956, nach dem XX. Parteitag der KPdSU, wurde er rehabilitiert – selbstverständlich lediglich als angeblicher Trotzkist – und zwei Jahre später sogar postum in die Kommunistische Partei der Sowjetunion wieder aufgenommen.

Eine der wichtigen taktischen Zielsetzungen der Partei und damit auch der sowjetischen Historiker war, Lenin vom Zarenmord reinzuwaschen. Insbesondere nach dem XX. Parteitag, auf dem Stalins Verbrechen erstmalig offengelegt wurden, folgte eine wahre Lenin-Renaissance, die den Gründer des Sowjetstaates als einen tief humanen, toleranten Mann in Szene setzte. Auch Swerdlow versuchte man aus dem Zarenmord herauszuhalten, aber die Tatsache, dass an seinem fünften Todestag die Stadt Jekaterinburg ausgerechnet nach ihm benannt wurde, sprach für sich. Zudem blieb das Ipatjew-Haus als lebendige Erinnerung bestehen, und zwar als Revolutionsmuseum, in dem man den Besuchern sogar den Mordkeller zeigte. Erst KGB-Chef Jurij Andropow sollte einfallen, dass dieses architektonische Denkmal allzu leicht zum Pilgerort werden konnte; er schlug 1975 Staatschef Leonid Breschnew vor, unter dem Vorwand der Stadterneuerung das Haus abreißen zu lassen. Der Erste Sekretär des Swerdlowsker Gebietskomitees der Partei, Boris Jelzin, nahm die Idee sehr gern auf, denn er war soeben dabei, für seine Millionenstadt bei dem alternden Breschnew ein Metronetz durchzusetzen. Inzwischen heißt Swerdlowsk wieder Jekaterinburg und an der Stelle des Ipatjew-Hauses steht eine Gedächtniskathedrale, aber es gibt nach wie vor eine Swerdlow-Straße, und selbstverständlich fehlt es auch nicht an einer Boris-Jelzin-Straße.

Eine Person wollte der Nachricht über den Tod des Zaren und seiner Familie bis zu ihrem eigenen Ende keinen Glauben schenken: die Zarenmutter. Getrennt von ihrem Sohn lauschte Maria Fjodorowna den Gerüchten zuerst aus Zarskoje Selo, dann aus Tobolsk und schließlich aus Jekaterinburg. Am Vortag der Erschießung äußerte sie noch ihre Empörung darüber, dass man ihren Sohn von dem kranken Alexej getrennt hatte – ein Ereignis, das zu diesem Zeitpunkt bereits mehrere Monate zurücklag. Am 17. Juli 1918 zeigte sie sich erfreut darüber, dass die Nonnen von Jekaterinburg für jedes Familienmitglied Frischmilch vorbeibrachten. Erst am 21. Juli erwähnte sie die «furchtbaren Gerüchte über das Schicksal unseres lieben Nicky ... Aber ich kann und will daran nicht glauben!» Da wir heute wissen, dass Sandro und Xenia, die ebenfalls auf der Krim lebten, bestens informiert waren, lässt sich leicht erahnen, dass sie die alte Dame ge-

Abb. 23: Die Mutter des Zaren (Jugendphoto)

zielt von konkreten Berichten fernhielten. Sogar als sie in der bolschewistischen Presse Auszüge aus Nikolajs Tagebuch las, glaubte sie, dass es sich dabei um Texte handelte, die man ihrem Sohn entwendet hatte. Dann hoffte sie auf den Wahrheitsgehalt des Gerüchts, dass Nikolaj befreit worden sei und unversehrt auf einem Schiff lebe. Inzwischen erhielt sie einen Brief von ihrer Schwester aus London, in dem diese erschüttert mitteilte, dass in der dortigen russischen Kirche ein Trauergottesdienst für Nicky stattgefunden hatte. «Wie schrecklich», fügte die Zarenmutter hinzu, «sie glauben also, dass dies die Wahrheit sei.» Am 28. Oktober besuchte Fürst Sergej Dolgorukow, ein Verwandter des Hofmarschalls mit dem gleichen Namen, die

Zarenwitwe mit guten Nachrichten und vertrauenswürdigen Informationen darüber, «dass sich mein armer, lieber Nicky – Gott sei ewig gedankt! – in Sicherheit befindet».

In Wirklichkeit war Nikolaj bereits seit dreieinhalb Monaten tot, die Zentralmächte bettelten auf den Knien um Waffenruhe, der Weltkrieg ging zu Ende, und unter seinen Trümmern lagen vier Monarchien: Österreich-Ungarn, Zarenrussland, das Osmanische Reich und das wilhelminische Kaiserreich. Drei der Monarchen kamen mit dem Exil davon, nur der Zar hatte den von ihm mitgestalteten Zusammenbruch nicht überlebt.

Anhang

Anmerkungen

1 Das erste, sich auf Archivmaterial, auf Exilliteratur und auch auf westliche Veröffentlichungen stützende Buch über das Ende der Dynastie Romanow erschien in den 1970er Jahren in der UdSSR. Es handelte sich um Mark Kaswinows Werk «Dreiundzwanzig Treppen nach unten». Der Titel war eine Anspielung sowohl auf den Weg der Todgeweihten von ihren Zimmern in den Kellerraum, in dem sie erschossen wurden, als auch auf die Anzahl der Jahre, die Nikolaj II. auf dem Thron verbracht hatte. Die publizistisch eindrucksvoll vorgetragene Geschichte litt jedoch, neben mangelnder Objektivität, an der Wiederholung einer niemals bewiesenen Lüge: Die Zarin Alexandra und vor allem Rasputin seien deutsche Agenten gewesen. Als Dissident mit Publikationsverbot hatte ich das zweifelhafte Vergnügen, Kaswinows literarische Anklageschrift ins Ungarische übersetzen zu dürfen. Als Gegengift ließ ich mir auf Schmuggelwegen die Memoiren des Hauslehrers Gilliard beschaffen.

2 Ähnlich drakonische Urteile betrafen auch die Frühsozialisten des Petraschew-Kreises, unter ihnen Fjodor Dostojewskij, der erst im letzten Augenblick vom Zaren begnadigt wurde und dadurch einer Hinrichtung entging.

3 Für die Gründlichkeit oder Langsamkeit der Geheimpolizei spricht die Tatsache, dass die Observierung des größten russischen Dichters erst 1875, also 38 Jahre nach seinem Tod offiziell beendet wurde.

4 Glinkas Oper hieß ursprünglich »Iwan Sussanin», und der Titel «Leben für den Zaren» war auf Wunsch des Zaren Nikolaj I. gewählt worden. In der Sowjetzeit kehrte man zum ursprünglichen Titel zurück, während in Putins Russland die Oper wieder «Leben für den Zaren» heißt.

5 Das Dilemma war nicht ganz neu: Kurz vor der Eröffnung des traditionellen Winterballs 1889 traf die Nachricht vom Selbstmord des österreichischen Kronprinzen Rudolf in St. Petersburg ein. Daraufhin erklärte die Zarin Maria Fjodorowna, die Mutter von Nikolaj II., die geplante Soiree

zum «Bal noir», alle Gäste tanzten schwarz gekleidet. (Elisabeth Heresch: Nikolaus II.1992. S. 20.)

6 Die «Alexandrowitschi» waren allesamt Söhne von Alexander II. und Gebrüder von Alexander III., während die «Michajlowitschi» Söhne des Großfürsten Michail, Enkel von Nikolaj I. und damit Onkel zweiten Grades des Zaren waren.

7 Es fällt schwer, keine Parallelen zu sehen: 1986, bereits zur Zeit der Perestroika, konnte sich Michail Gorbatschow nicht entschließen, die Feierlichkeiten zum 1. Mai angesichts der Katastrophe von Tschernobyl abzusagen. Im Jahre 2000 fühlte sich Wladimir Putin außerstande, seinen Urlaub wegen des Unglücks des Atom U-Bootes «Kursk» abzubrechen.

8 Wahrscheinlich handelt es sich um eine Verwechslung mit einem Massentumult in der Victoria Hall im Juni 1883, wo nach einer Kinder-Theatervorstellung 183 Kinder zu Tode getrampelt wurden.

9 Die Kaiserin Cexi, die als Regentin für den jungen Kaiser Pu Yi herrschte, fand dieses Dokument so wichtig, dass sie es in ihrem eigenen Schlafzimmer aufbewahrte.

10 Sandro besuchte Japan während seiner Weltreise von1888 bis 1890. Die Behauptung «zwei Jahre» ist sicher übertrieben.

11 Nach dem Frieden von Portsmouth verlieh das Kaiserreich dem Kapitän den «Orden der aufgehenden Sonne». Der Kreuzer wurde von den Japanern aus dem Wasser geborgen, repariert und als Hilfsschiff genutzt, bis Russland ihn als historische Reliquie zurückkaufte.

12 Den ursprünglichen Text des Liedes verfasste der Tiroler Dichter und Feuilletonist Rudolf Greinz. Es wurde ins Russische übersetzt und vertont.

13 Großfürst Michail Alexandrowitsch, jüngerer Bruder des Zaren, vor der Geburt des Zarewitsch Alexej der offizielle Thronfolger.

14 Im Palast von Zarskoje Selo.

15 Den russischen Zaren durften nur die nächsten Verwandten duzen und – eine russische Besonderheit – die Leibeigenen in ihren Bittschriften. Sie konnten den Zaren anreden wie Gott selbst.

16 Die Anrede mit dem Familiennamen galt als Majestätsbeleidigung und wurde erst 1917 nach der Verhaftung Nikolajs («Bürger Romanow») verwendet – eine Anleihe aus der Französischen Revolution, die König Ludwig XVI. als «Bürger Capet» herabwürdigte.

17 Gapons Schicksal erwies sich als ebenso tragisch wie seine Persönlichkeit. Er emigrierte nach Paris und wurde von allen Fraktionen der russischen Exilsozialisten, auch von Lenin persönlich, begeistert empfangen. Nach seiner aufgrund einer Amnestie erfolgten Rückkehr wurde er 1907

von Terroristen der Sozialrevolutionären Partei als angeblicher Agent der Ochranka umgebracht.

18 Kursiv im Original.

19 Ein Festessen soll an diesem oder am nächsten Tag trotzdem stattgefunden haben. Jedenfalls erinnerte sich Prinz Leopold von Preußen, der zu dieser Zeit als freiwilliger Konsultant im Stab der russischen Armee im Kampf gegen Japan am Hof gastierte, dass er am Tag des Attentats zu einer Tafel eingeladen war, die man ausdrücklich nicht abgesagt hatte. Beim Diner fehlte die Zarin, doch außer dem Herrscher war auch sein Schwager Sandro anwesend. «Von der Ermordung des Großfürsten war überhaupt nicht die Rede.» Ähnlich wie bei der Chodynka-Katastrophe siegte auch hier die Diplomatie über die Trauer.

20 Mehrere Jahre später stellte sich heraus, dass die spektakulärsten Attentate dieser Zeit – so die Morde an den Innenministern Sipjagin und Plewe, dem Großfürsten Sergej und selbst dem Arbeiterführer Gapon – unter der aktiven Beteiligung des Polizeiagenten Evno Azef geplant und durchgeführt worden waren.

21 Kaljajew war von dem Besuch tief bewegt und widmete diesem eines seiner Gedichte: «Wie ein Gespenst kam die Schwarzgekleidete herein. / «Ich bin seine Frau», sagte sie. / Dann setzte sie sich und nahm meine Hand, / Und schaute mir ins Gesicht und schluchzte. / Ihre Trauer roch nach des Grabes Schmerz, / In ihren Tränen dünkte mir die Wunde. / Ich stieß sie nicht weg, / begnadigte sie, / die Sklavin aus dem Lager des Zaren.»

22 Jewgenij Golikow, Kommandeur des Kreuzers «Potemkin», wurde von den rebellierenden Matrosen umgebracht. Konstantin hatte mit Golikow zusammen die St. Petersburger Marineschule besucht.

23 Hier sind Aserbaidschaner und keine «Tataren» gemeint.

24 «Schlechte» Demonstrationen waren nach Xenias Verständnis gewiss die demokratischen und sozialistischen Kundgebungen in ihrem geliebten Urlaubsort. «Gute» Demonstranten konnten in diesem Kontext nur zarentreue Protestler aus dem rechtsextremen «Bund des russischen Volkes» oder der «Garde des Erzengels Michael» sein, eben die «Patrioten», auf deren Konto auch Judenpogrome und Attentate gegen liberale Politiker gingen.

25 Die Zahl der zwischen 1900 und 1909 ausgewanderten Juden lag bei 680 000 Personen.

26 Die verwitwete Zarin Maria Fjodorowna.

27 Als persönlich besonders schmerzhaft empfand Witte, dass seine zweite Ehefrau Mathilde Nurok sogar auf dem Höhepunkt der Karriere ihres

Gatten wegen ihrer jüdischen Abstammung am Hof niemals empfangen werden durfte.

28 Stana (Anastasia) und Miliza, die sogenannten «montenegrinischen Frauen», waren Töchter des Fürsten («Wladika») Nikola Njegos von Cernogorje, wobei besonders Stana als Frau des Großfürsten «Nikolascha» einen gewissen Einfluss auf die Zarenfamilie ausübte. Beide Großfürstinnen waren mystischen Traditionen wie Tischrücken und Wunderheilung ergeben.

29 Pawel wurde gemeinsam mit anderen Mitgliedern der Zarenfamilie von den Bolschewiki als Geisel in der Peter-Paul-Festung festgehalten und am 29. Januar 1919 erschossen, vorgeblich als Vergeltung für die Morde an Karl Liebknecht und Rosa Luxemburg.

30 Vielleicht wollte Großfürst Sergej seiner Frau Ella manche Erkenntnisse ersparen, als er ihr die Lektüre von «Anna Karenina» vorenthielt.

31 Nach der Geburt von sieben Kindern rieten die Ärzte der damals 34-jährigen Zarin dringend vom Eheleben ab.

32 Während des Schreibens an diesem Buch erschien in Russland der Film von Alexej Ucitelj «Matilda» über die voreheliche Liebesbeziehung des Zarewitsch mit der jungen Ballerina polnischer Abstammung, Matylda Krzesińska. Vielleicht wurde die Liaison vom Vater Alexander III. mit dem Ziel unterstützt, den jungen Herrscher nicht ganz unvorbereitet sein eheliches Leben beginnen zu lassen. Jedenfalls löste der bisher kaum gespielte Streifen große Entrüstung bei monarchischen Kreisen in Russland aus.

33 Königin Victoria, selbst Mutter von neun Kindern, verhielt sich zu ihrer eigenen Mutterschaft mehr als nüchtern. Als ihre Tochter Vicky, Frau des preußischen Königs Friedrich III., ihr voller Freude von ihrer ersten Schwangerschaft berichtete, erhielt sie zur Antwort: «Deine Worte darüber, wie gut es ist, einem neuen Menschen das Leben zu schenken, klingen natürlich nicht schlecht, meine Liebe, sie sind mir aber, ehrlich gesagt, nicht verständlich. Ich denke eher daran, dass wir doch in solchen Augenblicken wie eine Kuh oder eine Hündin sind.» (1859)

34 In dem in der Presse veröffentlichten medizinischen Bericht hieß es verwirrend: «Vor einigen Monaten machten sich im Zustand Ihrer Kaiserlichen Majestät (…) Veränderungen bemerkbar, die auf eine Schwangerschaft hindeuteten. Dank (=Благодаря, sic!) einer Abweichung vom normalen Verlauf hat die unterbrochene Schwangerschaft zu einer Fehlgeburt geführt …»

35 Der japanische Admiral Togo ging in diesen Tagen im Gelben Meer zum Generalangriff gegen die russische Flotte über. Nur einigen Panzerschif-

fen – darunter dem «Zesarewitsch» (= Zarewitsch) – gelang es, die Blockade zu durchbrechen.

36 Zur selben Zeit bat der Zar seinen Cousin Wilhelm II., die Patenschaft für Alexej zu übernehmen – ein eher diplomatisches Lippenbekenntnis.

37 Die Kaiserin, Mutter von sechzehn Kindern, von denen sechs noch zu ihren Lebzeiten starben, drängte entsprechend ihrer habsburgischen Ehepolitik («Tu felix Austria nube») ihre Tochter Marie-Antoinette, Ehefrau von Ludwig XVI., in ihren Briefen zur möglichst raschen Geburt eines Kronprinzen: «Wir brauchen unbedingt einen Dauphin, einen Thronfolger.»

38 Hämophilie gilt bis heute als unheilbar, obwohl ihre Behandlung durch Bluttransfusionen und Verabreichung von gerinnungsfördernden Medikamenten chancenreicher erscheint. An dieser Stelle bedankt sich der Autor bei Dr. Peter Kenedi (Frankfurt) für weiterführende Informationen zur Krankheit Hämophilie.

39 Anspielung auf einen König Heinrich IV. (1553–1610) zugeschriebenen Satz, der seinen kalvinistischen Glauben aufgab, um im katholischen Frankreich gekrönt werden zu können.

40 Frankreich sollte im Bedarfsfall 1,3 Millionen, Russland 800 000 Soldaten aufstellen.

41 Nur wenige wussten oder ahnten, dass die braven Kolonisten mit ihrer rassistischen Einstellung gegenüber den schwarzen und indischen Mitbürgern die Grundsteine des späteren Apartheid-Regimes legten.

42 Laut Robert Massies Schilderung.

43 Antisemitismus lag auch Wilhelm II. nicht ganz fern. Bei einem Gespräch mit dem britischen Außenminister Sir Edward Grey 1907 beschwerte er sich über die Juden, die sich in seinem Land «allzu sehr vermehren».

44 Wilhelm II. hatte übertriebene Vorstellungen von der eigenen Machtfülle, die ihn bis zum Ende seiner Herrschaft begleiteten. Als 1911 ein neuer Gesandter für London ernannt werden sollte, sagte er zu Reichskanzler Bethmann-Hollweg: «In London wird es mein Gesandter sein, der über mein Vertrauen verfügt, sich meinem Willen unterordnet, meinen Befehlen mit meinen Instruktionen gehorcht.»

45 Am 26. Juni 1909 tötete der Anarchist Hjalmar Wång den schwedischen Admiral Otto Ludvig Beckmann. Vor dem geplanten Anschlag, der eigentlich Nikolaj II. gelten sollte, hatte die finnische Niederlassung der «Ochranka» einige Tage zuvor gewarnt. Der Täter erschoss sich selbst, und der Fall blieb ungeklärt.

46 Beide Großfürstinnen wurden von ihrem Vater zu Ehrenkommandantinnen eines Husarenregiments ernannt, während der Thronfolger Alexej

als ehrenvoller Kommandeur von mehreren Regimentern und Ataman aller Kosakentruppen Russlands galt.

47 Dies waren ursprünglich die Kosenamen von Königin Victoria für Alix, die sie als ihre Lieblingsenkelin betrachtete.

48 Die «Kapricen» der Hämophilie zeigten sich an den Schicksalen der Kinder von Alix' Schwester Irene. Während der kleine Heinrich mit vier Jahren an einer Blutung starb, fiel der Sohn Waldemar erst kurz vor dem Ende des Zweiten Weltkriegs einem Mangel an Blutkonserven zum Opfer, während Prinz Sigismund 1978 im hohen Alter starb, ohne mit der Hämophilie je Probleme gehabt zu haben.

49 Es gibt keinerlei Anhaltspunkte dafür, dass diese Begegnung zustande kam. Nach einem späteren Treffen äußerte Stolypin gegenüber seiner Tochter Maria seinen persönlichen Eindruck vom Starez: «Ich spürte eine unüberwindliche Abneigung in mir aufkommen. Dieser Mann hatte eine gewaltige magnetische Kraft und löste in mir eine starke Gemütsbewegung aus, und sei es nur eine des Widerwillens.»

50 Anna Wyrubowa wurde fanatische Anhängerin des Starez, nachdem dieser ihr 1907 das Fiasko ihrer bevorstehenden Ehe vorausgesagt hatte, eine Prophezeiung, die sich kurz nach der Heirat blitzschnell bewahrheitete.

51 Ausgerechnet in die Ära Stolypin fiel die Blütezeit der «Gottsucher», einer christlich-charismatischen Strömung, die angesichts des Abebbens der Revolutionswelle auch bolschewistische Intellektuelle wie Anatolij Lunatscharskij und Maxim Gorkij erreichte. Man versuchte, Marx um Mach, Engels um Avenarius zu ergänzen. Lenin führte gegen diese Richtung einen unerbittlichen Kampf (siehe «Materialismus und Empiriokritizismus»).

52 Sehr wahrscheinlich bezogen sich Rasputins gezielte Fragen auf die Klatschgeschichten der St. Petersburger Salons über die Kinderlosigkeit der Großfürstin Olga in ihrer ersten, in der Tat misslungenen Ehe (während der zweiten wurden zwei Söhne geboren).

53 Der Regierungschef war nicht besonders stolz auf diese Todesurteile. Als ein liberaler Parlamentsabgeordneter die Galgen «Stolypinsche Krawatte» nannte, zwang er ihn unter Androhung eines Duells zur Entschuldigung. Trotzdem wurde «Stolypinsche Krawatte» zum geflügelten Wort und war in der sowjetischen Geschichtsschreibung ein Hauptmerkmal seiner Tätigkeit – angesichts der Dimension der Todesurteile in der Sowjetzeit eine wahrhaft absurde Charakteristik.

54 Eine atemberaubende Karriere machte der als studentischer Revoluzzer anno 1883 angeworbene Arkadij Harting-Landesen. Einerseits half er sozialrevolutionären Emigranten bei der Vorbereitung von Anschlägen

auf Alexander III., andererseits denunzierte er sie. Gleichzeitig wurde er zum führenden europäischen Residenten der «Ochranka». Unter anderem war er zuständig für die Sicherheitsvorkehrungen bei der Verlobung von Alix und Nikolaj in Coburg und begleitete sie 1896 auf ihrer Reise nach Paris. Auch er wurde 1909 von Burzew enttarnt.

55 Ähnlichem Erpressungsdruck war die französische Königin Marie-Antoinette ausgesetzt, deren Portrait übrigens im Boudoir von Alix hing. Kurz vor der Revolution kursierten Dutzende ihrer angeblichen Liebesbriefe und sogar eine apokryphe «Liste all jener Personen, mit denen die Königin in ausschweifenden Beziehungen gestanden habe». Sie enthielt laut Stefan Zweigs Biographie vierunddreißig Namen beiderlei Geschlechts.

56 Der dortige Nationalpark blieb ein beliebter Erholungsort auch für die späteren Mächtigen, so für den passionierten Jäger Leonid Breschnew. Hier wurde im Dezember 1991 die Auflösung der UdSSR beschlossen.

57 Franz Ferdinand wollte den österreichisch-ungarischen Dualismus durch eine stärkere Einbeziehung der slawischen Landesteile (Tschechien, Slowakei) zu einem Trialismus ausbauen – eine Idee, die ihn besonders in Ungarn unbeliebt machte.

58 Es ist kaum zu vermuten, dass Europas ältester Monarch einen Krieg riskieren wollte. Vielmehr wünschte er sich, als Friedenskaiser zu sterben. In jenem Jahr wurde er zum dritten Mal für den Friedensnobelpreis vorgeschlagen, eine Auszeichnung, die man Staatsmännern lieber nicht vor Ablauf ihrer Amtszeit verleihen sollte.

59 Der k. u. k. Botschafter in Bukarest und spätere Außenminister Ottokar Czernin sprach in seinen Erinnerungen von einem Ausflug nach Siebenbürgen und ließ dahinter großrumänische Eroberungspläne vermuten.

60 Unter den Ahnungslosen befanden sich Xenias Tochter Irina und ihr Mann, Fürst Felix Jussupow. Sie waren frisch verheiratet und seit Monaten auf einer nicht enden wollenden Hochzeitsreise – Paris, Kairo, Jerusalem, Rom, Firenze, dann wieder Paris (um Irinas Halsketten, ihren Rubin-, Saphir- und Diamantenschmuck bei dem Juwelier Chaumet abzuholen) und als Endstation London. Jussupows Eltern wiederum genossen die Heilquellen von Bad Kissingen, während der nierenkranke Großfürst Konstantin den Sommer mit seiner deutschen Ehefrau Elisabeth von Sachsen-Altenburg und den beiden Kindern in Bad Wildungen verbrachte.

61 Ehrlicher als die Diplomaten waren die Leitartikel der Zeitungen. Ein ungarisches Tageblatt schrieb am 25. Juli 1914: «Der König von Serbien, die serbische Politik, die serbische Armee und das serbische Volk haben einen Befehl erhalten, der bis morgen erfüllt werden muss. (…) Befolgt

Serbien den Befehl, dessen Inhalt und Diktion in der Geschichte der Diplomatie nichts Vergleichbares kennt, oder wählt es den Selbstmord, wenn es auf Handkuss und unbedingte Unterwerfung verzichtet?»

62 In Wirklichkeit bestand der dem Deutschen Reich wohlbekannte minimale Kriegsplan der Monarchie darin, Belgrad als «Faustpfand» zu besetzen.

63 Kurz vor dem Erhalt dieser Depesche hatte der deutsche Botschafter in St. Petersburg, Graf Pourtalés, dem russischen Außenminister Sasonow mitgeteilt, Deutschland mobilisiere seine Armee, wenn Russland seine militärischen Vorbereitungen nicht einstelle.

64 Die Haager Konferenz war 1899 auf Initiative des Zaren entstanden, um Abrüstung und eine gütliche Regelung zwischenstaatlicher Konflikte zu fördern. Allerdings war es Ende Juli 1914 unrealistisch, Österreich-Ungarn vor das Schiedsgericht in Den Haag zu zitieren.

65 Der Hinweis bezog sich auf Deutschlands diskrete Hilfe für die russische Flotte während des Krieges mit Japan. Solcherart Aufrechnung von Altschulden gehörte zu den bewährten Mitteln, diplomatischen Druck auszuüben. So warf Außenminister Sasonow im Streit mit dem österreich-ungarischen Botschafter der Monarchie eine undankbare Haltung während des Krimkriegs gegenüber Russland vor (vgl. auch Kapitel 1).

66 Auch Suchomlinov befand sich zu Beginn der Julikrise, wie so viele russische Nobilitäten, auf Urlaubsfahrt und bewunderte mit seiner Frau die Pyramiden in Ägypten.

67 Die deutsche Bombardierung der Stadt Löwen Ende August spaltete die Intellektuellen beider Lager. «Ihr steckt Rubens in Brand!» klagte Romain Rolland in seinem offenen Brief an Gerhart Hauptmann. «Rubens in Ehren», entgegnete der deutsche Dichterfürst, aber «Krieg ist Krieg».

68 Allerdings konnte sich der Franzose bei allem Respekt für russisches Pathos die sarkastische Bemerkung nicht verkneifen, dass auf demselben Platz im Januar 1905 auf die Arbeiter, die ebenfalls mit Ikonen und Zarenbildern vor dem Palais des «Väterchen Zar» aufmarschiert waren, das Feuer eröffnet worden war.

69 So zerschlug einige Wochen später, am 11. September 1914, die 3. Russische Armee in der Schlacht bei Russka Rawa den österreich-ungarischen Gegner, der dabei 350 000 Tote, Verwundete und Gefangene zu beklagen hatte. Es sei dem Historiker erlaubt, Persönliches zu erwähnen: In dieser Schlacht geriet mein Großvater in Kriegsgefangenschaft, aus der er nie mehr zurückkehrte.

70 Die deutsche militärische Aufklärung wusste sogar von der seit dem russisch-japanischen Krieg bestehenden Intimfeindschft zwischen Samsonow und General Pawel Rennenkampff, dessen an der Operation betei-

ligte 1. Russische Armee dem eingekreisten Kollegen nicht helfen konnte oder wollte.

71 In russischen Quellen wird das Wort «галки» (= Dohlen) benützt, allerdings lief die Korrespondenz englisch, und im Original steht «crows».

72 Der Kosake und Bauernführer verbreitete über sich, er sei der von der Zarin Katharina angeblich ermordete, aber in der Tat am Leben gebliebene Thronfolger Peter III.

73 Das namhafteste Opfer dieser Hysterie wurde Oberst Sergej Mjassojedow, den man im Frühjahr unter dem Verdacht der Spionage verhaftete. Obwohl das Militärgericht in Ermangelung von Beweisen zu keiner einheitlichen Meinung gelangte, wurde Mjassojedow gemäß der Instruktion von Nikolaj Nikolajewitsch («trotzdem henken!») hingerichtet.

74 Die seit der Ermordung ihres Mannes, des Großfürsten Sergej, im Jahre 1905 als Äbtissin tätige Ella wurde verdächtigt, ihren und Alix' Bruder, Herzog Ernest von Darmstadt-Hessen, in ihrem Kloster versteckt zu haben.

75 Mehr Bedenken hatte General Alexej Brussilow. Obwohl er Alexejews Fähigkeiten positiv einschätzte, fügte er in seinen Memoiren hinzu: «Er wäre ein einwandfreier Stabschef neben einem richtigen Oberbefehlshaber, aber neben einem Oberkommandierenden, (...) dessen Handlungen er lenken und dessen schwankenden Willen er unterstützen musste, war er völlig ungeeignet.» Beunruhigend fanden die Ablösung des Generalissimus in dieser schwierigen Phase des Krieges auch die Verbündeten und ihre Diplomaten.

76 Der Botschafter zitiert: «Wie konnte ein jämmerlicher Abenteurer wie dieser seinen Spott mit Russland treiben? Ist es nicht erstaunlich zu denken, dass die offizielle Kirche, der Heilige Synod, der Adel, die Minister, der Senat und zahlreiche Mitglieder des Staatsrates und der Duma sich vor diesem elenden Hund erniedrigen? (...) Heute will Russland all dem ein Ende setzen.» Das Datum stimmt, aber der zitierte Text ist in der Ausgabe nicht aufzufinden.

77 Diese Angst hatte der einfache Bauer gemeinsam mit dem hochgebildeten ehemaligen Ministerpräsidenten Sergej Witte, für den der Krieg «ein wahnsinniges Abenteuer» war. Im anderen Lager versuchte der ungarische Regierungschef, Stephan Graf Tisza, den Auftritt der Doppelmonarchie gegen Serbien zu verhindern – ergebnislos.

78 Zar Paul war nicht das passende Beispiel für einen hart durchgreifenden und erfolgreichen Zaren – als Sohn von Katharina II. gönnte ihm das Schicksal nur fünf Jahre Herrschaft (1796–1801), bevor er in einer Palastrevolution ermordet wurde.

79 Der britische Panzerkreuzer «Hampshire» war mit dem Feldmarschall und Verteidigungsminister Lord Herbert Kitchener an Bord am 5. Juni 1916 auf dem Weg nach Russland wahrscheinlich auf eine Mine gelaufen. Der bis heute ungeklärte Fall löste zahllose Spekulationen aus – Suche nach deutschen, irischen, burischen Spuren. Die Zarin teilte noch am selben Tag ihrem Gatten mit: «Unser Freund sagt, es sei gut für uns, dass Kitchener starb, da er später Russland hätte schaden können. Er hegt immer Befürchtungen wegen England, wenn der Krieg zu Ende sein wird und die Friedensverhandlungen beginnen werden.»

80 In Wirklichkeit befand sich die Fürstin Irina zu dieser Zeit auf der Krim.

81 Rasputins Mörder haben ihre Erinnerungen an die «patriotische Tat» in Tagebüchern und Memoiren mit allen naturalistisch-sadistischen Einzelheiten stolz festgehalten. Der beteiligte Großfürst Dmitrij hingegen hat zu den Ereignissen jener Nacht sein ganzes Leben lang und sogar im engsten Kreis Schweigen bewahrt.

82 Der Standhaftigkeit von Nikolaj II. verdankte Großfürst Dmitrij sein Leben – in Persien erreichte ihn die Hand der neuen Machthaber nicht, während sein Vater im Juli 1918 in Alapajewsk von den Roten Kommissaren getötet wurde.

83 Es gab weitaus radikalere Lösungsvorschläge. So erlaubte sich die Großfürstin Maria Pawlowna im Gespräch mit Rodsjanko, dem Vorsitzenden der Duma, Mitte Januar 1917 die Bemerkung, die Monarchie solle durch die «Beseitigung» der Zarin gerettet werden. Zur selben Zeit erwähnte der 1914 entlassene Ministerpräsident Kokowzow während eines Besuchs bei dem französischen Gesandten die Möglichkeit, Nikolaj II. könne das Schicksal des 1801 von Putschisten getöteten Pawel I. ereilen.

84 «Angesichts der kriegerischen Zeiten», schrieb der französische Botschafter in seinem Tagebuch, «befahl das Moralgefühl, auf den alten Luxus der zaristischen Kochkunst zu verzichten.» Er verriet auch die Menüfolge: Gerstenbreisuppe, kalte Forelle à la Gatschina, Kalbsnieren à la Marengo, gebratenes Hähnchen, Gurkensalat und zum Nachtisch Mandarineneis.

85 Wie viele Russen glaubte auch Wojejkow abergläubisch an böse Vorzeichen. Als der Thronfolger Alexej Anfang Februar mit einem von der Firma Pathé geschenkten Kinematograph den Stummfilm über Madame Dubarry vor geladenen Gästen abspielen ließ, war Wojejkow schockiert und verspürte angesichts der Hinrichtung der Mätresse Ludwigs XVI. «eine unwahrscheinliche Schwere in der Seele».

86 Diese Standardformulierung aus der amtlichen Kriegsberichterstattung diente später als Titel des weltberühmten Antikriegsromans von Erich Maria Remarque (1929).

87 Die Duma hatte die Suspendierung ihrer Sitzungen durch den Zaren akzeptiert, ihre Mitglieder jedoch aufgefordert, in diesen krisenhaften Zeiten zusammen zu bleiben. Zu diesem Zweck bildete sie ein sogenanntes Provisorisches Komitee, Kern der späteren Provisorischen Regierung.

88 Eine Ausnahme bildete die Depesche des Generals Sacharow von der rumänischen Front, der den «gemeinen Vorschlag» zur Abdankung verurteilte: «Ich bin überzeugt, dass nicht das russische Volk, das den Zaren niemals angetastet hat, dieses Verbrechen plante, sondern der sich als Staatsduma bezeichnende Haufen von Landstreichern, die verräterisch den geeigneten Moment nutzen, um ihre verbrecherischen Ziele zu erreichen.» Nach dieser Tirade empfahl er trotzdem «schluchzend» dem Zaren, die «Bedingungen zu akzeptieren».

89 Die Beförderung des populären Offiziers, dem es 1916 gelungen war, aus der österreichischen Kriegsgefangenschaft zu fliehen, gehörte zu den letzten Amtshandlungen des Zaren. Die Entscheidung wurde von der Provisorischen Regierung akzeptiert.

90 Gemeint war offensichtlich die Versenkung des britischen Panzerkreuzers «Hampshire» mit Verteidigungsminister Lord Kitchener an Bord im Juni 1916. Jedenfalls intervenierte der dänische Außenminister Scavenius im März 1917 bei der reichsdeutschen Regierung und erhielt die Zusage, dass das Schiff mit der Zarenfamilie von der deutschen Kriegsflotte in keinem Fall torpediert würde.

91 Etwas mehr Toleranz zeigte Wells gegenüber der Sowjetmacht in seinem Buch «Russland im Nebel» (1920), insbesondere nach seinem Besuch bei Lenin, den er mit dem Titel «Der Träumer im Kreml» geadelt hatte.

92 Eine der wenig geschmackvollen Fragen, die der Untersuchungsrichter an Wyrubowa richtete, bezog sich auf die angeblich intime Beziehung zwischen ihr und dem «Starez». Wyrubowa unterwarf sich daraufhin freiwillig einer frauenmedizinischen Untersuchung, die sie als «Virgo intacta» auswies.

93 Die Aufhebung der Todesstrafe war eine der wichtigsten Errungenschaften der Februarrevolution. In seinen Erinnerungen suggerierte Kerenskij, dass er durch diesen Ukas unter anderem einer Hinrichtung der Zarenfamilie à la Ludwig XVI. und Marie-Antoinette vorbeugen wollte, eine Absicht, die angesichts seiner Persönlichkeit recht glaubhaft klingt. Andere Autoren wie Melgunow sind dem gegenüber skeptisch. Nicht erstaunlich ist, dass Nikolaj in seinem Tagebuch Lobesworte für die Hinrichtung von «Landesverrätern» am Kriegsschauplatz findet.

94 Wegen seines diesbezüglichen Eifers erhielt der Außenminister in der spöttelnden Öffentlichkeit den Namen «Miljukow Dardanelskij» in Anspie-

lung auf die Meerenge der Dardanellen, die zusammen mit Bosporus und Marmarameer das Schwarze Meer mit dem Mittelmeer verbinden.

95 Fünfzig Jahre später, im amerikanischen Exil, soll er gesagt haben: «Hätte es 1917 bereits das Fernsehen gegeben, dann hätte mich niemand besiegen können.»

96 Gilliard gab von ihm eine sehr originelle Charakteristik: «Pankratow war ein recht gut informierter Mann, von sanftem Charakter, der typische aufgeklärte Fanatiker.»

97 Die österreichische Historikerin Elisabeth Heeresch datiert auf denselben Tag eine Art Kassiber von Nikolaj an Xenia mit der Liste der neuen Regierung unter ihren offiziellen und fallweise gefälschten jüdischen «Klarnamen» (Lenin = Zederblum, Trotzkij = Bronstein, Kamenjew = Rosenfeld, u. a.). Maria Fjodorowna vermerkt jedoch bereits am Tag nach der Erstürmung des Winterpalais in ihrem Tagebuch, dass alle bolschewistischen Mitglieder des Rates der Volkskommissare «Juden unter erfundenen Namen» seien. Dies war die Geburtsstunde der bis heute blühenden Legende, die Revolution sei die «jüdische Rache» am russischen Volk gewesen.

98 Nach einigen merkwürdigen Frontwechseln zwischen Roten und Weißen kehrte er aus China in die UdSSR zurück und arbeitete für die Geheimpolizei (OGPU, NKWD), bis er 1938 verhaftet und erschossen wurde.

99 Der Umweg nach Omsk sorgte für viel Unruhe im Lande. Der amerikanische Journalist A. R. Williams, Sympathisant der Sowjets, fuhr Ende April mit dem Transsibirischen Express von Petersburg nach Wladiwostok. Unterwegs zeigte man ihm ein falsches Telegramm: «Befreiung Nikolaus soeben durch Offiziersclique. Plant in Irkutsk Neuerrichtung des Zarentums.»

100 Wojkow wurde später als Sowjetbotschafter in Warschau von einem Exilmonarchisten als Vergeltung erschossen.

101 Wie jeder «historischer Satz» existiert auch dieser in zahlreichen Versionen, zumal Jurowskijs Gedächtnis von dem damals führenden Historiker Pokrowskij «aufgefrischt» wurde. Laut Pokrowskij soll Jurowskij einen klassenkämpferisch schärferen Satz gesagt haben: «Da Ihre Verwandten in Europa den Angriff auf Sowjetrussland fortsetzen, hat das Ural-Exekutivkomitee entschieden, Sie zu erschießen.»

Literatur

Eine Auswahl

Andrei Maylunas und Sergei Mironenko, Eine Liebe für die Ewigkeit. Das letzte Zarenpaar. 2002.

Robert K. Massie, Nikolaus und Alexandra. 1968.

Elisabeth Heresch, Nikolaus II. Leben und Ende des letzten Zaren. 1992.

Stefan Zweig. Marie Antoinette. 2013.

Maurice Palélologue, Am Zarenhof während des Weltkrieges, Tagebücher und Betrachtungen. 1929.

Jurij Buranow und Wladimir Chrustaljow, Die Zarenmörder. Vernichtung einer Dynastie. 1999.

Die letzte Zarin. Ihre Briefe an Nikolaus II. und ihre Tagebücher bis zur Ermordung. 1922.

Fürst Felix Jussupoff, Rasputins Ende. Erinnerungen. 1985.

Edward Radzinskij: Nikolaus II. Der letzte Zar und seine Zeit. 1992.

Catrine Clay, King, Kaiser, Tsar. 2006.

Аврех А. Я, Царизм накануне свержения. 1989 (Avrech, A. Der Zarismus am Vorabend seines Sturzes).

Баронесса Софья Буксгевден, Жизнь и трагедия Александры Федоровны, Императрицы России. Воспоминания фрейлины. 2012 (Baronesse S. Buxhoeveden, Leben und Tragödie von Russlands Imperatorin Alexandra Fjodorowna).

Дневники императрицы Марии Федоровны. 2005 (Tagebücher der verwitweten Mutterzarin, Maria Fjodorowna).

А. Керенский, Трагедия династии Романовых. 2005 (Alexander Kerenskij, Die Tragödie der Dynastie Romanow).

Соколов Н. Убийство Царской семьи. М.: Советский писатель, 1991 Ermordung der Zarenfamilie (Bericht des Untersuchungsrichters der Regierung Koltschak. N. Sokolow über die Ermordung der Romanows).

Витте С. Ю. Воспоминания в 3-х томах. 1960 (S. Witte: Erinnerungen in drei Bänden).

П. А. Столыпин. Нам нужна Великая Россия. 1991 (Reden des Ministerpräsidenten P. Stolypin in der Staatsduma, 1906–1911).

Тарле Е. Крымская война. 1950 (J. Tarle: Der Krimkrieg, 1950).

Марк Касвинов. Двадцать три ступени вниз. 1972 (Mark Kaswinow: Dreiundzwanwig Treppen nach unten).

С. Мельгунов, Судьба Императора Николая II после отречения. 1951 (S. Melgunow: Das Schicksal des Imperators Nikolaj II. nach der Abdankung).

Феликс Юсупов,. Мемуары в двух книгах 2016 (Felix Jussupow: Memoiren in zwei Bänden).

Ich habe zahlreiche Quellen aus dem Internet verwendet.

Bildnachweis

Sämtliche Abbildungen: akg-images, Berlin (Abb. 3: akg-images/Alexandre Benois/© VG Bild-Kunst, Bonn 2017 | Abb. 6, 7, 14, 15, 16, 22: akg-images/IAM | Abb. 17, 21, 23: akg-images/Picture Archives | Abb. 20: akg-images/Imagno)

Personenregister